跟特级教师

教好高中物理

何国平◎著

安徽师范大学出版社
ANHUI NORMAL UNIVERSITY PRESS
·芜湖·

图书在版编目(CIP)数据

跟特级教师教好高中物理 / 何国平著 .— 芜湖:安徽师范大学出版社,2023.6
ISBN 978-7-5676-6151-6

Ⅰ. ①跟… Ⅱ. ①何… Ⅲ. ①中学物理课 - 高中 - 教学参考资料 Ⅳ. ①G633.73

中国国家版本馆CIP数据核字(2023)第095886号

跟特级教师教好高中物理 何国平◎著

GEN TEJI JIAOSHI JIAOHAO GAOZHONG WULI

责任编辑:吴毛顺 责任校对:李子旻
装帧设计:张德宝 冯君君 责任印制:桑国磊
出版发行:安徽师范大学出版社
芜湖市北京东路1号安徽师范大学赭山校区
网 址:http://www.ahnupress.com/
发 行 部:0553-3883578 5910327 5910310(传真)
印 刷:苏州市古得堡数码印刷有限公司
版 次:2023年6月第1版
印 次:2023年6月第1次印刷
规 格:787 mm × 1092 mm 1/16
印 张:12.75
字 数:242千字
书 号:ISBN 978-7-5676-6151-6
定 价:49.80元

凡发现图书有质量问题,请与我社联系(联系电话:0553-5910315)

序　一

光阴似箭，转眼间我中学毕业已经四十九年了。近日，欣闻年逾古稀的中学恩师何国平先生又有新作即将面世，不禁想起当时何老师在课堂上下、教室内外，一件件循循善诱、诲人不倦的往事，感念何老师毕其一生，在中学物理教坛上勤勉耕耘，精益求精，教书育人，孜孜以求。

想起的往事都是跨世纪的回忆。那是在1972—1974年这三年的时光里，何国平先生一直是我们物理课的授课老师，也一直担任着我们班的班主任。回顾自己从中学时光的几多青涩，到走上高等学府的讲台执教，进而成为中国科学技术大学教授的人生历程，何先生乃是对我人生有着重要影响的一位恩师。

何老师作为一名中学物理学科的特级教师，是当之无愧、实至名归的。记得在我们中学阶段的各门课程中，同学们最喜欢的课程就是何老师的物理课。我的中学时代正处于“文化大革命”期间，说来现在的中学生或不能理解，那时因“读书无用论”这种错误导向，学校里没多少学生是愿意用功学习的。正因如此，老师首先要解决的问题，就是怎样有效激发学生学习的兴趣和热情。否则，任凭老师水平多高、能耐多大，学生都不会认真学，更谈不上学得多好了。而何老师讲授的生动物理课恰恰能够激发起学生浓厚的学习兴趣，他演示的许多物理小实验总是令人眼前一亮，跃跃欲试；他娓娓道来的许多物理故事无不引人入胜，发人深思。何老师在教学过程中非常善于通过有趣的实验和故事，将中学物理课里的基本原理和知识传授给学生，让同学们深刻地感受到学习知识不但非常有用，而且学习过程本身也是一件有趣和愉快的事情。在我的印象中，正是何老师高超的教学艺术和水平，使得我们班同学不仅学习物理的兴趣和热情得到了充分激发，而且这种学习兴趣和热情还在其他课程的学习上有一定程度的延伸。

何老师对我人生的影响，不仅是在那个年代激发了我学习知识的强烈兴趣，让我在恢复高考的第一年就在千军万马过独木桥的考试中脱颖而出，而且他强烈的事业心所表现出的那种对待学生满腔热情、高度负责的态度，对待教学一丝不苟、臻于至善的精神，在我心里一直是一种楷模的力量，对我的品行修养与人格塑造同样有着极为重要的影响。记得在我高中二年级那年“开门办学”,我们全年级师生都背着铺盖,跋山涉水去大山区歙县六联“蜈蚣岭”,参观“农业学大寨”。何老师还不忘把万用电表带上,趁参观之余,不顾疲劳带着有兴趣的同学到农村小型水电站去参观学习。时光荏苒,曾经的学生随后也成了一名人民教师。当我对自己提出怎么才能当一名好老师的考问时,中学时期恩师何国平先生为人师表的一些往事自然地浮现在眼前;再随后,每当我在教学与科研上取得点滴成果的时候,我经常感念自己在少年时期承蒙何老师的谆谆教诲。

我认真拜读书稿后,有一种由衷的感慨:这是关于高中物理如何教和如何学的好书,对教师和学生都很有裨益。高中物理难学、难教早已是普遍的反映,如何既有效提高高中物理教与学的质量,又降低难度,成了中学物理界共同亟待解决的难题。何老师为解决这一共同难题,付出了大量心血。经过几十年物理创新教育的探究和实践的积淀,近十本著作凝结成了何国平先生一生执教中学物理的精要之作。

曹威麟

中国科学技术大学管理学院教授、党委书记

序　二

离开美丽的屯溪一中校园四十二年之后，收到当年教我物理课的何国平老师的邮件和电话，嘱咐我为他的新书写几句话，我感到莫大的荣幸！何老师身体健康，精力充沛，还在为物理教育事业孜孜不倦地操劳和耕耘，怎不令人高兴、敬佩和感动呢！

在我的中学年代，有个比较流行的口号——“学好数理化，走遍天下都不怕”。在那个年代，尽管物质条件有限，图书资料缺乏，但人们对自然科学充满热情，中外科学家的故事到处被传颂，奥妙的科学知识通过老师们的辛勤教导滋润着一大批渴望知识的心灵。记得那时的校园里，老师们经常加班加点为大家加课，精心设计练习题并亲自动手刻印大量的测验和考试卷，以加强我们对课程内容的理解和掌握。在电脑和网络普及的今天，回想当时的艰苦条件，老师们为提高我们的学习成绩付出了多么巨大的努力和劳动啊！我记得，为了完成老师布置的学习任务，同学们买来煤油和蜡烛，学校晚上熄灯之后还在教室或宿舍继续看书做题。那真是我们人生中极其美好和难忘的一段时光！

中学物理课程包含了热、力、光、电等方面的物理知识，让我们对发生在生活中的众多现象有了科学的理解，让我们看到了物理学中蕴藏的美妙。我们了解到，利用数学知识总结出来的物理学规律不仅能解释人类可及的现象，还适用于理解无穷大的宇宙和无穷小的粒子世界。物理课让我们懂得了雷电中的声波和光波以及它们速度的差别，让我们懂得了彩虹背后的光谱和折射，让我们懂得了太阳和月亮转动背后的万有引力……我们开始憧憬那茫茫宇宙的意义，开始思考比分子、原子还要微小的基本粒子里是否还藏有新的规律。

何老师是一位对物理学有深刻思考，对教学工作充满热情的老师，他深入浅出的讲解，使变化万千的物理图像和公式、严谨的物理定律自然完美地统一起来。被物理学的美妙所吸引，我大学阶段选择了物理学专业。通过学习，我发现物理学不仅是自然科学的前沿领域，也是孕育新技术的摇篮。无线电、X射线、激光、半导体、超导体、原子能、电子显微镜、核医学、CT成像、全球定位系统，还有量子通信技术等，这数不清的科学技术背后无一不是以物理学为基础或起源于物理学研究。尤其是在当前这个特别强调发展科学技术和实体经济的新时代里，培养具有物理学素养的复合型人才更具有特别重要的意义。可以说，无论是为了了解大自然，还是提高全人类的物质生活水平，都离不开物理学这门基础课程，而中学物理又是这个基础的基础，教好和学好中学物理，无疑是非常重要的。

何国平老师在中学物理教学一线辛勤耕耘近半个世纪，培养了一大批学生。他对教学有许多深入的钻研和体会，对众多学生的特点有深刻的了解和把握，并形成了一套有自己特色的教学方法。现在，何老师把他的宝贵经验和方法整理出来出版，以便与更多的老师和同学分享，我们非常感激！我相信读者朋友们一定会受到很好的启发，获得良好的效果。最后，我借此机会感谢何老师对我的培养和教育，祝何老师身体健康，幸福快乐！

胡红波

中国科学院高能物理研究所研究员

序　三

欣闻何国平老师佳作即将付梓，思绪万千。何老师从事高中物理教学四十多年，集弟子数千，育人才无数。2014年，何老师加盟黄山文峰学校，我与之共事三年，他的人品和学识给我留下了深刻的印象。

黄山文峰学校是一所十二年一贯制学校，创办于2011年4月。作为一所新创学校，教师的培养、学生成绩的提升、社会和家长的认可，是学校的头等要务。何老师一生耕耘讲坛，其积累的教学经验无疑是一笔宝贵财富，故我慕名登门拜访，诚邀何老师加盟并担任学校教科研顾问。在我校工作期间，何老师精心备课，认真授课，耐心辅导，充分调动了学生学习物理的积极性，培养了学生学习物理的浓厚兴趣，我校学生物理学科成绩显著提高。

黑发积霜织日月，粉笔无言写春秋。作为中学物理教育的前辈，何老师不仅在教学中严格要求自己，而且十分重视青年教师的培养，对每份教案精心指导，对每位教师悉心关怀，让青年教师迅速站稳讲台。同时，何老师还总结出一整套适合我校教师培养的高质量方法，为我校青年教师业务水平的提升打下坚实的基础，使我校高中物理教学水平堪与省示范高中比肩。

在《跟特级教师教好高中物理》出版之际，谨向何国平老师表示诚挚祝贺和衷心感谢，祝何老师身体健康，为教育事业再添新业绩。

程彩飞

黄山文峰学校董事长、校长

前　言

二十多年前，中央教育科学研究所就我的物理创新教育研究实践，约稿出版一本《何国平物理创新教育艺术》（“全国著名特级教师教学艺术与研究丛书”第二辑），该书后被专家推荐为全国中小学教师继续教育学习参考书。当时撰写这本书，由于时间紧，很多问题还未涉及，随后我就退休了。退休后，我先后受聘于三所学校，在教育教学一线又从教十年，这样在中学的物理讲堂上，我整整工作了49年。

退休后再从教，给我创造了一个“物理创新教育”再探究的平台，让我学习、实践新课标精神，不断领会、践行“中国学生发展核心素养”指导思想，加深理解、实施高考考查的“五种能力”，使我还处在一个与时俱进的状态。

高中物理学科的核心素养包括物理观念、科学思维、科学探究、科学态度与责任，充分体现了物理教育的育人价值，为培养全面发展的人，制定了物理教育的根本目标。作为一位高中物理教师，毫无疑问应当为达到这个目标奋发努力。

学生进入高中阶段，多数都较重视物理学科，可它的难度往往会让不少学生学起来感到困难。随着教学进度的推进，有些学生甚至产生焦虑。新高考改革选科中出现的“弃离物理”现象，一定程度上反映了学生的这种焦虑，我们应当特别关注这些在物理学习过程中的情感因素。于是，如何既有效提高物理教与学的质量，又降低难度，成了我们共同的“解难”课题。

为此，我在教学的进程中广泛接触师生，跟踪新教师教学，在辅导新教师的同时，与他们共同探讨新课标下如何紧扣新教材，如何以培养学生的科学素养为目标，让学生高效率地获得创新思维方法，提升科学探究能力，使学生学习的难度降低。

黄山文峰学校对教科研很重视，2014年邀请我重返讲台，次年又聘请我担任学校教科研顾问，培训新教师，按照学校的要求采取一系列措施，结果期末市统考，该校高一学生物理平均成绩超过省示范高中。我及时将教学探究及指导新教师的材料印发并汇报和交流，2017年从教与学两个方面将其汇编成《新教师寄语》资料。

不少朋友建议我把这本资料完善成紧扣新教材的读物，促使我去完成一本既能降低中学物理教与学的难度，又能快速提升学生成绩的辅导书。笛卡尔曾经说过：

“最有价值的知识是关于方法的知识。”于是，我从方法和创新层面，以及物理学科核心素养的四个维度，花了三年多的时间，将原资料一分为二，整合、充实为两本书稿，即《跟特级教师学好高中物理》和《跟特级教师教好高中物理》，为高中生学习成绩的快速提升和新教师的快速成长贡献绵薄之力。

两本书稿吸收了我近十本著作的精华、退休前后教育探究实践的积淀，还有全国各地教学经验的分享（我曾被聘为《物理教学探讨》《中学物理应试》编委，《中学物理》通讯编委）。《跟特级教师教好高中物理》由四篇组成：

先行篇　创新教育。新时代呼唤一支宏大的师德高尚、业务精湛、结构合理、充满活力的高素质专业化教师队伍。本部分遵循“打铁还需自身硬”的理念，结合作者探究实践，畅叙教师自身创新教育素质相关话题。

求真篇　格物致理。教师如何实现知识观、方法观、学生观的转变？本部分以教育教学实例，以物论理，推动新教师快速成长。

探究篇　创新思维。从学生适应“终身发展”和“社会发展”的需要出发，紧扣“核心素养”的培养。本部分通过教学实践，剖析新课改中如何创新、如何探究，攻克创新教育新难关。

升华篇　透视教材。用新思维领悟新课标，用新视角学习新教材，用新思路迎接新高考，时刻关注学生物理素养的提升。本篇以实例介绍如何透视教材，助力高考，成就学生梦想。

退休后三所学校邀我回到教科研岗位，特别是以程彩飞校长为代表的黄山文峰学校，让我在“夕阳”下还愉快完成一段创新教育续探的里程，我不胜感激。

黄山文峰学校校长程彩飞为本书写序；今日国家栋梁之材，昔日我的三位学生曹威麟、胡红波为本书写序，商永嘉为本书写跋，本人十分感谢。三位物理教学卓有成效的同行吴伯富、方岩生、陈菁老师给本书审稿，我深表谢意。早年屯溪一中毕业校友徐三友多年来对我的物理创新教育实践大力支持，还有来自各方的相助，在此一并感谢。这里，我要特别感激我的已故爱妻、安徽师范大学同学姚静规，她一方面与我并肩在屯溪一中从事教育和物理教学改革探究三十年，另一方面还在生活上悉心照料我，并主动承担了本应由我分担的诸多家务，保证了我有良好的心境、充沛的精力和充裕的时间致力于更多的物理教育教学实践与探索。我内疚于她因积劳成疾，不幸英年早逝。本书内容有着她勤恳付出的大量心血与智慧，永远记在我心中。

囿于水平，书中不妥之处在所难免，恳请专家同仁及读者不吝指正。

目　录

先行篇　创新教育

求真篇　格物致理

探究篇　创新思维

升华篇　透视教材

先行篇

创新教育

1.1　物理创新教育探析

21世纪是知识经济时代。所谓知识经济是以知识为基础的经济，知识已经被认为是提高劳动生产率和实现经济增长的引擎。世界主要发达国家经济发展历程表明，知识经济的基础是教育，而教育的生命力是创新。

新时代教育创新的目标是为创新型国家培养大量创新型人才，这种人才不仅具有正确的世界观、人生观和扎实的专业知识，还具有创新精神和创新能力。创新教育就是以培养创新型人才为目标，在注重基础知识教育的同时，高度重视学生创新意识、创新精神和创新能力的培养。中学教育阶段，在新课程理念下，物理学科以物理知识为基础，以物理教育活动为载体所进行的创新教育，简称为物理创新教育。在整个物理创新教育活动中，始终让学生主动获取知识，同时注重培养学生创新意识、创新精神、创造思维、创造能力以及德智体美劳等方面的素质，使之得到全面发展，为成为创新型人才打下坚实的基础。

物理创新教育是面向未来，培养创新型人才的摇篮工程，是创新教育在物理学科教育中的体现，它与新时代创新“同频共振”。物理创新教育有下列几方面特征：

一、互动性

教育过程包括教与学的过程，即教育者传播知识和受教育者接受知识的过程。相当长时间内，中学物理教育中所呈现的方式多是教师以教材教，学生照课本学，教师依“教参”组织教学，学生按指导书做题巩固。最终，不管是“灌”还是“填”，只求把学生“教会”就算完成任务。教师课堂上教得很苦，将物理知识反复地讲述给学生，受升学率指标等的影响，一味追求讲深、讲透、讲细、讲全，被动地将一堂课塞得满满的。学生没有思考和分析的空间，思路完全被束缚。久而久之，这种“填鸭式”的教学使得教学效果受到严重的影响，不利于教学质量的提升，更为不利的是受教育者原有的主动性受挫。因为传统教育方法忽视了受教育者的主动性和个性，直接伤害受教育者的学习热情、兴趣和积极性，受教育者思维形成定式，这显然是我们教师所不愿意看到的。

世界经济合作与发展组织(OECD)在《以知识为基础的经济》的报告中,指出知识包括四类:事实知识(通过观察、感知或数据呈现的知识)、原理知识(自然原理或法则的科学知识)、技能知识(有关技术的知识或做事的技术诀窍)、人际知识(如该向谁请教问题的知识)。我国中学物理教材中,主要是前两类,是显知识或称之为硬知识。后两类所谓隐知识或称之为软知识,在"应试"中难以书面考核,教学中往往不被重视,其结果恰恰是丢掉了培养创造力的知识,损害了学生的创新型知识结构。

即使是享有重要位置的显知识,教不得法,同样会扼杀学生的创造力。杨振宁教授讲过,"中国学生读书钻研深则深矣,宽却不足,知识面太窄""这就约束了人才的成长",不利于"迎接现代化科技在更广泛范围的挑战"。

更新的知识观,应当极大限度地调动学生的主动性,提供给学生的知识信息源应由单一性转向多向性,由封闭性走向开放性,让学生多一点接触社会和计算机网络中丰富信息源的机会,他们就可主动探索、寻找、筛选。学生拥有的知识,不仅要有深度、广度,而且要能拓宽知识层面,打破物理学科框框,综合获取和运用新知识,即学生应拥有综合化的知识。

物理创新教育中,教师不是被动地传授物理知识,而是以自己的敏锐创新思维去激活学生创新思维;教师不是简单地"传道、授业、解惑",而是在教育过程中以学生为本,充分发挥学生的主体作用,给学生创造一个高度自由的思维和实践空间,既注意培养"全体",又关心"个体",既面向"共性",又关注"个性"。师生之间的互动从知识拓展到智慧、情感,让学生真正成为学习的主人,尊重学生,信任学生,让学生思维活跃起来。因此,教师的角色本身不应只是知识的传播者、教学的组织者,还应是每一个受教育者潜能的开发者和引导者。

教师备课,认真研究教材,剖析知识结构,领会新课标精神,在抓住知识重点、难点的同时,注意挖掘教材中的智力因素,选择有利于智能发展的教学方法,有效地使教材中的智力因素在教学过程中转化为促进学生智能发展的条件。教学实施中,教师进一步帮助学生营造和维持学习过程中积极的心理氛围,协助学生寻找、探索和利用学习资源,设计恰当的学习活动,促进学生主体性的形成。教师要让不同学习程度的学生都能展示自我,体验到物理学习成功的喜悦。

创新教育中,教师充当的是向导、导演、良师益友、平等合作者。教师的主导作用在于引导学生生动活泼地参与教学活动,主动地学起来。反过来,学生在学习活动中出现了新的情况,又引起教师的活动相应调整,产生动态变化。有别于"教师中心论"

与“学生中心论”顾此失彼的行为，整个教学活动既发挥教师的主导作用，又发挥学生的主体作用，教师与学生良性互动，让教与学达到最佳状态。

二、探究性

在创新教育教学过程中，教师不是把构成教学目标的有关概念和认知策略直接告诉学生，而是创造一种个人和社会交往环境，让学生通过探究活动，如实验的观察和操作、信息的搜集和交流，从而获得知识。学生自主地发现问题、分析问题和解决问题，大大有利于培养其搜集和处理信息的能力、获取新知识的能力、分析和解决问题的能力以及交流与合作的能力。这就体现了创新教育的探究性。

教师在物理教学过程中，创设一种类似科学研究的情景和途径，让学生通过主动探索、发现和体验，从而达到对物理概念和原理的理解，获得知识。同时，这一教学过程又培养了学生的开拓精神和创造能力，学生原先的单向、局限和被动的思维，逐渐过渡到多元、开拓和主动的创新思维，朝着成为新世纪创新型人才的道路一步步前进。

新课改提倡物理教学探究，倡导教师要运用启发式教学、讨论式教学、课外学习等活动培养学生的主动性、独立性。这正是物理创新教育中的探究式教学模式，表现为：

1.剖析教材课题，布设探究线路

研究教材，熟悉知识结构，明确教学目标。教师根据所教班级的特点(学习水平、认知特点)，朝着教学目标精心设计相应的探究线路，开展具有针对性的探究活动，始终把握物理教学内容，逐步激发学生自主探究、合作探究，教学探究在互动中前进，因势利导地实现教学目标，确保班级中每位学生都能参与到探究活动中。

教师应科学设计具有针对性的探究性实验，多层次引导学生观察实验现象，巧设问题，激活他们的思维，学生经过思考后才能辨疑解难，培养学生发现、分析、解决问题的能力，促使他们都能有所进取，有所创新。

2.“题问、质疑、争辩”，推进探究深度

(1)题问。巧设探究问题，即题问。布设探究线路时，在一些知识点上，相应巧设探究问题让学生解疑。学源于思，思源于疑，疑问是思维的火花。因此，在教学过程中，适当设置有质量的疑问，引导学生向教材内容质疑，增强学生探究动力。例如，在学习运动相对性时，提出：为什么我们乘车时会看到近处的树木向后走，而远处的山会向前走？为什么在纬度较高地区上空飞行的飞机上，旅客可以看到太阳从西边升起的奇妙现象？此类问题探究的深度就不小了，自然会促进学生对相对运动的深刻理解。

(2)质疑。创设一个和谐、平等的教学环境，使学生勇于发现问题，敢于提出问题，渴求解决问题，他们的创新意识就会得到培养和发挥。学生大胆“质疑”，向教师的教学内容质疑，对教材知识质疑，教师对学生这样的质疑，应当提倡、欢迎。

课堂中学生的“质疑”和教师的“题问”展现了开放互动的教学方式，有助于拉近师生双方的心理距离。那些敢于提问、常常发表与众不同观点的、有创新个性的学生，给他们一个自由的空间，让他们得到充分发展。还有那些不善于言谈的学生，让他们享受宽松、和谐的课堂环境，促进他们逐渐敢于质疑，整个课堂自然就会充满活力。质疑不仅能推动学生形成主动交流讨论的好学风，还能促进学生养成反思、总结学习的好习惯。

(3)争辩。巴甫洛夫认为：“争论是思想的最好触媒。”在物理创新教育中，引入争辩机制，是要求学生围绕一个新问题，运用所学知识展开辩论，在思辨中寻找解决问题的各种方案。争辩最易激活学生的智慧火花，最能触发灵感产生绝妙的解决问题的方法。学生在争辩中，注意力高度集中，思维活跃，探究的深度自然会加大。

3.挖掘教学手段，提升探究效率

物理学科与自然、生活、生产和科技息息相关，借助生活、实践、实验可以使抽象、乏味的物理知识变得生动、形象、有趣。因此，在教学探究中，要注重理论与实践教学的有机融合，根据班级学生已有的物理知识水平，贴近他们的生活实际，选取他们熟悉而感兴趣的物理素材、物理现象，借助多媒体辅助教学手段，还有参观、考察、自制教具及实验，创设良好的探究情境，激发学生的探究兴趣，使探究充满朝气，更高效。如“牛顿第二定律”这一课的教学，观看航天员王亚平的“太空授课”，借用太空授课情境，让学生不仅目睹了用牛顿第二定律测算质量的太空实验，也了解了牛顿第二定律无论在太空还是在地面都成立，同时还激发学生对宇宙空间的向往。

总之，探究性是物理创新教育的一个重要特征。在高中物理课堂教学过程中，教师应把握好探究式教学模式，提高物理创新教育的有效性，为培养学生的综合素养不懈努力。

三、创新性

创新是教育的最终目标，是未来人才的必备素质。因此，物理创新教育的第三个重要特征是创新性。

物理创新教育让学生在学习物理知识的同时，学习前人在物理学这座“宏伟的建筑”中是如何发现、研究、创新的。要培养学生的创造智慧，就要不断地在创造性教育活动中点燃他们的创新火花。

物理学家成功之秘诀，归纳起来，除了有一个良好的创造环境，还有高尚的创造心理、可贵的创新思维和智慧的创新技法。

1. 高尚的创造心理

物理学家在科学探索的道路上为人类做出伟大贡献之日，正是他们创造性劳动结晶之时，而创造性成果获得的前提在于他们拥有高尚的创造心理素质。创造心理素质与创新思维一样，都是构建创新型人才的要素，甚至前者是后者的前提。然而人们往往比较重视创新思维，而忽视创造心理素质。

创造心理素质包含创造心理的基本素质和高层素质，它是一种创造心理现象，即创造的兴趣、创造的意志、创造的性格和创造的情感。物理创新教育要从创造心理基本素质的提高，到创造心理高层素质的训练，全方位地培养学生的创造心理素质。

（1）培养创造心理的基本素质，使学生爱祖国、爱文明。创造学告诉我们，所有基本创造心理素质的培养，不仅是中学生获得知识的心理基础，也是培养学生高尚道德、思想、品质的良好心理基础。

立德树人、教书育人，教师需要加强学生创造心理基本素质的培养。物理教材中，有着许多帮助学生树立创造心理基本素质的“良方”，物理学家对科学锲而不舍的精神、高尚的品质、爱国的情怀，都是提高学生创造心理基本素质非常宝贵的财富。物理教学中不断地、因势利导地结合教材，用众多物理学家的精神熏陶学生，把传授知识、培养能力与陶冶情操结合起来。

物理学是一门实验性科学，物理学家在无数次废寝忘食、如痴如醉的实验中，总结出了许多规律，并广泛运用于现实生产、生活中，促进了科技的发展和社会的进步。我们通过借助多媒体展示我国现代科学技术的飞速发展所取得的巨大成就，增强学生对祖国的崇高感情。同时，结合教材适当介绍我国在某些科学技术方面与国际先进水平存在的差距，从而激励学生学好物理、立志报国。

(2)培养创造心理的高层素质,使学生爱物理、爱创新。创造动机是创新活动力量的源泉,培养21世纪的创新型人才,十分重要的是极大限度地提高青少年的创造活动力量。因此,爱祖国、爱文明还不够,这只是培养学生创造心理的基本素质所要达到的目标,我们还应注重培养创造心理的高层素质,以物理知识为载体,充分利用物理教育这块天地,激发学生爱物理、爱创新,使学生有浓厚的创造意识和饱满的创造精神。具体说来,可以采取两个步骤:

一是借助物理学中创造、发明的故事来强化学生的创新意识。创造活动的特点是创新,创新道路上充满艰难险阻,需要人们具有坚韧不拔的创造意志,这种创造意志的特点表现为目的性、顽强性和自治性。教学中,恰到好处地插入典型的创造、发明故事,特别是鲜活的创造趣事,会让学生得到潜移默化的创新教育。

二是借助物理规律来激化创造的欲望。学生的创造欲望是一种强烈的内心动机,教学中要创设物理学习的创造氛围,激发他们的创造欲望,引导他们发现规律,有意识地去创造、创新。

2.可贵的创新思维

1820年,丹麦物理学家奥斯特发现了电流的磁效应。此后,法拉第仔细分析了电流的磁效应。通过思考他认为,既然"电能产生磁",那么"磁也能产生电"。这种思维就是创新思维中的逆向思维。怎样利用磁体使导线中产生电流?这一问题成了不少物理学家探索的目标。但在相当长的时间里,却得不到预期的结果。法拉第经过十年坚持不懈的努力,把产生感生电流概括为五种情况,即变化的电流、变化的磁场、运动着的稳恒电流、运动的磁体、在磁场中运动的导体等。在研究过程中,他运用了发散思维、集中思维等创新思维。

如何表述上述磁转化为电的电磁感应现象呢?法拉第有着非凡的想象力,于1837年提出电和磁的周围存在"场",从而引入电场和磁场的新概念。法拉第用直观而形象的图示描述的力线,是近代自然科学中的一个创举,是创新思维中的形象思维、抽象思维的结晶。

3.智慧的创新技法

英国科学家牛顿通过天文观测和数学推导,论证了万有引力定律,但是,这一定律是否适用于所有物体呢?就是说,一般物体间存不存在这种吸引力?

由于一般物体间的这种吸引力小到难以察觉,用实验的方法测一测它的大小,难度就太大了。近百年后,英国物理学家卡文迪许才创造一个纽秤实验,巧妙地解决了这一难题。

物理教育的过程，是教师创造和使用新颖的、高效的方式和方法，启发学生进行创新学习的过程。学生在学习物理的同时，提高了创造心理素质，训练了创造性思维方法，并学习了创新技法。

创新技法是人们通过研究有关创造发明的过程，总结、提炼出在创新实践活动中基于创新思维之上的有效方法。具体物理教学中，创新技法的训练以实验为基础，加强和改革实验教学。实施的方案：一是将课内的演示实验改为师生合作或学生操作实验，或者将演示实验改成随堂实验，当教学程序进入实验阶段，让全体学生边听边实验。二是将课内实验编成一组探索性问题，让学生边思索边实验，教材中有些问题，如“黑匣子”问题，编成探索性实验让学生探索。三是演示实验、分组实验，创新实验方法，即设计实验，这就是训练创新。为给学生以启发，教师可自制教具进行实验，介绍实验设计中教具创新的智慧点。教师创新实验不只是物理知识的扩展，更是学生潜心创新的榜样。四是开展课外小实验、青少年科技创新大赛等活动，这是训练创新技法的广阔天地。

1.2 创新思维是学好物理的有力法宝

新时代教育创新的目标，是为创新型国家培养大量创新型人才，这种人才不仅具有正确世界观和人生观，还具有创新精神和创新能力。新课程理念下，物理创新教育与新时代创新同频共振。

众所周知，培养创新精神和创新能力的核心是培养创新思维。因此，顺应新课程改革，加强创新思维的培养，不仅关系到个人的可持续发展，更关系到整个国家和民族的未来。

什么是创新思维？创新思维是指以新颖独创的方法解决问题的思维过程，是人类创造力的核心，是人类最活跃和最富有成果的最高级的思维形式。

具体来说，创新思维是多种思维交织而成的综合性思维，多种思维包含逻辑思维和非逻辑思维等。逻辑思维（分析与综合、比较与鉴别、归纳与演绎、形象与抽象等）是创新思维的基础，非逻辑思维（发散与集中、旁通与逆向、求异与变通、想象与直觉等）是创新思维的主体。对物理学来说，创新思维的形成过程正是物理学产生和发展的过程。物理学习中广泛运用到创新思维，因此，创新思维是我们学好物理的有力法宝。

一、分析与综合思维

所谓分析是从整体到部分，把复杂的事物分解为若干个组成部分来研究。与分析相反，综合则是从部分到整体，把被研究的相互有联系的各个部分连贯起来考虑，从而对事物的整体有一个全面的、完全的、本质的认识。

分析与综合，是两种方向相反、联系紧密的思维方法。分析是综合的基础，综合是分析的前导，分析离不开综合，综合也离不开分析。也就是说，分析中要综合，综合中要分析，这种关系贯穿在认识事物的全过程，对于物理学习而言，同样是一种重要的又是基本的思维方法。牛顿在《自然哲学的数学原理》中说：“在自然科学里应该像在数学里一样，在研究困难的事物时，总是应当先用分析的方法，然后才用综合的方法。”

例如在解答物理问题方面，分析与综合是一种重要而又基本的方法。具体解题时，往往从题目的所求量（未知量）开始，写出题给最后一问的直接解答公式，而解答公式等号右侧有可能又出现一个或多个新的未知量，这就又要列出求解这些新的未知量的公式。

较复杂的问题所列方程可能会更多一些，直到解答公式右侧完全不出现未知量为止，这种由未知量推导已知量的解题方法称为分析解答法。

如果先从题给的已知量开始，找出某些已知量间关系进行运算，一直到所求的未知量与已知量间的关系式全被找出为止，这种解题的思维方法是由题给的局部条件汇总到总体认识，称为综合解题法。

对于一些综合题，由于题叙过程较复杂，题给的已知量与未知量之间关系不能直接得到，则需要将复杂过程依照物理规律分成各个阶段，先分析各阶段运动规律，后找出各阶段间的联系，直至把各部分串联起来，这就是我们常用的先分析后综合的解题法。

【例1】如图1.2-1所示，S处的正电荷经U_1电压加速后，由A孔进入一匀强磁场后，又恰沿着竖直放置的带电平行板的边缘处C，进入板间匀强电场，最后又从另一板的边缘E处离开。如果已知正电荷的质量和电量分别为m和q，板长$DC = CA = AS = l$，板间的电压为U_2。

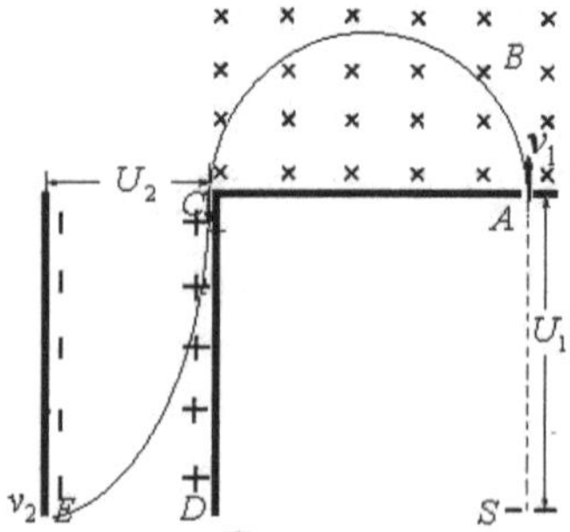

图1.2-1

(1)计算正电荷离开加速电场时的末速度v_1和磁感应强度B。

(2)求正电荷从一极板边缘C进入板间电场，又恰从另一板边缘E飞出时的末速度v_2。

【创新思维】这道题用先分析后综合的方法，将正电荷的运动过程分成几个子过程，用相应规律列式：$S \to A$的匀加速直线运动（$qU_1 = \frac{1}{2}mv_1^2$）、$A \to C$的匀速圆周运动（$Bqv_1 = \frac{mv_1^2}{l/2}$）、$C \to E$的类似平抛运动（$qU_2 = \frac{1}{2}mv_2^2 - \frac{1}{2}mv_1^2$，$\cos\theta = \frac{v_1}{v_2}$，$\theta$为$v_2$与板间夹角）。解题综合过程中，将它们串起来，题目得解。

二、比较与鉴别思维

所谓比较，是把事物加以对比确定同异关系，通常有两类比较思维：一类是形同质异的比较，即同中求异；另一类是形异质同的比较，即异中求同。

所谓鉴别，是通过比较识别出事物的共同点和差异点。人们认识事物往往是根据事物的特性和相互关系，通过比较来实现。因此，有比较才能鉴别，要鉴别就得比较。

在中学物理学习中，比较和鉴别的思维方法被广泛运用，比较概念、比较模型、比较规律，揭示其本质的异同，分别相应处之。

【例 2】如图 1.2-2 所示，各种情况中，a、b 两点电势和电场强度都相同的是(　　)

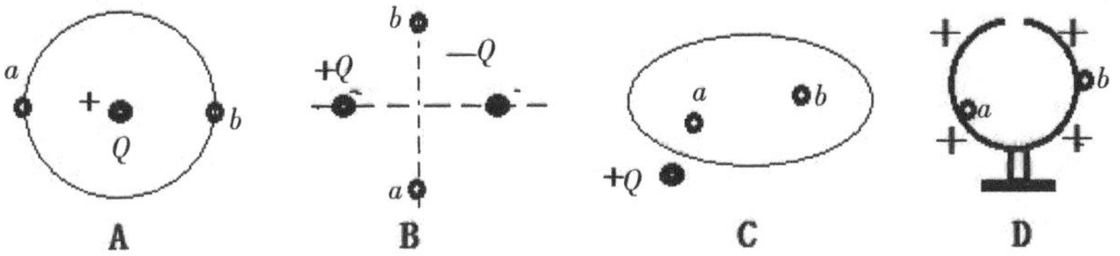

图 1.2-2

A. 在点电荷 Q 的电场中，与 Q 距离相等的 a、b 两点

B. 在两点电荷 $+Q$、$-Q$ 连线中垂线等距离的 a、b 两点

C. 在点电荷 Q 的电场中，一个导体内部的 a、b 两点

D. 一个绝缘空心导体，a、b 分别是内壁和外壁两点

【创新思维】比较与鉴别时，抓住电场线分布、电势是标量而电场强度是矢量，就能很快得到正确答案：B、C。又如，通过比较与鉴别，可以攻克难点。将重力做功与电场力做功类比，重力势能与电势能类比，功能关系方面类比，所有这些思考将大大提高对电场的认知。

【例 3】(2006 年高考重庆卷) 如图 1.2-3，带正电的点电荷固定于 Q 点，电子在库仑力作用下，做以 O 为焦点的椭圆运动。M、P、N 为椭圆上的三点，M、N 是椭圆短轴的端点，P 点是轨道上离 Q 最近的点。电子在从 M 到达 N 点的过程中(　　)

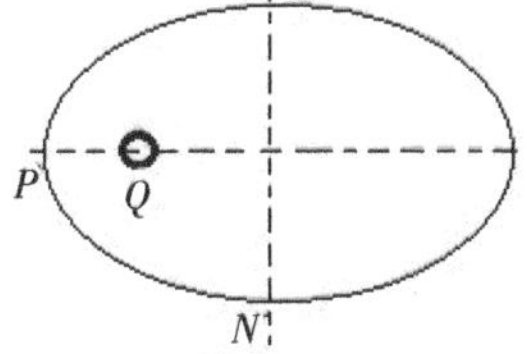

图 1.2-3

A. 速率先增大后减小　　B. 速率先减小后增大

C. 电势能先减小后增大　　D. 电势能先增大后减小

【解析】根据轨迹可知：电子从 M 到 P 电场力做正功，动能增加，电势能减小；电子

从P到N电场力做负功，动能减小，电势能增加。故应选A、C。

【创新思维】本题考查带电粒子在电场中的运动，考查考生的综合分析能力，弄清库仑力对电子的做功情况是解题的关键。如果将此图与地球围绕太阳运转轨道比较，借用我们很熟悉的力学规律，问题就可迅速解答。

三、归纳与演绎思维

所谓归纳，是从个别到一般、特殊到普遍的逻辑思维过程。它通过许多个别的事例或分论点，归纳出它们所共有的特性，从而得出一个一般性的结论。归纳法可以先举事例再归纳结论，也可以先提出结论再举例加以证明。牛顿认为："在实验物理学上，一切定理均由现象推得，用归纳法推广之。"物理学中，常见从一些个别物理现象或特殊的物理过程中，推导出普遍的一般性的结论或原理。物理概念的建立、物理规律的揭示以及物理模型的建立，很多都是采用归纳推理的思维方法。

演绎则相反，它是从一般到个别（特殊）的逻辑思维过程。即从一般的原理、定律出发，推导出事物的新结论的一种思维方法。它不仅可以使人们原有的知识得到扩展和深化，而且能够作出科学预见，为新的科学发现提供启示性的线索，使科学研究沿着正确方向前进。可以说，整个现代科学的"大厦"就是在演绎推进之下建立起来的。

演绎推理在物理实验中占有重要地位，它是获取新知识、认识新事物的一种重要方法。如高中物理选修3-2"互感和自感"，其自感电动势计算公式，就是在电磁感应现象的基础上，运用法拉第电磁感应定律，进行演绎推理的结果。自感电动势（或自感电流）的方向是这节课的一个难点，在观察实验的同时，运用反映电磁感应普遍规律的楞次定律，对自感这一特殊的电磁感应现象进行演绎推理，自感电动势的方向即对电流方向的变化起阻碍作用的方向。

在分析物理问题过程中运用归纳推理或演绎推理，一定要遵从物理过程的客观规律。

【例4】在倾角为30°的固定斜面上，静止放着的物体，被撞击后以20 m/s的初速度沿斜面上行，问5秒内行程是多少？

【创新思维】对于这个多数人都认为是很简单的问题，很快就能作出如下解答：

$$a = g\sin 30^\circ = 10\ \mathrm{m/s^2} \times \frac{1}{2} = 5\ \mathrm{m/s^2}$$

$$x = v_0t - \frac{1}{2}at^2 = 20\ \mathrm{m/s} \times 5\ \mathrm{s} - \frac{1}{2} \times 5\ \mathrm{m/s^2} \times (5\ \mathrm{s})^2 = 37.5\ \mathrm{m}$$

虽然用归纳思维将物体的运动视为匀减速运动，可是疏忽了斜面并非光滑的这一关键条件，又混淆了路程与位移的概念，结果错误。

如果将题改为：在倾角为30°的光滑斜面上，物体被撞击后以20 m/s的初速度沿斜面上行，问5秒内行程是多少？斜面不再存在摩擦，物体不可能中途停下来，于是解答如下：

$$a = g\sin30^\circ = 10\ \mathrm{m/s^2} \times \frac{1}{2} = 5\ \mathrm{m/s^2}$$

$$x = v_0t - \frac{1}{2}at^2 = 20\ \mathrm{m/s} \times 5\ \mathrm{s} - \frac{1}{2} \times 5\mathrm{m/s^2} \times (5\ \mathrm{s})^2 = 37.5\ \mathrm{m}$$

结果仍然错误，原因是没有用演绎的思维，用一般的匀减速运动公式运算，没认识到这里的行程指的是路程。或在运用归纳与演绎思维时，没有明确个别与一般、特殊与普遍的不同状态，错误还会继续发生。

如上述问题改成：在倾角为30°的光滑斜面上，物体被撞击后以20 m/s的初速度沿斜面上行，问物体下滑离撞击点以下50 m，物体运动了多少时间？

运用公式$x = v_0t - \frac{1}{2}at^2$，将数值代入，即$x = 50\ \mathrm{m}$，$v_0 = 20\ \mathrm{m/s}$，$a = 5\ \mathrm{m/s^2}$，这样计算结果还是错误的，原因在于此时物体已经不再是单向运动了，x已经是负位移了。正确列式代入值：$-50 = 20t - \frac{1}{2} \times 5t^2$，结果$t = 10\ \mathrm{s}$才是正确答案。

归纳和演绎这两种思维方法是相互联系、相互补充的。演绎所依据的理由正是对特殊事实的归纳，归纳的结论正是演绎的前提，即演绎离不开归纳。而归纳又必须以一般物理原理为指导，才可找出特殊事实的本质，即归纳也离不开演绎。归纳和演绎也是牛顿进行科学研究的两种主要方法。

四、形象与抽象思维

形象思维是指从具体事物的形象出发，通过实践（即观察、实验等）舍去那些偶然的、表面的因素，达到对事物本质的认识，由感性阶段发展到理性阶段的过程。

20世纪最伟大的实验物理学家之一卢瑟福，根据α粒子散射实验建立了著名的原子行星模型，揭示了原子核式结构的本质，进而开创了原子物理的光辉时代。

抽象思维即逻辑思维，是运用概念、判断、推理反映现实的过程，是人们认识的高级阶段，和形象思维不同，它是以抽象性为特征，撇开事物的具体形象，用抽象的概念来揭示事物的本质。形象思维和抽象思维是物理学解题方法中非常重要的两种思维方法。

物理概念在形式上是抽象的、主观的，但在内容上则是具体的、客观的。物理概念的客观性和具体性决定了物理概念本身隐含的形象性，如光线、电场线、磁感应线等，还有电路、光路、磁路等各种描述物理本质属性的模型、图像，都具有明显的形象性。物理学的观察实验，是凭借种种感性材料，通过想象、联想，运用集中概括的方法对感性材料加工，用抽象的概念去判断和推理，以达到揭示物理过程本质属性的目的。因此，形象思维和抽象思维不是相互排斥的，而是相辅相成的统一体。

【例5】在真空中的光滑水平绝缘面上有一带电小滑块，开始时滑块静止。若在滑块所在空间加一水平匀强电场E_1，持续一段时间后立刻换成与E_1相反方向的匀强电场E_2，当电场E_2与电场E_1持续时间相同时，滑块恰好回到初始位置，且具有动能E_k。在上述过程中，E_1和E_2对滑块的电场力做功分别为W_1、W_2，冲量大小分别为I_1、I_2，则(　　)

A.$I_1 = I_2$　　　　B.$4I_1 = I_2$

C.$W_1 = 0.25E_k$，$W_2 = 0.75E_k$　　　　D.$W_1 = 0.20E_k$，$W_2 = 0.80E_k$

【解析】用力和运动的观点求解。

前t内：小滑块做匀加速直线运动，

$$a_1 = \frac{qE_1}{m}, v_1 = \frac{qE_1}{m}t, s_1 = \frac{1}{2} \cdot \frac{qE_1}{m}t^2$$

后t内：小滑块做类竖直上抛运动，则根据题意有

$$a_2 = \frac{qE_2}{m}$$

$$s_2 = v_1 t - \frac{1}{2} \cdot \frac{qE_2}{m}t^2, s_2 = -s_1$$

解以上各式可得$E_2 = 3E_1$。

所以，所受电场力冲量的大小$I_2 = qE_2 t = 3qE_1 t = 3I_1$，

电场力所做的功$W_2 = qE_2 s_2 = 3qE_1 s_1 = 3W_1$，又$W_1 + W_2 = E_k$，

可解得$W_1 = 0.25E_k$，$W_2 = 0.75E_k$，正确选项为C。

【创新思维】根据题给条件，构建如下物理情景(假设滑块带正电，若滑块带负电，分析方法相同)。如图1.2-4(1)(2)所示(这里实际上滑块是沿着CA方向回到原位置A，为了防止画面重叠分开图示)，$A \to B$滑块在E_1作用下加速，$B \to C \to D$滑块在E_2作用下向相反方向加速，C位置滑块速度为零。速度—时间图像图1.2-4(2)中标出的

ABCD 与图 1.2-4(1)对照，经过形象思维的处理，该题抽象的物理情景就清晰地展现在眼前，带电滑块运动的物理过程了如指掌，从而促进抽象思维与形象思维和谐统一，建立合理的物理模型。本题属于求解恒力做功和恒力冲量的问题，一般有两种方法：一是利用功和冲量的定义求解——需先求得两个过程中的电场强度，继而求得两个过程的电场力，即可求得功和冲量；二是利用动能定理和动量定理求解，除了需先求得以上物理量之外，还需求得两个过程的末速度。

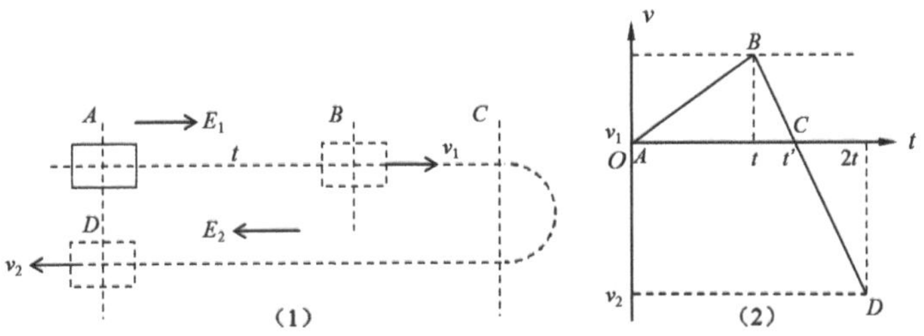

图 1.2-4

五、发散与集中思维

发散思维是从思索对象的某一点出发，展开想象的翅膀，由此及彼，不拘泥于一点或一条线索，产生多种不同的解决问题的办法，它的几何形态可描绘为一点发出的空间一束射线。

集中思维则是利用已有信息，对发散思维所得到的多种方案，进行筛选、集中，最后梳理出最佳方案的思维过程。

美国心理学家吉尔福特指出：“正是发散思维中，我们看到了创造性思维的最明显的标志。”显然，发散思维是创造性思维的主旋律。

解题中的一题多解、一题多议、一题多变正是对我们发散思维能力的训练。物理概念的多角度理解，物理规律表达式的不同途径的推导，设计实验中不同方案的实现等都属发散思维训练。通过训练，我们能逐渐提升思维的广阔性、灵活性和创新性，使思维新颖、灵活。

【例 6】(2005 年高考全国卷)原地起跳时，先屈腿下蹲，然后突然蹬地。从开始蹬地到离地是加速过程(视为匀加速)，加速过程中重心上升的距离为“加速距离”。离地后重心继续上升，在此过程中重心上升的最大距离称为“竖直高度”。现有下列数据：人原地起跳的“加速距离”d_1=0.50 m，“竖直高度”h_1=1.0 m；跳蚤原地起跳的“加速距离”d_2=0.000 80 m,“竖直高度”h_2=0.10 m。假设人具有与跳蚤相等的起跳加速度,而“加速距离”仍为0.50 m,则人上跳的“竖直高度”是多少?

【解析】本题属匀变速运动,可从牛顿定律和运动学公式出发求解,也可从功能关系知识求解。下面罗列八种解法,是启发发散思维的训练,解法1是基本方法,解法6、7、8比较简单。

解法1:运动学公式法。设人具有和跳蚤相同的加速度a,令v_1、v_2表示在这种情况下人、跳蚤离地时的速度,H、h_2表示与此相应的竖直高度,则对加速过程和离地后上升过程分别有

$v_1^2=2ad_1$　①　　　　$v_1^2=2gH$　②

$v_2^2=2ad_2$　③　　　　$v_2^2=2gh_2$　④

由①②③④可得$H=\dfrac{h_2d_1}{d_2}=\dfrac{0.10\ \text{m}\times0.50\ \text{m}}{0.000\ 80\ \text{m}}=62.5\ \text{m}$。

解法2:利用关联量a及运动学知识求解。

人:$v_1^2=2ad_1$　①　　　　$v_1^2=2gH$　②

由①②得$H=\dfrac{ad_1}{g}$　③

跳蚤:$v_2^2=2ad_2$　④　　　　$v_2^2=2gh_2$　⑤

由④⑤得$a=\dfrac{h_2g}{d_2}$　⑥

由③⑥得$H=\dfrac{h_2d_1}{d_2}=\dfrac{0.10\ \text{m}\times0.50\ \text{m}}{0.000\ 80\ \text{m}}=62.5\ \text{m}$。

解法3:利用含t的运动学公式求解。

设人和跳蚤加速上升时间分别为t_1和t_2,上抛时间分别为t'_1和t'_2,

跳蚤:上抛过程$h_2=\dfrac{1}{2}gt'^2_2$

$t'_2=\sqrt{\dfrac{2h_2}{g}}=\sqrt{\dfrac{2\times0.10\ \text{m}}{10\ \text{m/s}^2}}=\sqrt{0.02}\ \text{s}$

$v_2=gt'_2=10\ \text{m/s}^2\times\sqrt{0.02}\ \text{s}=\sqrt{2}\ \text{m/s}$

加速过程$v_2^2=2ad_2$

所以,$a=\dfrac{v_2^2}{2d_2}=\dfrac{(\sqrt{2}\ \text{m/s})^2}{2\times0.000\ 80\ \text{m}}=1\ 250\ \text{m/s}^2$。

人:加速过程$d_1=\dfrac{1}{2}at_1^2$

$$t_1=\sqrt{\frac{2d_1}{a}}=\sqrt{\frac{2\times 0.5\ \text{m}}{1\,250\ \text{m/s}^2}}=\sqrt{\frac{1}{1\,250}}\ \text{s}$$

$$v_1=at_1=1\,250\ \text{m/s}^2\times\sqrt{\frac{1}{1\,250}}\ \text{s}=\sqrt{1\,250}\ \text{m/s}$$

由 $v_1=gt'_1$ 得 $t'_1=\dfrac{v_1}{g}=\dfrac{\sqrt{1\,250}\ \text{m/s}}{10\ \text{m/s}^2}=\sqrt{12.5}\ \text{s}$

所以，$H=\dfrac{1}{2}gt'^{\,2}_1=\dfrac{1}{2}\times 10\ \text{m/s}^2\times(\sqrt{12.5}\ \text{s})^2=62.5\ \text{m}$。

解法4：利用地面平均弹力，借用功能关系求解。

以人为例，如图1.2–5所示，图中A为人头，D为足，O为重心，①为模拟人屈腿下蹲的弯曲姿态，②为起跳离地前的直伸状态，③为上跳至最大高度时刻的直伸状态。从①→②为加速过程，②→③为上抛过程。

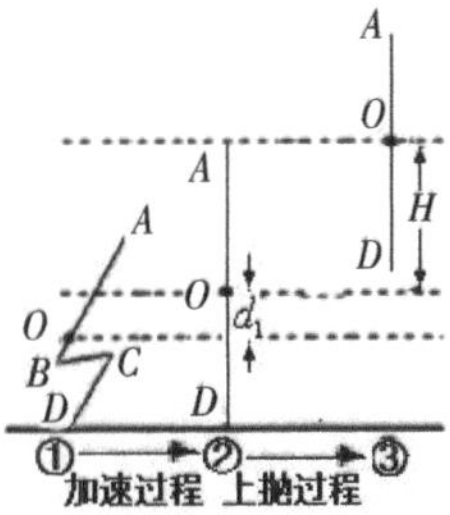

图1.2–5

平均弹力做功 $F_1d_1=m_1g(d_1+H)$　①

同理，针对跳蚤也可列式 $F_2d_2=m_2g(d_2+h_2)$　②

$$a=\frac{F_1-m_1g}{m_1}=\frac{F_2-m_2g}{m_2}\quad ③$$

由①②③可以解得结果。

解法5：利用地面平均弹力，借用动能定理求解。

人：平均弹力做功 $(F_1-m_1g)d_1=\dfrac{1}{2}m_1v_1^{\,2}$　①

$\dfrac{1}{2}m_1v_1^{\,2}=m_1gH$　②

同理，针对跳蚤也可列式 $(F_2-m_2g)d_2=\dfrac{1}{2}m_2v_2^{\,2}$　③

$\dfrac{1}{2}m_2v_2^{\,2}=m_2gh_2$　④

由①②③④及解法4的③，可以解得结果。

解法6：利用合外力做功求解。

人以跳蚤的加速度a原地起跳时，“竖直高度”为H，则加速上升阶段和竖直上升阶段合外力做的功的绝对值相等。

$m_1ad_1=m_1gH$　①

跳蚤以加速度a原地上跳，同样可列式 $m_2ad_2=m_2gh_2$　②

可以解得

$$H=\frac{h_2d_1}{d_2}=\frac{0.10\ \text{m}\times 0.50\ \text{m}}{0.000\,80\ \text{m}}=62.5\ \text{m}\quad ③$$

解法7：利用合外力做功，借用动能定理求解。

人：$W_1 = m_1 a d_1 - m_1 g H = \Delta E_{k1} = 0$　①

跳蚤：$W_2 = m_2 a d_2 - m_2 g h_2 = \Delta E_{k2} = 0$　②

由①②解得

$$H = \frac{h_2 d_1}{d_2} = \frac{0.10\ \text{m} \times 0.50\ \text{m}}{0.000\ 80\ \text{m}} = 62.5\ \text{m}$$

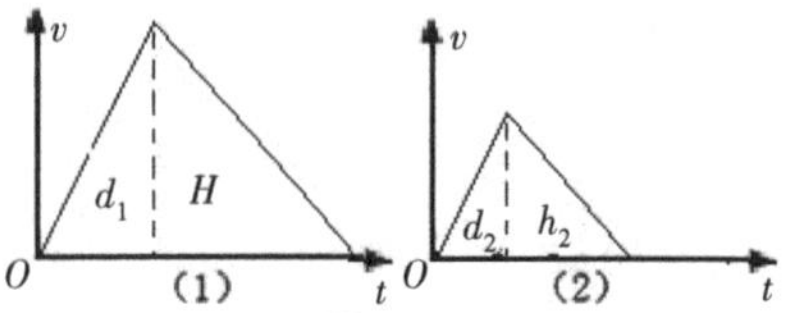

图1.2-6

解法8：利用图像分析法。

人和跳蚤的速度—时间图像如图1.2-6(1)(2)所示，加速阶段和上抛阶段的加速度分别都相等，因此，图(1)(2)中三角形相似，得

$\frac{H}{d_1} = \frac{h_2}{d_2}$，于是$H = \frac{h_2 d_1}{d_2} = \frac{0.10\ \text{m} \times 0.50\ \text{m}}{0.000\ 80\ \text{m}} = 62.5\ \text{m}$。

【创新思维】该题是人与跳蚤的原地起跳问题，这是一道有趣的与体育运动知识相结合的问题。这类题目避免了死记硬背，或巧设问题情境，或活用知识规律，使所学知识鲜活起来。题设的两个研究对象人和跳蚤，进行原地相似起跳。根据题意对应的物理模型，物体由静止先向上匀加速一段位移（“加速距离”），接着相当竖直上抛一段位移（“竖直距离”），末状态时速度为零。全过程可分为两个阶段，两个阶段的联系是中间时刻速度，既是前一阶段的末速度，又是后一阶段的初速度。对于不同的研究对象，分为两种情况，两种情况的联系是在第一阶段人和跳蚤的加速度相等。

六、旁通与逆向思维

所谓旁通思维指的是在研究事物时，通过联想、类比将其他类似事物、解决问题的方法、原则迁移过来，简便有效地解决问题的一种创新性思维。

要能流畅地进行旁通思维，必须“触类”，这就要求学生去实践，在实践中得到启发；要求学生去观察，在观察中得到启迪；还要求学生去阅读，在阅读中得到启示；更要求学生去练习，在练习中得到领悟。物理学中，等效法就是旁通思维的具体运用。

所谓逆向思维指的是在解决问题时，当顺向思维暂时陷入僵局，采取由后向前，沿着相反方向思考，从而获得创新和解决问题的一种创新性思维。

纵观物理学发展史，逆向思维在科学探索中往往孕育着伟大的发现和创新，如物质波理论的提出。1923年，德布罗意受爱因斯坦光量子论的启发，提出既然光量子论把过去认为本质上是波的光加以粒子化，那么把问题倒过来考虑，过去认为本质上是粒子的东西，是否也具有波动性呢？1924年，他进一步提出：不只是光子才有波粒二象性，一切微观粒子，包括电子、质子和中子都具有波粒二象性。后来，电子衍射实验证明德布罗意当初提出的假设是正确的，逆向思维充分体现了创新性。

中学物理中逆向思维有着广泛应用：逆向判断、逆向推理、逆向论证等。例如如何判断静摩擦力的方向？初学者感到无从着手，对物体相对运动趋势难以“捉摸”。逆向思维：如果接触面是光滑的，物体会向什么方向运动？这个运动方向与相对运动趋势方向关系如何？从而得到这个物体相对运动趋势方向就是物体在光滑接触面上的运动方向。

【例7】（2019年高考全国Ⅰ卷）如图1.2-7所示，篮球架下的运动员原地竖直起跳扣篮，离地后重心上升的最大高度为H。上升第一个$\frac{H}{4}$所用的时间为t_1，第四个$\frac{H}{4}$所用的时间为t_2。不计空气阻力，则$\frac{t_2}{t_1}$满足（　　）

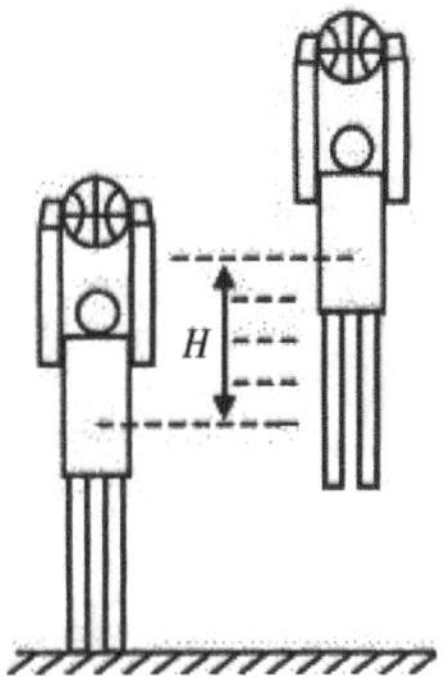

图1.2-7

A.$1<\frac{t_2}{t_1}<2$　　B.$2<\frac{t_2}{t_1}<3$

C.$3<\frac{t_2}{t_1}<4$　　D.$4<\frac{t_2}{t_1}<5$

【解析】如图1.2-8所示，运动员原地竖直起跳的竖直上抛运动其加速度为$-g$，起跳到运动最高点，运动规律与从最高点回到触地时刻的自由落体运动规律相同。通过逆向思维，按其逆过程设运动员从上向下做自由落体运动，将H分为相等的4小段，每小段经历的时间从上到下依次为t_1'、t_2'、t_3'、t_4'，则通过相同距离的时间比为

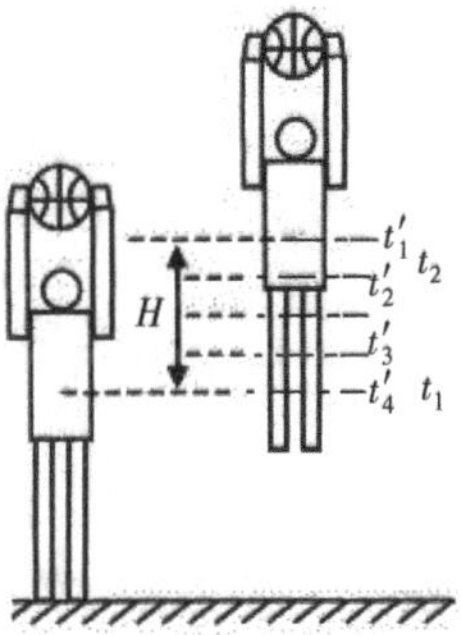

图1.2-8

$$t_1' : t_2' : t_3' : t_4' = 1 : (\sqrt{2}-1) : (\sqrt{3}-\sqrt{2}) : (\sqrt{4}-\sqrt{3})$$

则$$\frac{t_2}{t_1}=\frac{t_1'}{t_4'}=\frac{1}{\sqrt{4}-\sqrt{3}}=\frac{\sqrt{4}+\sqrt{3}}{(\sqrt{4}-\sqrt{3})(\sqrt{4}+\sqrt{3})}\approx\frac{2+1.73}{4-3}=3.73$$

所以，C正确。

【创新思维】本题运用逆向思维建构自由落体运动模型，借助匀变速直线运动中通过连续相邻相等位移所用时间的比值关系解决问题，体现了提高科学思维素养的重要性。

七、求异与变通思维

求异与变通思维是一种创新思维，就是从同一背景材料中，尽可能开拓多种思维渠道，以便从不同思维途径达到同一目标。不拘泥于常规，敢于打破惯例，让思维沿着不同方向甚至相反方向灵活延伸、扩散，从多方面寻找答案，引出更多信息，以便能在已知的或寻常的事物中发掘出与众不同的东西。

【例8】在测额定电压为3.8 V的小灯泡的额定功率时，所用的电源电压为6 V，用一只最大量程为3 V的电压表测出了结果。其实验方法和原理如何？

【创新思维】在这个问题中设置了超越常规的条件：一是小灯泡上电压达到3.8 V时，才能从电流表读出额定电流求得结论，而电压表又不可能超过量程使用；二是电压表通常与小灯泡并联，题给小灯泡额定电压已超过电压表的最大量程，因而必须打破常规，进行求异思维、变通思维。联想到串联电压特点，采用电压表与变阻器并联测量的方法。如图1.2-9所示，当灯泡正常发光时，变阻器两端的电压只有2.2 V，可用最大量程是3 V的电压表测量。

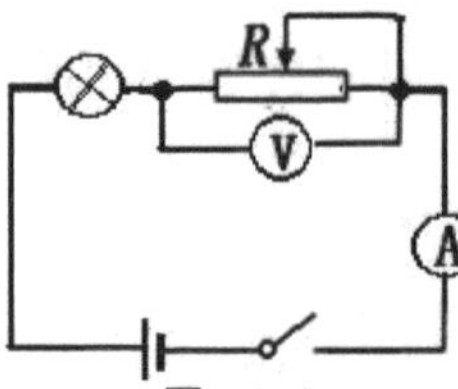

图1.2-9

【例9】如图1.2-10所示，单摆摆球的质量为m，摆长为l，将单摆摆球拉到与悬点O等高的A处由静止释放，摆球运动到最低点B时的速度大小为v，重力加速度为g，不计空气阻力。则摆球从A运动到B的过程中（　　）

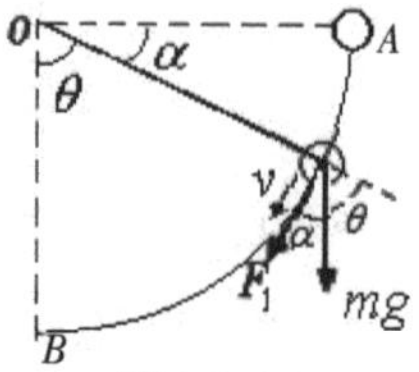

图1.2-10

A. 重力做的功为$\frac{1}{2}mv^2$

B. 重力的最大瞬时功率为$P = mg\sqrt{2gl\sin\alpha}\cos\alpha$

C. 重力的功率先增大后减小

D. 重力的最小瞬时功率为0

【解析】A. 摆球从A处由静止开始释放，运动到最低点B，根据动能定理得$W_G = \frac{1}{2}mv^2$，故A正确。

B. 设摆球从A运动到B的过程中某点重力的瞬时功率最大，设此时速度方向与竖直方向的夹角为α，则有$P = mgv\cos\alpha = mg\sqrt{2gl\sin\alpha}\cos\alpha$，这不是确定值，故B错误。

C. 在A处$v = 0, P_A = 0$；在B处，$v_B \perp mg, P_B = 0$，从$A \to B$过程中，P先增后减，故C正确。

D.由上讨论，$P_A=0$，$P_B=0$，所以重力的最小瞬时功率为0，故D正确，选A、C、D。

【创新思维】关于过程中重力功率的讨论，B选项是用数学方法讨论功率随角度变化的一条途径，题给答案是过程式，定量追究很繁杂，不妨算下去。

$P = mgv\cos\alpha = mg\sqrt{2gl\sin\alpha}\cos\alpha = mg\sqrt{2gl\cos\theta\sin^2\theta}$

令$y=\cos\theta\sin^2\theta=\sqrt{\frac{1}{2}(2\cos^2\theta\sin^4\theta)}=\sqrt{\frac{1}{2}(2\cos^2\theta\sin^2\theta\sin^2\theta)}$

又$\because\ 2\cos^2\theta+\sin^2\theta+\sin^2\theta=2$

由基本不等式$a+b+c\geqslant 3\sqrt[3]{abc}$可知，仅当$2\cos^2\theta=\sin^2\theta$，$y$有最大值，

则$2\cos^2\theta=\sin^2\theta=1-\cos^2\theta$，得$\cos\theta=\frac{\sqrt{3}}{3}$。

所以，仅当$\theta=\arccos\frac{\sqrt{3}}{3}$时，$y$及功率$P$才有最大值。从以上讨论可知，B选项的解析，运用求异与变通思维，变换思考角度，问题就快捷而解了。

八、想象与直觉思维

爱因斯坦早年间就有一个“荒诞”的想法：“如果我以真空中的光速去追随一条光线前进，那么我就应当看到，这条光线好像一个在空间里振荡着而停滞不前的电磁场。”这与当时人们的认识与事实都不符，也与牛顿的经典物理和麦克斯韦方程相矛盾。然而，这种想象是一种创新思维，正是这种想象成了爱因斯坦相对论的起源。

想象思维是人脑将原有感知形象加工成新形象的心理过程。想象可分为冥想的、再生的、构成性的、替代性的和创新性的想象。特别是创新性想象，是由已有感性形象，创造出具有首创、独特、新颖的全新形象，意义深远。

在物理学习中，就是要从物理语言、物理符号、物理图像及物理现象入手，不断提高想象思维能力，利用形象思维，变抽象为形象，化繁为简。

所谓直觉思维，是与形象思维、灵感思维有密切关系的思维过程，它包括直觉的判断、直觉的想象、直觉的启发。直觉的判断是人脑对客观存在的实体、现象和图景的一种直接的理解和综合的判断。如卢瑟福从α粒子散射现象，推出原子的核式结构学说，正是这种直觉判断所显示的作用。直觉的想象指的是人脑将过去累积的“潜知”，进行崭新的组合，形成新的想象。直觉的启发，是对于久思不解的问题，在偶然传来某一信息的启发下，“茅塞顿开”的思维现象。

直觉思维中预感的训练，是学术学科和日常生活中创新思维很受忽视而又极为重要的特征。大胆的预测、丰富的假说和迅速地作出试验性结论，这些是从事任何工作的思想家极其珍贵的财富。正如爱因斯坦所说："真正可贵的因素是直觉。"

在物理学习中，无疑应该重视对直觉思维能力的培养，为此，需要夯实基础知识，强化模式的知识结构，培养勤思敢想的良好习惯，提升总体科学素质。

【例 10】（1986 年高考全国卷附加题）有一个平行板电容器，当两极板间为空气时，其电容为 C_0=40 pF，把它连接到一个电动势为 ε=500 V 的电源上。现将一块厚度等于极板间距离的石蜡块塞进两极板间，使它充满极板间空间的一半，如图 1.2-11。已知石蜡的介电常数 ε=2，求：

（1）塞入石蜡块后，电容器的电容 C。

（2）在石蜡块塞入过程中，电源所提供的电能。

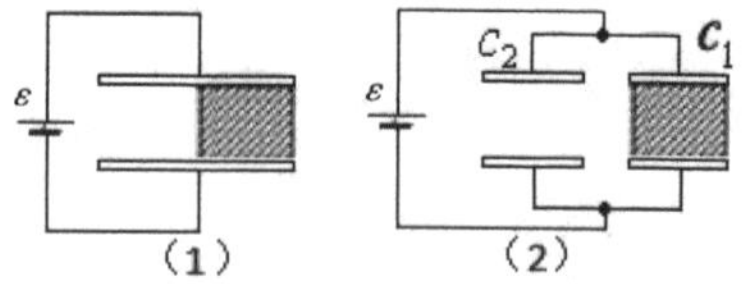

图 1.2-11

【解析】（1）石蜡块塞入后，电容器可视为两个平行板电容器并联。每个极板间距离都是 d，每个极板面积都是原电容器极板面积 S 的一半。因此，极板间是空气的那一半的电容

$$C_1 = \frac{S/2}{4\pi kd} = \frac{C_0}{2} \quad ①$$

极板间是石蜡块的那一半的电容

$$C_2 = \frac{\varepsilon S/2}{4\pi kd} = \frac{\varepsilon C_0}{2} \quad ②$$

所以电容器的总电容 $C = C_1+C_2$　③

由①②③三式，代入数值可解得 C = 60 pF。

（2）电源提供的能量 W 应等于电动势和通过电源的电量的乘积。设塞入石蜡块前极板上的电量为 Q_0，塞入后为 Q，则 $W = \varepsilon(Q-Q_0)$。

因为 $Q_0 = C_0\varepsilon$，$Q = C\varepsilon$

所以 $W = \varepsilon^2(C - C_0)$，代入数值得 $W = 5.0\times10^{-6}$ J。

可是这道题比较多的解答如下：

根据电容器电场的储能公式 $W = \frac{1}{2}C\varepsilon^2$，可求出石蜡块塞入前后电容器电场所储的能量 $W_0 = \frac{1}{2}C_0\varepsilon^2 = \frac{1}{2} \times 40 \times 10^{-12}\,\text{F} \times (500\,\text{V})^2 = 5.0 \times 10^{-6}\,\text{J}$

$$W = \frac{1}{2}C\varepsilon^2 = \frac{1}{2} \times 60 \times 10^{-12}\,\text{F} \times (500\,\text{V})^2 = 7.5 \times 10^{-6}\,\text{J}$$

电容器电场储能之差就是电源提供的能量

$$\Delta W = W - W_0 = 7.5\times10^{-6}\,\text{J} - 5.0\times10^{-6}\,\text{J} = 2.5\times10^{-6}\,\text{J}$$

【创新思维】这道题是当年高考附加题，不计入总分。其实这是抽象程度很高、思维要求灵活的一道题，特别是第(2)问。学习基础比较扎实的同学，解答时会从上述两条解题途径考虑到底选择哪一条，这就要看考生的想象思维能力了。两种解法两种答案，前者能量大，后者能量小，于是我们把思维焦点转移到分析电源所提供的电能偏大还是偏小上。

后一种是石蜡块塞入前后静态下电容器电场所储的能量，ΔW是电容器所增加的能量，当然是电源提供给电容器的电能。问题是石蜡块塞入过程中，电源是否另外还提供给电容器电能？可以想象，石蜡块塞入，电容器电容增大，电容器充电，电量增加，板间电场变化，有一部分能量会以电磁波的形式辐射出去。同时如图1.2-12所示，当石蜡块塞入电容器两极板间时，石蜡块与电容器上下极板相对的两表面异号极化电荷，这时电场力的作用将吸引石蜡块进入板间，人手在塞进石蜡块时需要有一个拉力，对它做负功。换言之，电容器和石蜡块对人手做正功，即电场力做正功消耗电能。电源所提供的电能偏大的两个原因，一般不易很快想到。敏捷的想象思维，引起直觉思维，作出直觉判断，就不难得到正确解答。

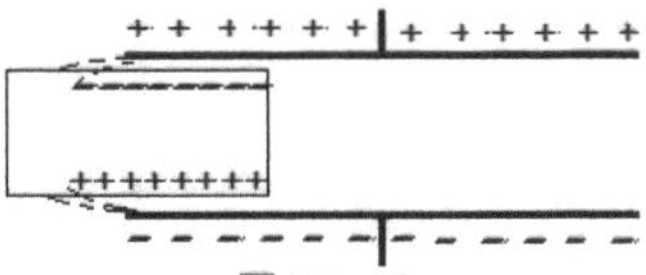

图1.2-12

【例11】(1989年高考全国卷)一个质量为m、带有电荷$-q$的小物体，可在水平轨道Ox上运动，O端有一与轨道垂直的固定墙。轨道处于匀强电场中，场强大小为E，方向沿Ox轴正向，如图1.2-13所示。小物体以初速v_0从x_0点沿Ox轨道运动，运动时受到大小不变的摩擦力f的作用，且$f<qE$；设小物体与墙碰撞时不损失机械能，且电量保持不变，求它在停止运动前所通过的总路程。

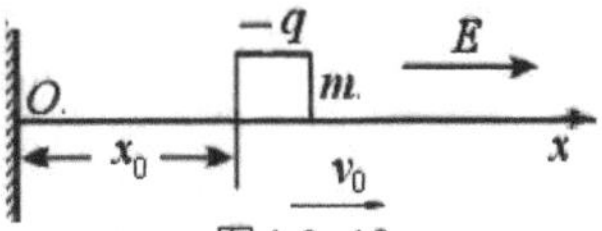

图1.2-13

【解析】小物体受到的电场力$F=-qE$，大小不变，方向向左；摩擦力f的方向与小物体运动方向相反。不管开始时小物体是沿x轴正方向或负方向运动，小物体在多次与墙碰撞后，最后将停止在原点O处。在这个过程中，电势能减少了$\Delta\varepsilon = qEx_0$，小物体动能减少了$\frac{1}{2}mv_0^{\ 2}$。题设小物体与墙碰撞时不损失机械能，因此，小物体克服摩擦力做的功就等于所减少的动能和电势能之和，设小物体在停止运动前所通过的总路程为s，可列$W = fs = \frac{1}{2}mv_0^{\ 2} + qEx_0$，解得$s = \frac{mv_0^{\ 2} + 2qEx_0}{2f}$。

【创新思维】本题如不能直觉判断出带电小物体最终应停在墙壁O处，开启此题大门的钥匙就无法找到，那只能在繁杂的数学运算中来回折腾。

【例 12】（1989 年高考全国卷）电阻为 R 的矩形导线框 $abcd$，边长 $ab=l$，$ad=h$，质量为 m，自某一高度自由落下，通过一匀强磁场，磁场方向垂直纸面向里，磁场区域的宽度为 h（如图 1.2-14 所示）。若线框恰好以恒定速度通过磁场，线框中产生的焦耳热是_______。（不考虑空气阻力）

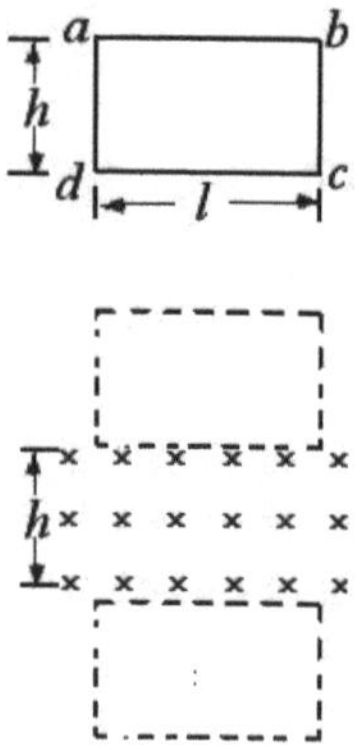

图 1.2-14

【解析】（1）当导线框自高处自由下落，其下边 cd 进入磁场后，边 cd 切割磁感线，回路中产生感应电流，感应电流在磁场中受的安培力 F 方向向上，当 F 与线框重力 mg 大小相等时，线框匀速通过磁场，则 $F = BIl = mg$，所以 $I = \dfrac{mg}{Bl}$①

感应电动势 $\varepsilon = B\dfrac{\Delta S}{\Delta t}$（$\Delta S = hl$，$\Delta t$ 为线框从刚进入磁场到完全进入磁场所经历的时间），则 $\varepsilon = B\dfrac{\Delta S}{\Delta t} = B\dfrac{hl}{\Delta t}$②，又 $\varepsilon = IR$ ③

由①②③得 $\Delta t = \dfrac{B^2l^2h}{mgR}$　④

Δt 时间内产生的热 $Q_1 = I^2R\Delta t$　⑤

由①④⑤得 $Q_1 = mgh$。

线框从完全进入磁场到刚好全部离开磁场所经历的时间和产生的电流，跟先前进入磁场的过程相同。所以产生的热量也应相同，即 $Q_2 = Q_1$，于是线框中产生的焦耳热 $Q = Q_1 + Q_2 = 2mgh$。

【创新思维】考生如此解析，应该说逻辑严谨、思维清晰，考生从构思到一步步解析推演，经历了不太轻松的努力。可是在分秒必争的考场上，当年分值仅 3 分的题，花费时间成本未免太大了。如果我们在审题时，对“若线框恰好以恒定速度通过磁场”这一题给信息，触发这样的思维：线框匀速穿过磁场，动能没有增加，重力势能减少全部转化为线框的电能，从而转化为线框的焦耳热，即 $Q = 2mgh$，在解题的探索中，豁然地达到所求目标，这就是直觉思维的威力。

求真篇

格物致理

2.1 谈物理教学之备课

备课是上课的先导,要上好课,首先就要认真备课。如何才算认真备课呢?那就是要抓住备课的宗旨:心中有“材”,目中有“才”。

所谓心中有“材”,就是要备教材,即通读教材、钻研大纲、参阅资料,形成知识网络,以达到精通教材、重难点了如指掌。同时,知识雄厚,深度和广度都提升,讲课可以循序渐进、深入浅出、驾轻就熟。

所谓目中有“才”,就是要备学生,即了解学生、探讨教法、借鉴他人,从培养新时代人才的角度设计教学过程。讲课从学生实际出发,生动活泼,以达到学生积极思考、勇于探究、透彻理解。概而言之,教学理念要凸显以学生发展为本的指导思想。

以“摩擦力”的教学为例,教师教学用书明确指出:“本节知识是本章教学重点,同时也是教学的难点,所以对这节内容的教学必须引起高度重视,要把它放在一个较高的教学层面来对待。”毫无疑问,教师必须在备课上花大力气,从懂(自己)→教学活动→懂(学生),两个“懂”不是一回事。很多教师备课的深度不够,表现在:

(1)新课引入不顺畅;

(2)教学重点能抓住,可是难点突破不给力,板书不够简明;

(3)教师教学用书要求我们在实验探究的基础上进行本节教学,然而新教师试讲预备课在实验上没有下功夫,探究便成了空白。

一、新课引入采取“温故导入”

“良好的开端是成功的一半”,为了让学生自然快速进入新课“摩擦力”的学习,可采取“温故导入”的方法。语言不要拖泥带水,需要的是简洁明快:“前面我们学习了常见的两种力——重力和弹力,今天再来学习另外一种力,那就是初中已经接触过的摩擦力”,便可以引入新课。

二、板书设计简明扼要

第三节 摩擦力

(一)静摩擦力

1.定义:如图2.1-1所示,接触的两物体间有相对运动趋势时,在接触面上产生的阻碍相对运动趋势的力。

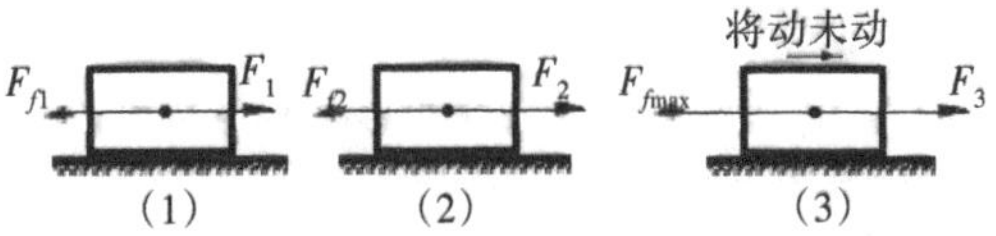

图2.1-1

2.产生条件:

(1)两物体相互接触并挤压;

(2)接触面粗糙;

(3)两物体间有相对运动趋势。

图2.1-2

3.大小:随外力的变化而变化,平衡条件下与外力相对(只要两物体间没有相对运动)。

4.方向:跟物体的相对运动趋势方向相反,并跟接触面平行(或相切),如图2.1-2所示。

5.最大静摩擦力 $F_{f\max}$:在数值上等于物体刚要运动时所需要的沿相对运动趋势方向的外力。取值范围:$0 < F_f \leqslant F_{f\max}$(如图2.1-3所示)。

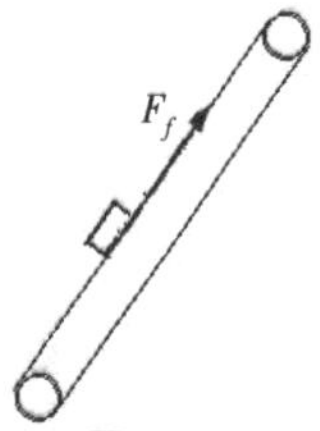

图2.1-3

(二)滑动摩擦力(如图2.1-4所示)

1.定义:两物体接触且相对滑动时,在接触面上产生的阻碍相对滑动的力。

2.产生条件:

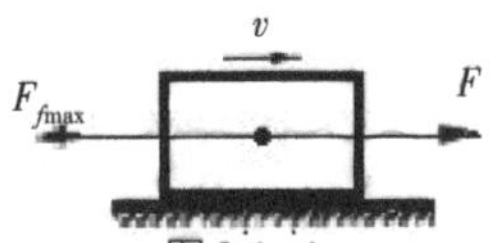

图2.1-4

(1)两物体相互接触并挤压;

(2)接触面粗糙;

(3)两物体间有相对滑动。

3.大小:与正压力 F_N 成正比,μ 叫作动摩擦因数,取决于接触面材料及粗糙程度,即 $F_f = \mu F_N$;木块在水平长木板上匀速运动时,$F_f = F$。

4.举例(略)。

(三)滚动摩擦力

【注意点】

(1)关于"阻碍的"含义:这里"阻碍的"是相对运动(或趋势),不一定阻碍物体的运动。

(2)受静摩擦力作用的物体不一定静止,受滑动摩擦力作用的物体不一定运动。

(3)有 F_f 时一定有 F_N,且 $F_f \perp F_N$。

(4)滑动摩擦力 F_f 与接触面积 S 大小及物体的运动状态无关。

三、加强实验探究,促进学生理解摩擦力

教师教学用书特别强调实验探究,体现新课标的思想。因此,我们不只是要做好实验,使实验效果达到最佳,还要借助实验调动学生一起探究。

实验1:用力推桌子。教师手推讲台(如图2.1-5所示),边讲边启发学生:为什么用力推桌子而桌子不一定运动?

图2.1-5

增大推力,桌子还不一定运动,为什么?

逐渐增大推力,桌子会怎么样呢?让学生手推课桌进行探究,寻求结果。

实验2:用弹簧测力计测静摩擦力大小(如图2.1-6所示)。

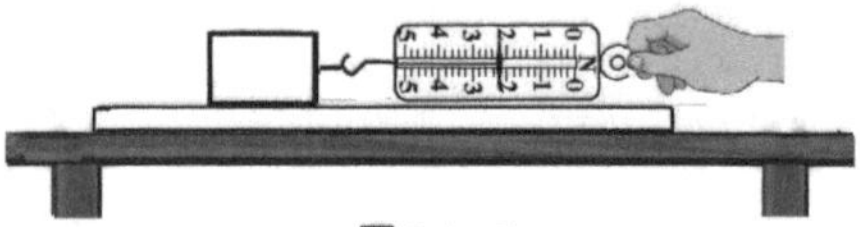
图2.1-6

【注意点】弹簧秤面要向着学生,安好弹簧秤指针下的小纸团,木块未被弹簧测力计(弹簧秤)拉动。

实验3:用弹簧测力计测滑动摩擦力大小。两个相互接触的物体相对匀速滑动时,拉力 F 的大小就等于滑动摩擦力的大小。

那么具体怎么测量呢?可借用图2.1-6装置,用两种不同方法测量木块与长金属板间的滑动摩擦力。

(1)方法1:如图2.1-6所示,使金属板静止在水平桌面上,用手通过弹簧秤向右用力 F 拉木块,使木块向右运动。

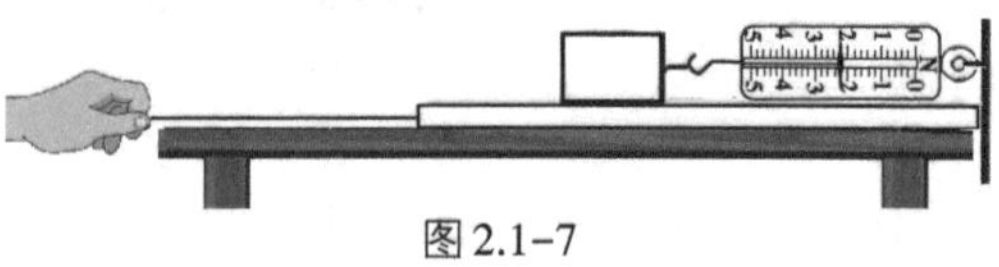
图2.1-7

(2)方法2:如图2.1-7所示,把弹簧秤的一端固定在墙上,用力 F 水平向左拉金属板,使金属板向左运动。

关于这两种测量滑动摩擦力的方法,哪一种方法好呢?

启发学生探究,最后让大家知晓:图2.1-7中无论金属板加速、减速还是匀速运动,木块均处于平衡状态,木块所受滑动摩擦力大小一定等于弹簧秤示数;图2.1-6中只有当弹簧秤拉着木块匀速前进时,弹簧秤的读数才等于木块所受滑动摩擦力大小,图中的弹簧秤拉力不一定等于滑动摩擦力。相比较而言,图2.1-7方法好。

然后,根据弹簧秤指针的指示位置可读数,物体处于平衡状态,摩擦力大小和弹

力大小相等，因此滑动摩擦力的测量值即可得。

四、“要给学生一杯水，老师要有一桶水”

当今时代对课堂教学这“一桶水”的定义有新的理解，它不仅是增加了教学的密度和容量，更为重要的是提升了探究的含量。我们的教学，特别是新教师更需要认真备课，钻研教材，这不仅是提高教学质量的需要，更是培养创新型人才的需要。“摩擦力”这一节，更应当在“探究实验”上备好课，且知识烂熟于心。

摩擦力问题是高中力学部分的知识难点，特别是摩擦力的方向及计算问题，是关键环节。从高考命题趋势上来看，本节内容既可以单独地考查知识点，同时摩擦力作为力学中常见的三种力之一，也可以和力的合成与分解、圆周运动、牛顿运动定律、动量及功能问题相互综合，出题方法灵活多变，特别是两种摩擦力在具体的物理情景中的突变问题，成为一些综合性物理问题的解题难点。如物体在水平及倾斜传送带上的运动问题，是近年高考的热点和难点，近几年涉及摩擦力的问题更是屡见不鲜。

(一)摩擦力产生的条件

1.条件

四个条件紧密相连，缺一不可：(1)物体间直接接触；(2)接触面粗糙；(3)接触面间有弹力存在；(4)物体间有相对运动或相对运动趋势。

2.摩擦力的判断

(1)若接触面是光滑的，则相互接触的两物体间不会有摩擦力产生，相互接触的两个面只要有一方光滑即无摩擦力。

(2)互相接触的两物体有运动，但无相对运动趋势，则两接触面间无摩擦力。

(3)相互接触的几个物体，不同的接触面上，其摩擦力可以不同。如图2.1-8所示，A、B、C三物块叠放在一起放在水平地面上，用水平力F拉B，三者皆静止，则A、B间无摩擦力，B、C间，C与地面间有静摩擦力。

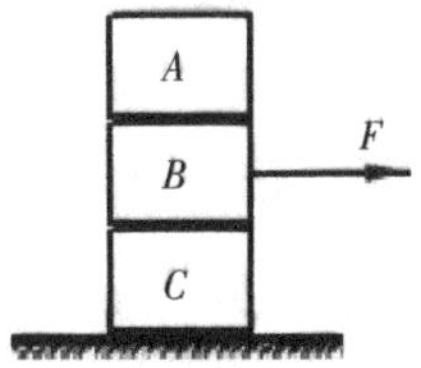

图2.1-8

(二)大小和方向

1.大小

(1)静摩擦力：两个互相接触的物体相对静止，如汽车停在水平地面上，当人用力推车时，虽然车没有动，但车已有了相对地面运动的趋势，由二力平衡知，地面对车产生一个阻碍车相对运动的力 $F_{f静}$，称为静摩擦力。$F_{f静}$ 没有具体的计算公式，在达到最大静摩擦力之前随引起这个摩擦力的外力增大而增大，$0 \leqslant F_{f静} \leqslant F_{f\max}$。一般求静摩擦力的方法如下：

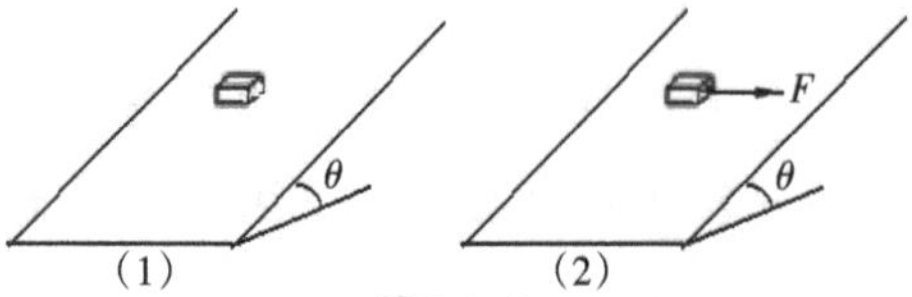

图 2.1-9

①根据平衡条件求得。如图 2.1-9(1)所示，一个质量为 m 的木块放在固定的粗糙斜面上静止时，由二力平衡条件得

$$F_{f静} = mg\sin\theta$$

方向如图 2.1-10(1)所示。

木块若受到一个既与斜面底边平行又与斜面平行的推力 F 作用，仍为静止时，如图 2.1-9(2)所示，由共点的力平衡条件得

$$F'_{f静} = \sqrt{(mg\sin\theta)^2 + F^2}$$

方向如图 2.1-10(2)所示。

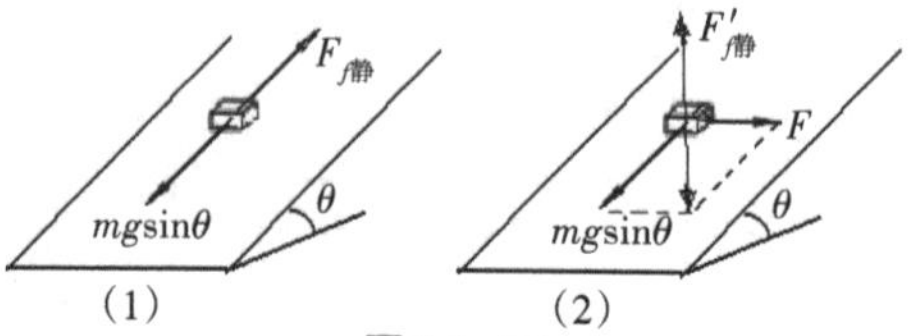

图 2.1-10

②根据物体运动状态，由牛顿运动定律求得。

a. 最大静摩擦力：静摩擦力的最大值。

b. 最大静摩擦力略大于滑动摩擦力，一般情况下，认为两者相等。

c. 静摩擦力的大小应由物体的运动状态及受其他力作用的情况确定。

d. 物体的受力情况必须与物体的运动状态相一致。

e. 合外力为 0，物体必静止或匀速运动，反之亦然；合外力不为 0，物体必做变速运动，反之亦然。

(2)滑动摩擦力：$F_f = \mu F_N$，式中 F_N 是两个物体表面间的压力，称为正压力(垂直于接触面的力，不一定等于重力)；μ 为动摩擦因数，跟物体材料、接触面的粗糙程度有关，μ 没有单位。

【注意点】①滑动摩擦力大小与接触面大小无关。

②滑动摩擦力大小与物体的运动性质无关。

③滑动摩擦力可以充当阻力，也可以充当动力。

2. 方向

(1)静摩擦力方向的判断：

①静摩擦力的方向沿接触面切线方向，与物体相对运动趋势的方向相反。

【注意点】静摩擦力的方向可以与运动方向相同,也可以与运动方向相反,还可以成任一夹角。

②判断静摩擦力方向的方法:

a.假设法:首先假设两物体接触面光滑,这时若两物体不发生相对运动,则说明它们原来没有相对运动趋势,即没有静摩擦力;若两物体发生相对运动,则说明它们原来有相对运动趋势,并且原来相对运动趋势的方向跟假设接触面光滑时相对运动的方向相同,然后根据静摩擦力的方向跟物体相对运动趋势的方向相反确定静摩擦力方向。

b.平衡法:根据二力平衡条件可以判断静摩擦力的方向。

(2)滑动摩擦力方向的判断:滑动摩擦力的方向沿接触面切线方向,与物体相对运动的方向相反。

【注意点】“相对运动”是指研究对象相对于被接触物体进行的运动。

(三)摩擦力的两个显著特点

(1)接触性:所谓接触性,即指物体受摩擦力作用物体间必直接接触(反之不一定成立),这种特点已经包括在摩擦力产生的条件里,这里不赘述。

(2)被动性:所谓被动性,是指摩擦力随外界约束因素变化而变化,熟知的是静摩擦力随外力的变化而变化。

(四)摩擦力在平衡问题中的表现

这类问题是指平衡的物体,受到了包括摩擦力在内的力的作用。在共点力平衡中,当物体虽然静止但有运动趋势时,属于静摩擦力;当物体滑动时,属于滑动摩擦力。由于摩擦力的方向要随运动或运动趋势的方向的改变而改变,静摩擦力大小还可在一定范围内变动,因此包括摩擦力在内的平衡问题常常需要讨论几种情况。

【注意点】(1)由于静摩擦力的大小和方向都要随运动趋势的改变而改变,因此维持物体静止状态所需的外力允许有一定范围;又由于存在着最大静摩擦力,所以使物体起动所需要的力应大于某一最小的力。总之,包含摩擦力在内的平衡问题,物体维持静止或起动需要的动力的大小是允许在一定范围内的,只有当维持匀速运动时,外力才需确定的值。

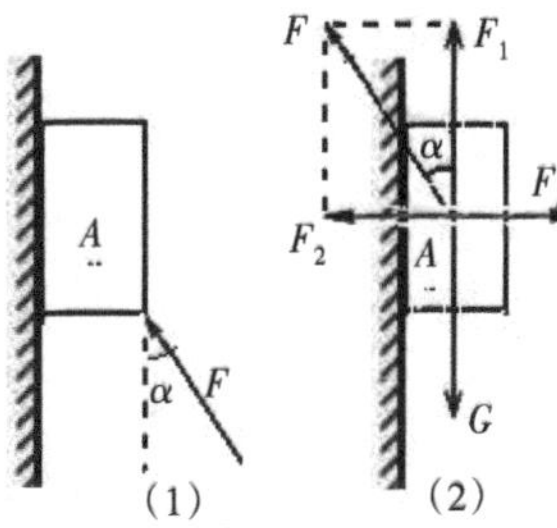

图2.1-11

(2)由于滑动摩擦力 $F_f=\mu F_N$,要特别注意题目中正压力大小的分析和计算，防止出现错误。如图2.1-11(1)所示，如果物体A在不光滑的竖直墙面上滑动，此时计算滑动摩擦力时，正压力已经是$F_N' = F_N = F\sin\alpha$了。

(3)如图2.1-11(1)所示，重力为G的物体A受到与竖直方向成α角的外力F后，静止在不光滑的竖直墙面上，墙对物体A的静摩擦力如何分析？

这是物体在静摩擦力作用下的平衡问题，首先确定研究对象物体A，对研究对象进行受力分析，画出受力图，如图2.1-11(2)所示。物体A受竖直向下的重力G、外力F、墙对A水平向右的弹力F_N，以及还可能有的静摩擦力F_f。这里对静摩擦力到底是有还是无及大小、方向进行判断。题问的物体A可能没有运动趋势，它们之间就没有静摩擦力。若有运动趋势，可能向上，也可能向下，答案具有多重性，这就让解题者很困惑。若用假设法，沿着某种可能而作出假设，解题思路就会变得清晰起来。

具体到这个问题，我们可以假设物体A有向上的运动趋势，由平衡条件得，$F\cos\alpha - G - F_f = 0$，则静摩擦力$F_f = F\cos\alpha - G$，方向向下；如果$F\cos\alpha - G < 0$，摩擦力$F_f = G - F\cos\alpha$，方向向上；如果$F\cos\alpha - G = 0$，则$F_f = 0$。三种情况清清楚楚。

(五)关于摩擦力的“突变”

1.临界问题

滑动摩擦力的大小与正压力F_N成正比，即$F_f = \mu F_N$，方向与相对滑动方向相反。

静摩擦力$F_f \leqslant F_{f\max}$，最大静摩擦力$F_{f\max}$与接触面间的弹力F_N成正比，一般稍大于滑动摩擦力，有时也用滑动摩擦力近似代替，方向与相对滑动趋势方向相反。静摩擦力大小一般利用平衡条件或牛顿定律计算，用假设法：假设接触面光滑，此时物体的运动状态是否与给定状态相矛盾，若此时物体发生了相对运动，则证明静摩擦力存在，而且此时物体发生相对运动的方向就是相对运动趋势的方向，且与接触面相切，大小受最大静摩擦力限制。

2.“突变”问题

物理情景发生突然变化而使物体受到摩擦力，这类“突变”问题比较抽象，下面通过如图2.1-12所示装置进行分析。图中滑板可绕底部转轴转动少许调整倾斜角度，物体A开始静止在滑板上。

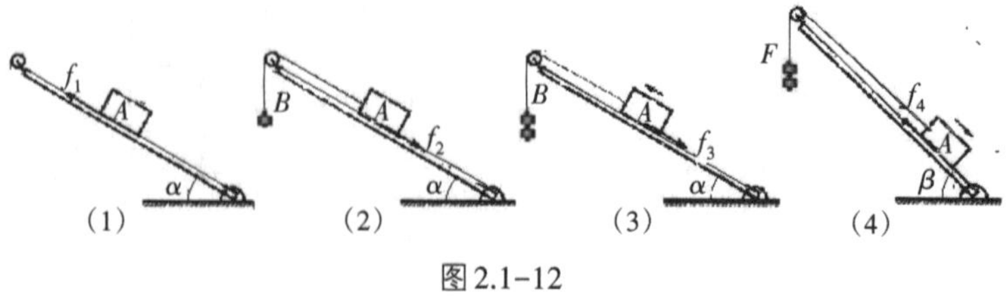

图2.1-12

(1)静→静“突变”[图(1)→图(2)]。

初态物体A有下滑趋势，受到静摩擦力向上，在摩擦力和其他力的作用下处于静止状态。当物体A用钩码悬拉且逐渐增大时，静摩擦力变为相反方向，如果物体仍然保持静止状态，则物体受到的静摩擦力逐渐增大。

(2)静→动“突变”[图(2)→图(3)]。

物体A在摩擦力和钩码作用下处于静止状态，当在线B端不断添加钩码时，物体A经过一个静→静“突变”的变化后，再添加钩码，物体A就会向上运动起来，则物体A受到的静摩擦力将“突变”成滑动摩擦力，出现静→动“突变”。

(3)动→静“突变”[图(3)→图(4)]。

正当物体A向上运动时，将滑板倾角调大，物体A减速上升至最高点，速度为零，则物体A受到的方向向下的滑动摩擦力“突变”成向上的静摩擦力，出现动→静“突变”。

(4)静→动“突变”[图(4)]。

物体A减速上升至最高点，滑板再度倾斜后，物体A调头向下运动，所受摩擦力又由静摩擦力变成滑动摩擦力，再次出现静→动“突变”。

【例1】如图2.1-13所示，木块放在水平桌面上，m_1=0.2 kg，两边通过滑轮由细线拉着，m_2=1 kg，同时受到摩擦力的作用而处于静止状态，现撤去m_2，右边细线松弛，则木块受到的摩擦力为(　　)

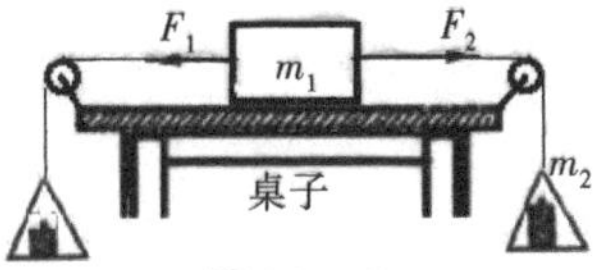

图2.1-13

A.10 N，方向向左　　B.6 N，方向向右

C.2 N，方向向右　　D.0

【解析】当木块受F_1、F_2及摩擦力处于静止时，由平衡条件可知木块受到的摩擦力大小为8 N，方向向左，可知最大静摩擦力$F_{f\max} \geq 8$ N。

当撤去力F_2后，由于$F_f = 2$ N $< F_{f\max}$，木块仍静止，由平衡条件知木块受到的摩擦力发生突变，与F_1等大反向，即2 N，方向向右，故选项C正确。

【例2】如图2.1-14所示，水平地面上堆放着原木，关于原木P在支撑点M、N处受力的方向，下列说法正确的是(　　)

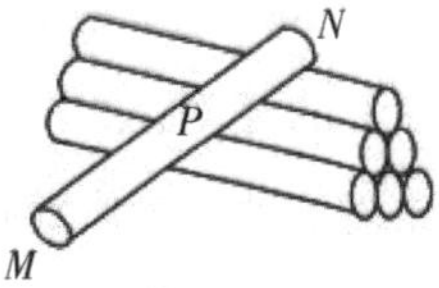

图2.1-14

A.M处受到的支持力竖直向上

B.N处受到的支持力竖直向上

C.M处受到的静摩擦力沿MN方向

D.N处受到的静摩擦力沿水平方向

【解析】M处支持力方向与支持面(地面)垂直，即竖直向上，A正确；N处支持力方

向与支持面(原木接触面)垂直,即垂直于MN向上,故B错误;摩擦力与接触面平行,故C、D错误。所以选A。

【例3】(多选)如图2.1-15所示,质量为m的木块在质量为M的长木板上,受到向右的拉力F的作用而向右滑行,长木板处于静止状态,已知木块与木板间的动摩擦因数为μ_1,木板与地面间的动摩擦因数为μ_2。下列说法正确的是(　　)

A.木板受到地面的摩擦力的大小一定是$\mu_1 mg$

B.木板受到地面的摩擦力的大小一定是$\mu_2(m+M)g$

C.当$F>\mu_2(m+M)g$时,木板便会开始运动

D.无论怎样改变F的大小,木板都不可能运动

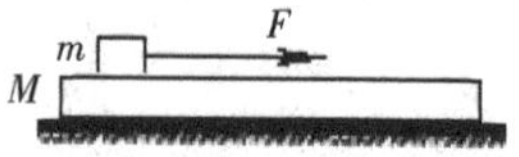

图2.1-15

【解析】由于木块在木板上运动,所以木块受到木板的滑动摩擦力的作用,其大小为$\mu_1 mg$,根据牛顿第三定律可得木块对木板的滑动摩擦力也为$\mu_1 mg$。又由于木板处于静止状态,木板在水平方向上受到木块的摩擦力$\mu_1 mg$和地面的静摩擦力的作用,二力平衡,选项A正确,B错误;若增大F的大小,只能使木块的加速度大小变化,但木块对木板的滑动摩擦力大小不变仍然为$\mu_1 mg$,因而也就不可能使木板运动起来,选项C错误,D正确。故选A、D。

【例4】如图2.1-16所示,质量为m的工件置于水平放置的钢板C上,二者间动摩擦因数为μ,由于光滑导槽A、B的控制,工件只能沿水平导槽运动,现在使钢板以速度v_1向右运动,同时用力F拉动工件(F方向与导槽平行)使其以速度v_2沿导槽运动,则F的大小为(　　)

A.等于μmg

B.大于μmg

C.小于μmg

D.不能确定

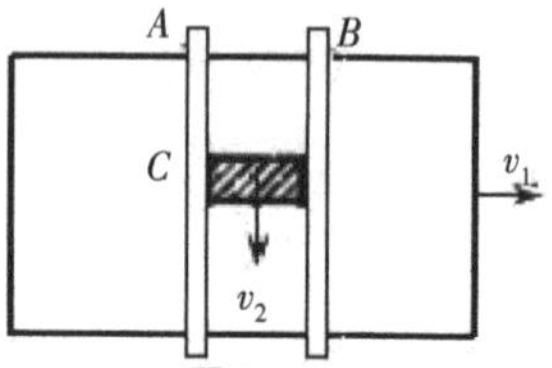

图2.1-16

【解析】如图2.1-17所示,钢板以速度v_1向右运动,则工件以同样速度相对钢板向左运动,设为v_1',同时工件被拉动还具有另一速度v_2,故工件相对于钢板的运动速度应是v_1'与v_2的合速度,即图中的速度v。滑动摩擦力阻碍二者的相对运动,故工件所受摩擦力F_f与v反向,即图中F要使工件沿导槽匀速运动,所施加的拉力F只需与摩擦力F_f的一个分力平衡,$F=F_f\cos\theta=\mu mg\cdot\cos\theta<\mu mg$,故A、B、D错误,C正确。

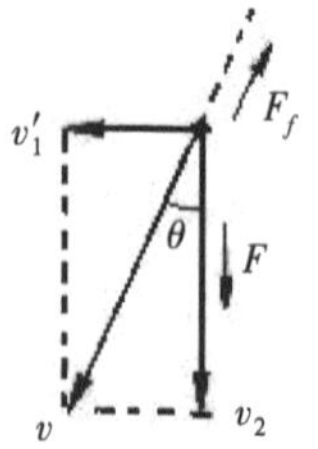

图2.1-17

2.2 教学如何突出重点、突破难点

“力的分解”是高中物理学习的又一台阶，是一个典型重难点，承接“力的合成”，又为涉及“共点力的合成”等受力分析的实际问题做知识准备，承上启下；同时，该节所涉及的内容较多，还伴随矢量运算、三角函数、解三角形等诸多数学知识，难度较大。如何突出重点？又如何突破难点？这是本节亟待解决的问题。

很多新教师试讲预备课上，重点突出和难点突破方面不太给力，有几个地方值得商讨：

(1)新课应当从力的合成引入，因为力的分解是力的合成的逆运算，温故知新、理论联系实际地引入新课，会降低新课的难度。

(2)拖拉机拉耙的受力分析学生往往不容易理解，特别是向上的分力。这里需要通过实例启发，从生活走向物理，还要通过小实验、板书进行分析，从形象思维过渡到抽象思维。

(3)力的分解的方法是重点，其方法需要教师归纳两个“出发”，即从“定则”和“效果”出发。前者有“力的合成”方法铺垫，难度小一些，后者难度大，寻找分力的方向困难，需要举例分析，让学生细细体会。

(4)课本例题中，斜面上物体所受重力分解的分析需要到位。教师应当清楚交代重力在沿斜面向下的方向有使物体向下滑动的作用效果，则在平行于斜面向下的方向有分力，使物体下滑，常称为“下滑力”；在垂直于斜面的方向上重力产生使物体压紧斜面的效果，则在此方向上也有分力，是重力的另一个分力，它不是压力，只起压紧斜面的作用，仍作用在物体上。

将重力看成压力，这是初学者常犯的错误。当初在学习重力和弹力时，许多同学把放在水平桌面上木块所受的重力，误认为是木块对桌面的压力，它们的数值大小虽然是相等的，可是二者性质是完全不同的，被作用的物体也是不同的，绝不可混为一谈。

讨论：斜面的倾角 θ ↑，即坡度增大，$F_1 = G\sin\theta$ ↑；反之，$F_1 = G\sin\theta$ ↓。这一规律广泛应用在生活、生产中，如大桥的引桥，高大的桥造很长的引桥主要目的就是减

小桥面的坡度，$\theta\downarrow\Rightarrow\sin\theta\downarrow\Rightarrow F_1\downarrow$，即减小过桥车辆的重力平行于引桥面向下的分力，使行车更安全。

（5）矢量相加法则，即平行四边形定则和三角形定则，不理解用作图法求分力、合力，熟练应用矢量的运算方法并能解决实际问题是本节的难点。

（6）关于矢量和标量的定义，课本必修一P13已经做了介绍，但埋下了一个伏笔，即在该页下部有一备注："①关于矢量相加的法则，第三章中还有更详细的讨论。"这一节课需要作前呼后应的处理，强调现在对矢量和标量的定义是比较完善的，可是矢量相加仅局限在一条直线上。

（7）课本中的"说一说"，怎样由v_1和v_2找出Δv？这又是难点所在，需要想方设法进行突破性的讲解。

（8）"等效替代"的思想方法是物理学中一种重要的思维方法，需帮助学生领会把一个力分解成两个分力，仅是一种等效替代的关系，不能认为在这两个分力方向上还有两个施力物体（或受力物体），也不能认为同时有三个力作用。

针对上述问题，课堂教学应以教师启发式的讲解、演示实验为主，辅以适当的学生小实验师生互动。本节教学分两堂课进行，黑板板书又辅以适当的多媒体（PPT），教学效率自然提高。

一、力的分解

1.课题引入

前一节课学习了力的合成，知道了应用平行四边形定则求几个力的合力的方法，那么我们要问：从力产生的效果来看，这几个力和合力之间有什么关系呢？原来这几个力产生的效果跟合力产生的效果相同，这几个力叫作那个合力的分力。从分力求合力，叫作力的合成；反之，求一个已知力的分力叫作力的分解。

2.定义

已知一个力求它的分力的过程叫作力的分解。儿童时期同学们在家里平地上用绳子拖着木块或玩具玩过吗？

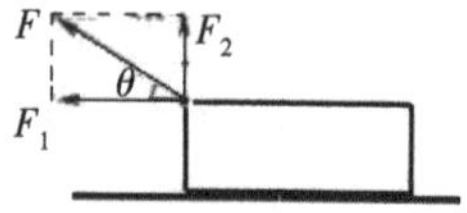

图2.2-1

如图2.2-1所示，用力拉绳子，通过绳子对木块就有一个拉力F，这个力在水平方向产生一个向前牵引的分力，在竖直方向能产生一个分力吗？不明显，如果拉力大一些，则木块头有可能往上翘，揭示了拉力在竖直方向上产生另一个上提的效果，即有一个向上的分力。生活、生产中与拖木块这种受力分析相似的例子很多，如人拉拉杆箱、马犁地、拖拉机耙地等。

课本中耕地拖拉机对犁耙的拉力F产生的效果正是跟木块的受力分析一样，水平方向拉犁耙的力，决定耙的运动情况；竖直方向对犁耙有上提的力，决定耙在泥土中陷入的深度。

3.分解的方法

(1)遵守平行四边形定则(从“定则”出发)。

①力的分解是力的合成的逆运算。如图2.2-2(2)所示，将一力F分解成两个力F_1、F_2，又如图2.2-2(1)所示，这两个力F_1、F_2再合成，合力就是原来的力F。可见：力的分解是力的合成的逆运算，遵循力的平行四边形定则。

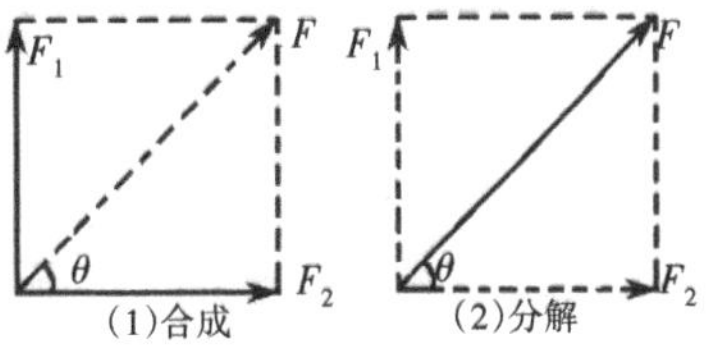

图2.2-2

②力的分解新情形。

将一个力分解，如果没有条件限制，通过作图，对于一条对角线可以作出无数个不同的平行四边形，如图2.2-3所示，则可以分解为无数对大小、方向不同的力。

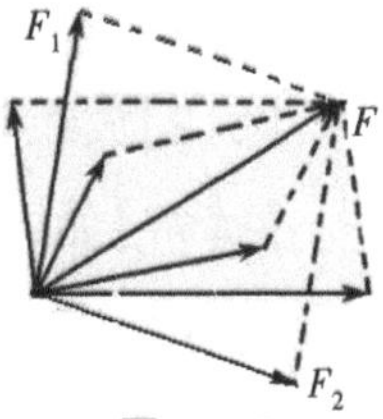

图2.2-3

一对已知力的合成只有一个确定的结果，那么在实际问题中如何将一个力进行分解呢？这就需要根据实际情况，分析这个力在什么方向上产生作用效果，则在那个方向上有分力，这样根据作用效果去分解才有实际意义。

(2)遵从力产生的实际作用效果(从“效果”出发)。

从前面的分析可知，力的分解中，很关键的一环在于分析出作用效果，从而确定分力方向，然后应用平行四边形定则寻求题解。

4.举例

力的效果分解法：

(1)分析力的作用效果，根据力的实际作用效果确定两个分力的方向。

(2)根据分力的方向，应用平行四边形定则进行分解，作出力的平行四边形或三角形。

(3)利用数学知识解三角形，分析、计算分力的大小。

【例1】如图2.2-4(1)所示，放在水平面上的物体受到一个斜向上的拉力F的作用，该力与水平方向夹角为θ，求这个力的分力。如图2.2-4(2)所示，如果将力改为一个斜向下的推力F的作用，该力与水平方向夹角仍为θ，求这个力的分力。

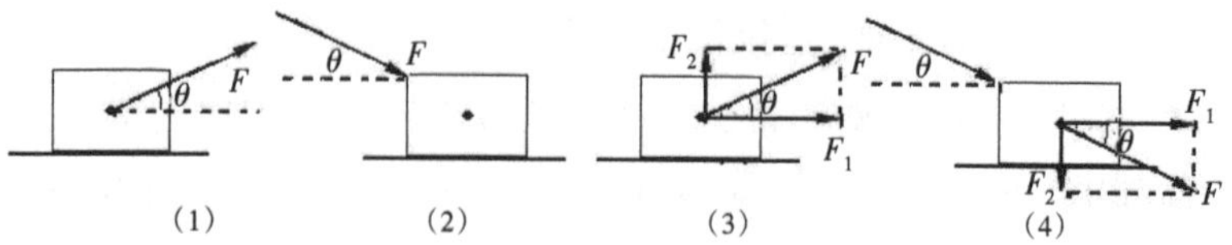

图2.2-4

【解析】图2.2-4(1)中，这个力产生两个效果：水平向前拉物体，同时竖直向上提物体，因此力F可以分解为沿水平方向的分力F_1和沿竖直方向向上的分力F_2，力F_1和力F_2的大小为：$F_1 = F\cos\theta$、$F_2 = F\sin\theta$[如图2.2-4(3)所示]；图2.2-4(2)中，这个力产生两个效果：水平向前推物体，同时竖直向下压物体，因此力F可以分解为沿水平方向的分力F_1和沿竖直方向向下的分力F_2，力F_1和力F_2的大小为：$F_1 = F\cos\theta$、$F_2 = F\sin\theta$[如图2.2-4(4)所示]。

【例2】放在斜面上的物体，求它所受的重力的分力。

【解析】如图2.2-5所示，由于重力的作用产生两个作用效果：一个是沿斜面向下的方向有使物体向下滑动的作用效果，则在平行于斜面向下的方向上有分力，使物体下滑，常称为"下滑力"，大小为$F_1 = G\sin\theta$；另一个是在垂直于斜面的方向上重力产生使物体压紧斜面的效果，则在此方向上也有分力，$F_2 = G\cos\theta$，这两个力都是物体受到的，施力体都是地球。

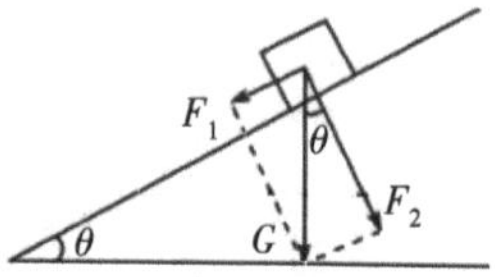

图2.2-5

【例3】如图2.2-6所示，放在斜面上的质量为m的小球，求它所受的重力的分力。

【解析】图(1)：$F_1 = mg\sin\theta, F_2 = mg\cos\theta$；

图(2)：$F_1 = mg\tan\theta, F_2 = \dfrac{mg}{\cos\theta}$。

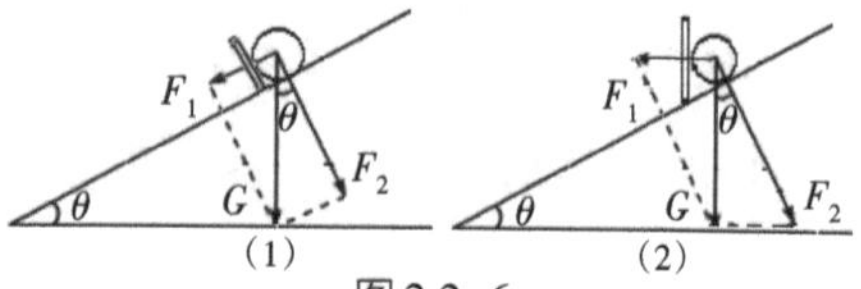

图2.2-6

【创新思维】斜面上挡板与斜面夹角变化，分力随之改变，通过典型接触面问题的比较，进一步掌握力的分解要领。

【例4】如图2.2-7(1)所示，在竖直墙上固定一个轻支架，横杆AC垂直于墙壁，绳BC跟墙的夹角为θ，在支架的C点挂有一个重为G的物体，则杆AC、绳BC所受力的大小？

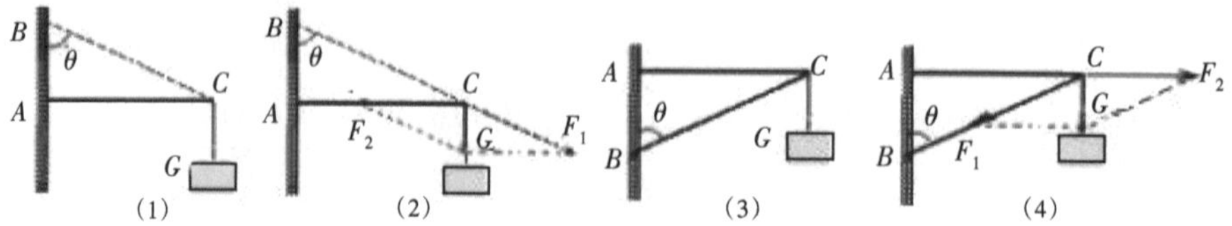

图2.2-7

【解析】C点受到CG绳子竖直向下的拉力F，大小等于G，对绳BC产生拉的效果，对杆CA产生压的效果。于是，将F沿这两个方向分解成两个分力，画出平行四边形，根据平行四边形定则，得到杆AC、绳BC所受力的大小分别为$F_1=\dfrac{G}{\cos\theta}$，$F_2=G\tan\theta$，如图2.2-7(2)所示。

【创新思维】若把轻支架中BC换成轻杠，固定在横杆AC的下方，其他均不变，如图2.2-7(3)所示，则支架结构变化，杆AC、BC所受力的方向相应变化，如图2.2-7(4)所示。

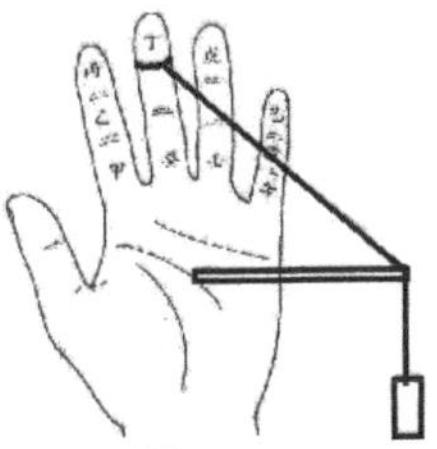
图2.2-8

上例将支架变换，力的分解相应变换，这里通过自制教具演示实验或者让学生通过手边文具(三角板、圆规、铅笔、橡皮)及橡皮筋、细绳等物品，模拟一些装置，进行小实验(如图2.2-8所示)，去切身感受力的两个作用效果，教学收获会更好。

二、矢量相加的法则

1. 平行四边形定则

(1)矢量力的合成(如图2.2-9所示)。

(2)合位移：一个人从A走到B，发生的位移是x_1，又从B走到C，发生的位移是x_2，在整个过程中，这个人的位移是x，如图2.2-10(1)所示。如果平行地移动位移矢量x_2，使它的始端B与A重合，那么两次将构成一个平行四边形，位移矢量相加遵从平行四边形定则，如图2.2-10(2)所示。

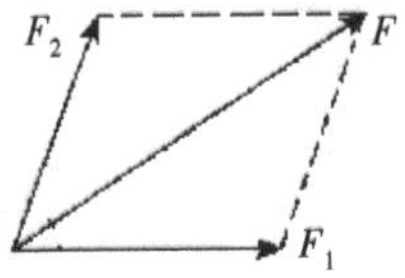

图2.2-9

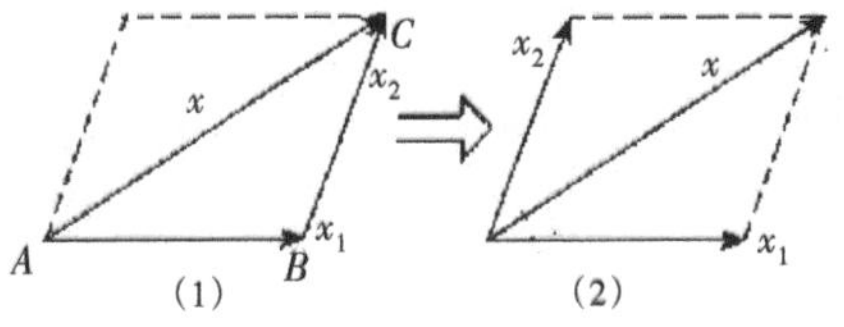

图2.2-10

2. 三角形定则

将两个矢量首尾相连，再将第一个矢量的尾与第二个矢量的首相连接，即合矢量。

合位移如图2.2-10(1)所示，从另一角度看，位移x_1、x_2与合位移x又构成一个三角形，因此矢量相加遵从三角形定则。

3. 矢量与标量的定义

（1）矢量：既有大小又有方向，相加遵从平行四边形定则（或三角形定则）的物理量。

（2）标量：只有大小，没有方向，求和时按照算术法则相加的物理量。

三、速度的变化量Δv

1. 匀变速直线运动

关于速度的变化，曾经学过一条直线上的匀加速直线运动和匀减速直线运动，大小为$\Delta v = |v_2 - v_1|$，方向是从初速度v_1的矢端指向末速度v_2的矢端，如图2.2-11所示。

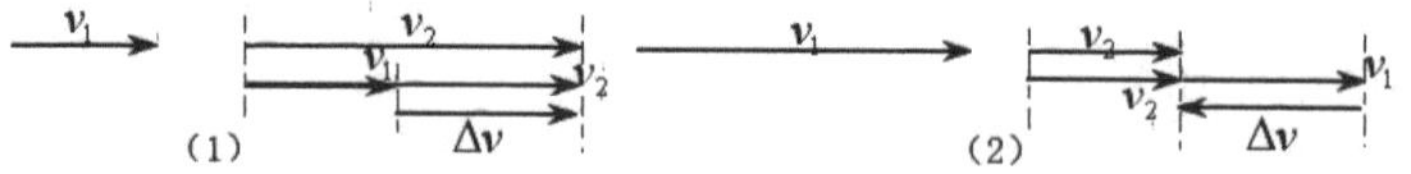

图2.2-11

2. 曲线运动

若运动不在一条直线上，而为曲线运动，如圆周运动，速度的变化量Δv如图2.2-12所示。一般的曲线运动，物体的原来速度v_1，在一小段时间内发生了变化，变成了v_2，速度的变化量Δv的大小为矢量和，方向可以类比前面匀变速直线运动，即从初速度v_1的矢端指向末速度v_2的矢端，就是将v_1的箭头和v_2的箭头连起来，并且指向v_2的箭头，如图2.2-13（1）所示。可以理解为末速度矢量v_2等于初速度矢量v_1加上矢量Δv。这种矢量相加的法则不就是三角形定则吗？

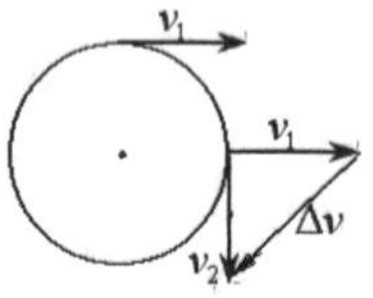

图2.2-12

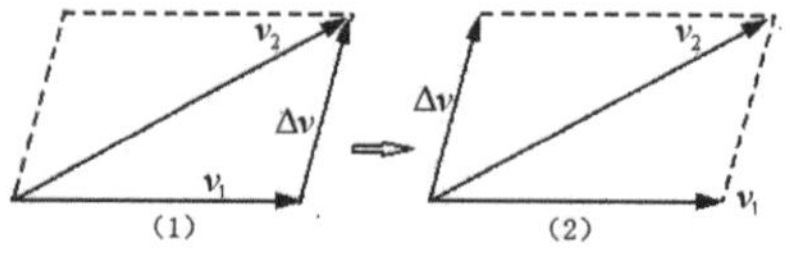

图2.2-13

从另一个角度看，也就是平行四边形定则，如图2.2-13（2）所示。

四、有限制条件的力的分解

力分解时有解或无解，关键看代表合力的对角线与给定的代表分力的有向线段是否能构成平行四边形（或三角形），若能则有解，若不能则无解。具体情况有以下几种：

(1)已知合力F和两个分力F_1、F_2的方向时，如图2.2-14(1)所示，两分力有唯一解，如图2.2-14(2)所示。

(2)已知合力F和一个分力F_1的大小和方向时，如图2.2-15(1)所示，另一分力有唯一解，如图2.2-15(2)所示。

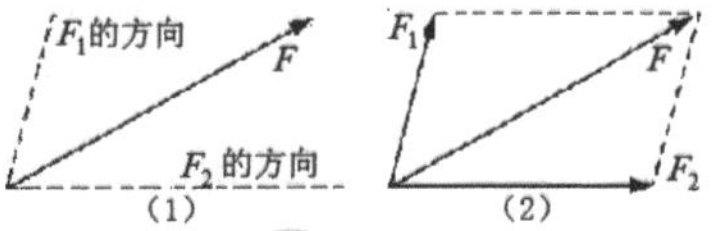

图2.2-14

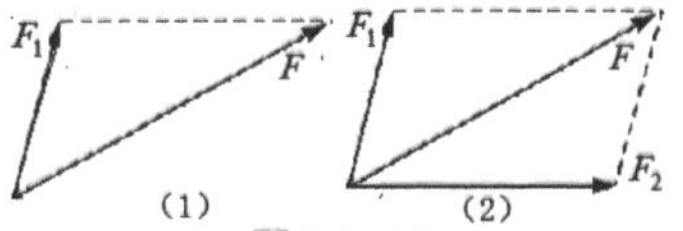

图2.2-15

(3)已知合力F以及一个分力F_1的大小和另一个分力F_2的方向时，如图2.2-16所示，有下面几种可能：

①当$F_1 < F\sin\theta$时，无解，图(1)。

②当$F_1 = F\sin\theta$时，有唯一解，图(2)。

③当$F\sin\theta < F_1 < F$时，有两个解，图(3)。

④当$F_1 > F$时，有唯一解，图(4)。

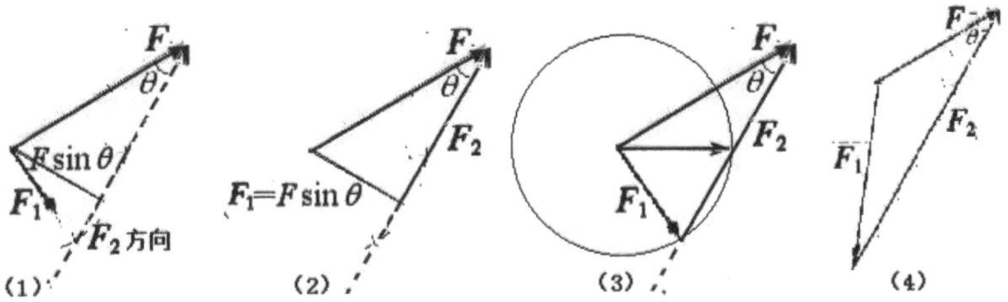

图2.2-16

五、用力的矢量三角形定则分析力最小值的规律

(1)当已知合力F的大小、方向及一个分力F_1的方向时，另一个分力F_2取最小值的条件是两分力垂直。如图2.2-17(1)所示，F_2的最小值为$F_{2\min} = F\sin\theta$。

(2)当已知合力F的方向及一个分力F_1的大小、方向时，另一个分力F_2取最小值的条件是所求分力F_2与合力F垂直。如图2.2-17(2)所示，F_2的最小值为$F_{2\min} = F_1\sin\theta$。

(3)当已知合力F的大小及一个分力F_1的大小时，另一个分力F_2取最小值的条件：已知大小的分力F_1与合力F同方向。如图2.2-17(3)、2.2-17(4)所示，F_2的最小值为$|F - F_1|$。

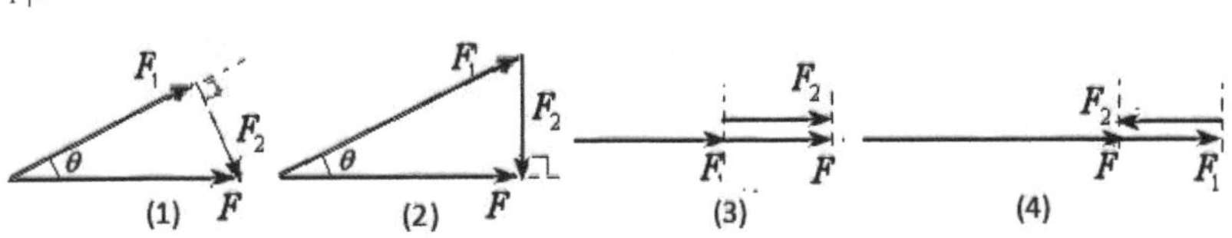

图2.2-17

六、正交分解

1.定义

将一个力分解成两个互相垂直的分力，这种分解方法称为正交分解法。

2.正交分解法求合力的步骤

(1)首先建立平面直角坐标系，并确定正方向，直角坐标系x轴和y轴的选择应使尽量多的力在坐标轴上。

(2)将各个力向x轴、y轴上投影，但应注意的是：与确定的正方向相同的力为正，与确定的正方向相反的力为负，这样就用正、负号表示了被正交分解的力的分力的方向。

(3)求在x轴上的各分力的代数和$F_{x合}$和在y轴上的各分力的代数和$F_{y合}$，即

$$F_{x合} = F_{1x} + F_{2x} + \cdots$$
$$F_{y合} = F_{1y} + F_{2y} + \cdots$$

(4)求合力的大小：$F = \sqrt{(F_{x合})^2 + (F_{y合})^2}$；

合力的方向：$\tan\alpha = \dfrac{F_{y合}}{F_{x合}}$（$\alpha$为合力$F$与$x$轴的夹角）。

【注意点】①在分析同一个问题时，合矢量和分矢量不能同时使用。也就是说，在分析问题时，考虑了合矢量就不能再考虑分矢量；考虑了分矢量就不能再考虑合矢量。

②矢量的合成与分解，一定要认真作图。在用平行四边形定则时，分矢量和合矢量要画成带箭头的实线，平行四边形的另外两个边必须画成虚线。

③各个矢量的大小和方向一定要画得合理。

④在应用正交分解法时，两个分矢量和合矢量的夹角一定要分清哪个是大锐角，哪个是小锐角，除了题目给定45°外，不可随意画成45°。

(5)讨论：

①正交分解时选择的两个坐标方向应尽量少分解力，以减少运算量。

②利用正交分解法可将多力平衡问题转化为两个互相垂直方向上的二力平衡问题，但要注意各力的方向。

③不能认为压力F_N总是等于重力G，甚至不加分析地把摩擦力写成$F_f = \mu G = \mu mg$。题中斜向上的拉力使压力$F_N < G$；若是斜向下的推力作用于物体，则使压力$F_N > G$。

七、应用

【例5】为了将陷入泥泞里的汽车拉出来，驾驶员常按如图2.2-18所示的办法，用钢索和大树干相连并拉紧钢索，然后在钢索的中央用垂直于钢索的侧向力F水平拉钢索，从而使汽车移动。两端点间钢索总长l=10 m，钢索的中点A水平侧拉离原位置Δx=0.5 m，力F大小为300 N。不考虑钢索的重力和钢索的伸长量，则钢索作用在汽车上的力的大小为(　　)

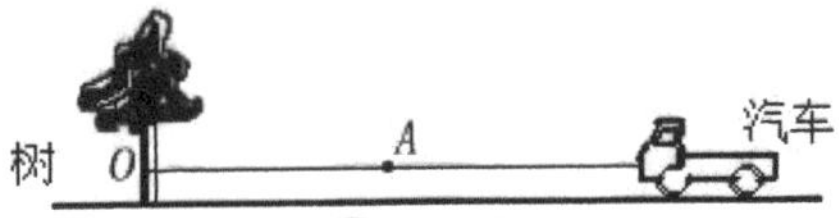

图2.2-18

A.1 500 N　　　　B.6 000 N　　　　C.300 N　　　D.500 N

【解析】

解法1：如图2.2-19(1)为某时刻的俯视图，如图2.2-19(2)为俯视受力分析图。由图可知，力的三角形和空间三角形相似，即

$$\triangle ATF' \cong \triangle AQO', \frac{T}{F'} = \frac{l/2}{\Delta x}, T = \frac{l/2}{\Delta x}\cdot F' = \frac{l/2}{\Delta x}\cdot\frac{F}{2} = \frac{5\ \mathrm{m}}{0.5\ \mathrm{m}}\cdot\frac{300\ \mathrm{N}}{2} = 1\ 500\ \mathrm{N}$$

A项正确，B、C、D项错误。

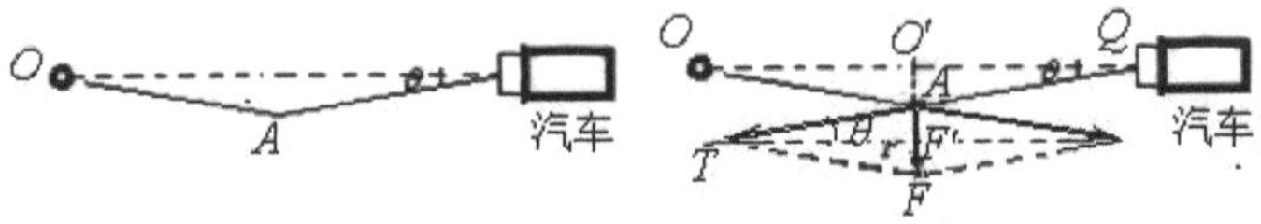

(1)　　　　(2)

图2.2-19

解法2：由题意可知钢索与水平方向的夹角正弦值为$\sin\theta = \frac{0.5\ \mathrm{m}}{5\ \mathrm{m}} = 0.1$，所以钢索的作用力为$T = \frac{F}{2\sin\theta} = \frac{300}{2\times 0.1}\mathrm{N} = 1\ 500\ \mathrm{N}$，A项正确，B、C、D项错误。

【创新思维】如果力F恒定不变，且钢索的伸长忽略不计，那么，当θ增大时，汽车受到的拉力变小。因此，为了获得钢索对汽车的牵引力，一开始就把钢索尽可能拉紧。

八、举例

【例6】如图2.2-20(1)所示，放在水平面上的物体A用轻绳通过光滑定滑轮连接另一物体B并静止，这时A受到水平面的支持力为F_N，摩擦力为F_f，若把A向右移动一

点后，A仍静止，则（　　）

A. F_N将增大

B. F_f将增大

C. 轻绳拉力将减小

D. 物体A所受合力将增大

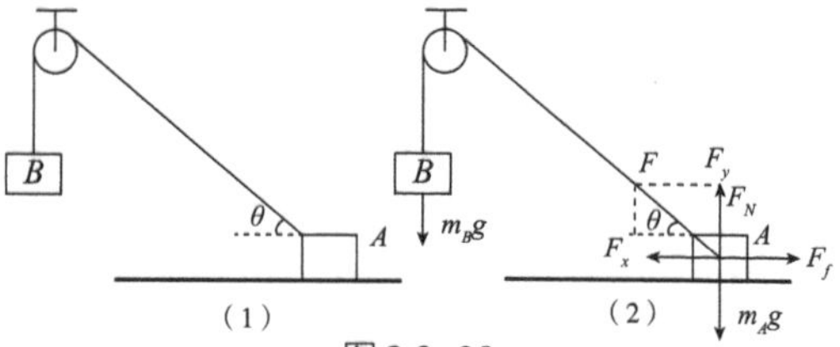

图2.2-20

【解析】如图2.2-20(2)所示。

解法1：首先看A，因为定滑轮挂有物体B，所以$F=m_Bg$（m_B为悬挂物体B的质量），F不变，当向右移动一点后F竖直方向上的分力F_y减小，$F_y+F_N=m_Ag$，所以F_N变大，A正确；

B. A右移，F水平方向上的分力F_x增大，因为$F_x=F_y$，F_y随F_x增大而增大，B正确；

C. F不变，C错误；

D. 因为静止，所以物体A所受合力仍为零，D错误。

故选A、B。

解法2：把A向右移动一点后，则$\theta\downarrow\Rightarrow\sin\theta\downarrow\Rightarrow F_y\downarrow\Rightarrow F_N\uparrow$，$\theta\downarrow\Rightarrow\cos\theta\uparrow\Rightarrow F_x\uparrow\Rightarrow F_f\uparrow$，表明A、B正确。

【例7】将一个有确定方向的力F=10 N分解成两个分力，已知一个分力有确定的方向，与F成30°夹角，另一个分力的大小为6 N，则在分解时（　　）

A. 有无数组解　　　　B. 有两组解

C. 有唯一解　　　　D. 无解

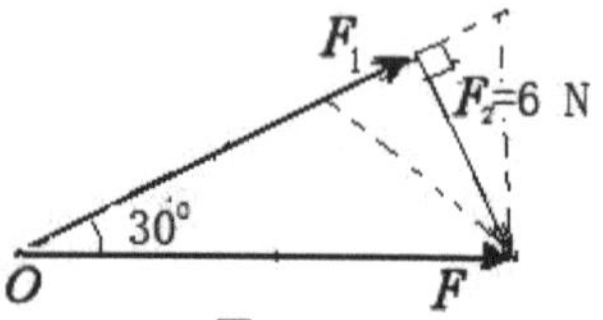

图2.2-21

【解析】由三角形定则作图2.2-21，由几何知识得另一分力的最小值$F_2'=F\sin 30^\circ=10\times 0.5\ \text{N}=5\ \text{N}$，而题中分力的大小为6 N，大于最小值5 N，小于$F=10$ N，所以有两组解，选B。

【例8】如图2.2-22，物体的质量$m=4.4$ kg，用与竖直方向成θ=37°的斜向右上方的推力，把该物体压在竖直墙上，并使它沿墙在竖直方向上做匀速直线运动。物体与墙间的动摩擦因数$\mu=0.5$，取重力加速度$g=10\ \text{m/s}^2$，求推力F的大小。（$\sin 37^\circ=0.6$，$\cos 37^\circ=0.8$）

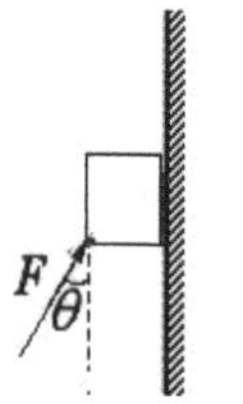

图2.2-22

【解析】若物体向上做匀速直线运动，则受力如图2.2-23(1)所示：

$F\cos\theta=mg+F_f$，$F\sin\theta=F_N$，$F_f=\mu F_N$

故推力$F=\dfrac{mg}{\cos\theta-\mu\sin\theta}$

$$= \frac{4.4\ \text{kg} \times 10\ \text{m}\cdot\text{s}^{-2}}{0.8 - 0.5 \times 0.6} = 88\ \text{N}$$

若物体向下做匀速直线运动，受力如图2.2-23(2)所示：

$F\cos\theta + F_f = mg$，，$F\sin\theta = F_N$，$F_f = \mu F_N$

故推力 $F = \dfrac{mg}{\cos\theta + \mu\sin\theta}$

$$= \frac{4.4\ \text{kg} \times 10\ \text{m}\cdot\text{s}^{-2}}{0.8 + 0.5 \times 0.6} = 40\ \text{N}$$

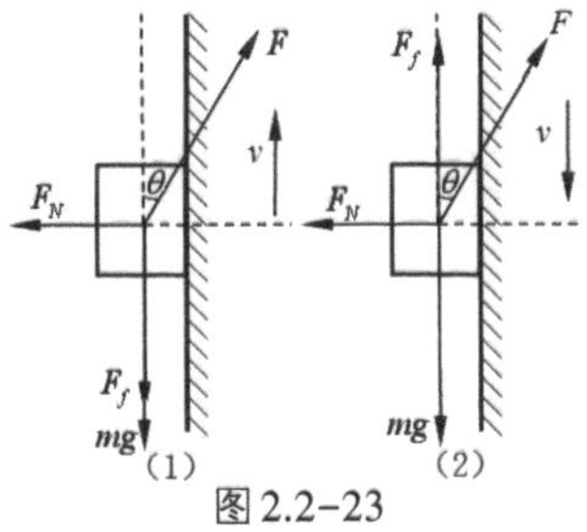

图2.2-23

【例9】水平横梁的一端A插在墙壁内，另一端装有一小滑轮B，一轻绳的一端C固定于墙上，另一端跨过滑轮后悬挂一质量m=10 kg的重物，$\angle CBA$=30°，如图2.2-24(1)所示，则滑轮受到绳子的作用力为(g取10 m/s²)(　　)

A.50 N　　　　B.$50\sqrt{3}$ N

C.100 N　　　　D.$100\sqrt{3}$ N

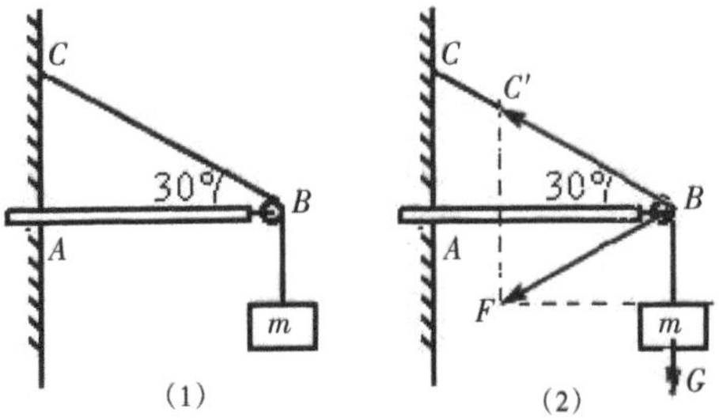

图2.2-24

【解析】如图2.2-24(2)所示，取小滑轮作为研究对象，悬挂重物的绳中的弹力是$T=mg$=100 N。又$\angle CBG$=120°，$\angle CBF=\angle GBF$，则$\angle CBF$=60°，$\triangle C'BF$是等边三角形，则小滑轮受绳的作用力沿BC、BG方向的大小都是100 N，绳对滑轮的压力为100 N，方向沿两拉力组成的角的角平分线(注意，不沿杆BA)。故选C。

【例10】如图2.2-25所示，F_1、F_2、F_3恰构成封闭的直角三角形，这三个力的合力最大的是(　　)

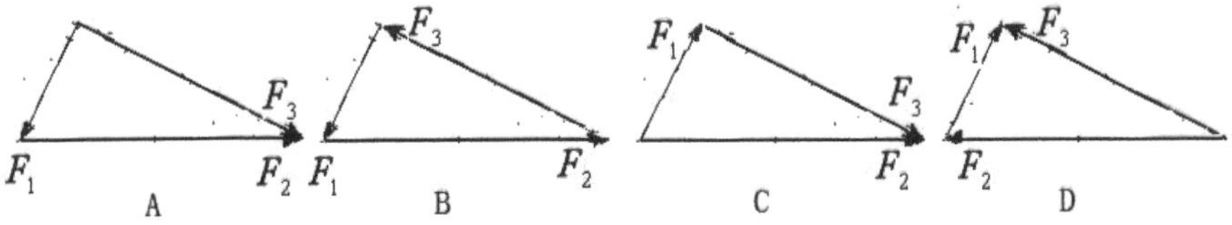

图2.2-25

【解析】由矢量合成法则可知，A图的合力为$2F_3$，B图的合力为0，C图的合力为$2F_2$，D图的合力为$2F_3$，因F_2为直角三角形的斜边，故这三个力的合力最大的为C图。

2.3 谈物理教学之复习课

复习课，教师应该对已学知识进行再加工，通过类比、概括出学科知识的本质，揭示它们之间的内在联系，下功夫去“理线、串点、解疙瘩”，帮助学生复习。

一、理线

“线”即知识点之间的内在联系，就是线索。复习中梳理知识，用“线索”把章节内和章与章间的相关知识点串联起来，称之为“理线”。“理线”实质是理清认识的思路，重组章节知识，从而形成有序的认知网络结构。

二、串点

“点”就是知识点（考点），这些“点”是由基本物理概念、规律、公式组成，每个知识点之间总是有着直接或间接的内在联系。我们除了知道它的定义、单位、标矢性以外，还要弄清它的物理意义，掌握其内涵和外延。在此基础上，通过“理线”将知识点“串”起来，称之为“串点”。

对于初学者，这些“点”在脑子中往往是零散的、不系统的，甚至是模糊的，因此难以灵活运用。一旦将这些多而分散的“点”连成“线”（知识线索），并进一步形成“网”（知识网络），构成一个完整的知识体系，学生思维将会是“直线⇒平面⇒立体”，运用起来将会融会贯通。

如必修一第一、二章复习，“串点”应当抓住两章知识的重点。

（一）第一章“运动的描述”的知识要点

（1）质点：在研究物体的运动时，若不考虑物体的大小和形状，就可以将物体看成质点。

（2）参考系：在研究物体的运动时用来作为参考的物体，在初中物理中称为“参照物”。在研究地球上物体的运动时，一般情况下选取地球或相对地球静止的物体为参考系。

(3)坐标系：①直线坐标系，通常采用直线坐标轴。这时，物体的位置就可以用(x)坐标来表示；②平面坐标系，通常采用平面直角坐标系，物体的位置就可以用(x,y)一组坐标来表示。

(4)时刻和时间间隔：表示时间的数轴称为时间轴。在时间轴上，时刻用点表示，时间间隔用线段表示。

(5)路程和位移：位移是描述物体位置变化的物理量，用始点指向终点的有向线段表示，大小等于物体从始点到终点的直线距离，方向是从始点指向终点，是矢量；路程则是描述物体运动路径(轨迹)长短的物理量，用运动路径实际长度计算，没有方向，是标量。通常，物体位移的大小只能小于路程，只有物体做单向直线运动时，其位移的大小才等于路程。

(6)矢量和标量：在物理学中，既有大小又有方向的物理量叫作矢量，只有大小没有方向的物理量叫作标量。

(7)直线运动的位置和位移：既然位移是描述物体位置变化的物理量，而物体的位置可用坐标来确定，那么位移就可用坐标的变化量来表示。当物体做直线运动时，若物体从位置A运动到位置B，而A、B的坐标分别为x_1、x_2，则物体的位移就可用它的坐标变化量Δx来表示：$\Delta x = x_2 - x_1$。

(8)运动的位移图像和速度图像：为了描述物体的位移随时间变化的关系，可以任意选择一个平面直角坐标系，用横轴表示时间，用纵轴表示位移，画出位移和时间的关系图线，这种图像叫作位移—时间图像，简称为位移图像。同理，用横轴表示时间，用纵轴表示速度，画出速度和时间的关系图线，这种图像叫作速度—时间图像，简称为速度图像。

(9)物体运动快慢的描述——速度：描述物体运动方向和快慢的物理量，是位置的变化(位移)和时间的比值$v = \Delta x/\Delta t$。当Δt很小时，$\Delta x/\Delta t$称为瞬时速度，方向就是物体运动的方向。瞬时速度的大小通常叫作速率。

(10)速度变化快慢的描述——加速度：加速度是描述物体速度变化快慢的物理量，是速度的变化(速度增量)和时间的比值$a = \Delta v/\Delta t$。加速度的方向不是速度的方向，而是速度变化的方向。加速度“大”，只意味着速度变化“快”，不表示速度变化量大，也不表示速度大。

(11)实验：用打点计时器测速度，测量某两个点的时间间隔中纸带运动的平均速度$\bar{v}=\Delta x/\Delta t$。在匀变速直线运动中，测量经某个点的时刻纸带运动的瞬时速度，可以测量包括该点在内的两点间的平均速度，用来代替瞬时速度。

（二）第二章“匀变速直线运动的研究”的知识要点

1.基本公式

$$v=v_0+at,x=v_0t+\frac{1}{2}at^2,\ v^2=v_0{}^2+2ax,\ x=\bar{v}t=\frac{v_0+v}{2}\cdot t$$

2.推论

推论1：连续相等时间内的位移差：$\Delta x=aT^2$。（逐差法）

推论2：匀变速直线运动的物体在某段时间内的平均速度等于这段时间中间时刻的瞬时速度为

$$v_B=\bar{v}=v_{t/2}=\frac{x}{t}=\frac{v_t+v_0}{2}$$

3.重力作用下的匀变速直线运动

（1）自由落体运动：自由落体运动是匀变速直线运动的一个特例——初速度为零，加速度为g，其运动规律为

$$v=gt,h=\frac{1}{2}gt^2,v^2=2gh$$

（2）竖直方向上的抛体运动（竖直下抛和竖直上抛）：可视为自由落体运动和匀速直线运动的合运动。

①竖直下抛：物体以一定初速度沿着竖直方向向下抛出，仅在重力作用下物体所做的运动叫作竖直下抛运动。其加速度$a=g=9.8\ \text{m/s}^2$，运动规律为

$$v=v_0+gt,h=v_0t+\frac{1}{2}gt^2,v^2-v_0{}^2=2gh$$

②竖直上抛：物体以一定初速度沿着竖直方向向上抛出，仅在重力作用下物体所做的运动叫作竖直上抛运动。其加速度$a=-g=-9.8\ \text{m/s}^2$，运动规律为

$$v=v_0-gt,h=v_0t-\frac{1}{2}gt^2,-2gh=v^2-v_0{}^2,t_{上}=\frac{v_0}{g},h_{\text{m}}=\frac{v_0{}^2}{2g}$$

（3）竖直上抛运动的特点与解法：

①具有对称性。速度对称：上升阶段和下落阶段经过同一位置时速度等大反向，即$v_{上}=-v_{下}$；时间对称：上升阶段与下落阶段经过同一段竖直距离所用的时间相等，即$t_{上}=t_{下}$。

②加速度恒定。竖直上抛运动的加速度，无论上升、下落还是在最高点速度为零

时刻，均为重力加速度 $g = 9.8\ m/s^2$，方向竖直向下。

③两个基本解法。

分段法：上升过程用初速度不为零的匀减速直线运动规律计算；下降过程用自由落体运动规律计算。

整体法：加速度方向与初速度的方向相反，把竖直上抛运动看作匀减速直线运动。

4.运动图像

(1)位移—时间(x–t)图像。

①物理意义：x–t 图像反映运动物体的位移随时间变化的规律，图像并非物体运动的轨迹。

②x–t 图线为一条直线，表示物体做匀速直线运动，运动速度不变。

a.斜率大小：直线图线相对于横轴的倾斜程度即斜率，斜率表示速度的大小。

b.斜率正负：向上倾斜的直线表示沿正方向的匀速直线运动(正斜率)，向下倾斜的直线表示沿负方向的匀速直线运动(负斜率)，平行于时间轴的直线则表示物体静止。

③ x–t 图线为一条曲线表示物体做变速运动。变速直线运动的 x–t 图像特点：变速直线运动的 x–t 图像不是直线而是曲线，图像上某点的切线的斜率表示该时刻物体运动速度的大小。

④截距：x–t 图线与纵轴(位移轴)的截距表示物体开始运动的初始位置，即 t=0 时刻的位置。图线与横轴(时间轴)的交点(横截距)表示物体回到原点及相应时刻。

⑤两条图线的交点：表示两物体相遇时刻(横坐标)和相对参考点的位移(纵坐标)。

(2)速度—时间(v–t)图像。

①物理意义：v–t 图像反映运动物体的速度随时间变化的规律。

②v–t 图线为一条直线表示物体做匀变速直线运动，运动的加速度不变。

a.斜率大小：直线图线相对于横轴的倾斜程度即斜率，斜率表示加速度的大小。

b.斜率正负：向上倾斜的直线表示加速度沿正方向的匀变速直线运动(正斜率)，向下倾斜的直线表示加速度沿负方向的匀变速直线运动(负斜率)，平行于时间轴的直线则表示斜率 a=0，物体做匀速直线运动。

③ v–t 图线为一条曲线表示物体做变加速运动。图像上某点的切线的斜率表示该时刻物体运动的瞬时加速度的大小。

④截距：v-t图像上纵截距表示物体运动的初速度，横截距表示速度为零的时刻（不是回到原点）。如果图像与横轴交叉后继续向下，表示物体的速度减小到零后又反向运动。

⑤两条图线的交点：表示两物体速度大小相等、方向相同的时刻（横坐标）和此时刻的速度值（纵坐标）。

⑥面积：图像与时间轴间的面积表示位移，时间轴上方的面积表示正向位移，时间轴下方的面积表示负向位移。它们的代数和表示位移，算术和表示路程。

（3）加速度—时间（a-t）图像。

①物理意义：反映做直线运动的物体的加速度随时间变化的规律。

②图像斜率的意义：图线上某点的斜率表示该点加速度的变化率。图像平行于时间轴，说明斜率为零，即物体的加速度的变化率为零，表示物体做匀变速直线运动。

③a-t图像和时间轴所围的面积，由公式可得即为物体速度的变化量。

【注意点】关于图像问题，要理解图像的物理意义，理解图像的轴（横、纵坐标轴）、点（坐标原点、图线交点、拐点）、线（曲、直图线和表达物理量的极值或确定它的变化趋势的渐近线）、截（图像在纵、横轴上的截距）、斜（图线的斜率）、面（图线与坐标轴围成的面积）六大功能。

5. 实验：用打点计时器探究小车速度随时间变化的规律

（1）实验操作。

①木板平放，并使滑轮伸出桌面，固定打点计时器，连接好电路。（此步骤所需器材：带滑轮的长木板、打点计时器、复写纸、导线等）

②穿纸带，挂钩码。（此步骤所需器材：纸带、钩码、细绳等）

③先接通电源，然后放开小车，让小车拖着纸带运动，打完一条后立即关闭电源。

④换纸带，加钩码，再做两次。

⑤处理纸带，计算出某位置的速度和运动过程的加速度。（在处理纸带时需要用刻度尺处理计数点之间的距离）

（2）打点计时器的纸带分析（逐差法）。逐差法的实质是将纸带分为两大段：设T'为大段的时间，可求加速度和第n点的瞬时速度，T为计数点间的时间。

$$a=\frac{x_{后}-x_{前}}{T'^2}$$

$$v=\frac{x_n+x_{n+1}}{2T}$$

三、解疙瘩(针对教学中存在的问题,对症下药)

(一)再破知识难点

在所有的知识点中总有一些多数学生尚未弄明白的所谓难点,这就是学习中的“疙瘩”,解题的拦路虎,教师要对自己的学生心中有数,复习中有针对性地攻克这些难点。

1.参考系的选取

很多人解题时不会应用参考系,原因是没有领会参考系三点精神。

(1)参考系可以是运动的物体,也可以是静止的物体,但被选为参考系的物体,我们假定它是静止的。

(2)比较两物体的运动情况时,必须选取同一参考系。

(3)选取参考系的原则是观测运动方便和描述运动尽可能简单。

【例1】如图2.3-1所示,在光滑的水平地面上长为l的木板B的右端放一小物体A,开始时A、B静止。同时给予A、B相同的速率v_0,使A向左运动,B向右运动,已知A、B相对运动的过程中,A的加速度向右,大小为a_1,B的加速度向左,大小为a_2,$a_2<a_1$,要使A滑到B的左端时恰好不滑下,v_0为多少?

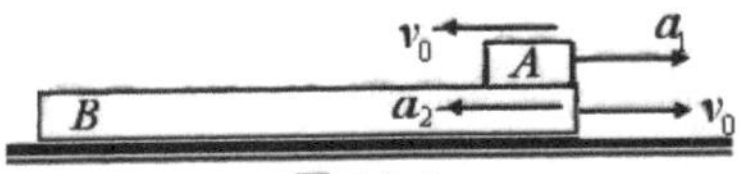

图2.3-1

【解析】A滑到B左端恰好不滑下,即A、B相对静止,选取B为参考系,A对B的初速为$2v_0$,向左,加速度向右,$a=-(a_1+a_2)$,减速至零,即$v=0$,A对B的位移为l,则

由$v^2-v_0{}^2=2ax$,得$(2v_0)^2=2(a_1+a_2)l$,即$v_0=\sqrt{\dfrac{(a_1+a_2)l}{2}}$。

【创新思维】如果选取大地为参考系,运算就要繁琐一些。该题还可以用动量守恒、动能定理列式联立求解,随着教学进度的推进,到时别忘前后呼应。

2.关于平均速度的两点认识

(1)平均速度不同于瞬时速度:平均速度反映一段时间内物体运动的平均快慢程度,它与一段时间或一段位移相对应。瞬时速度能精确描述物体运动的快慢,它是在运动时间$\Delta t\to 0$时的平均速度,与某一时刻或某一位置相对应。

(2)平均速度不同于瞬时速率:瞬时速度的大小叫速率,但平均速度的大小不能称为平均速率,因为平均速率是路程与时间的比值,它与平均速度的大小没有对应关系。

【例2】(多选)如图2.3-2,某赛车手在一次野外训练中,先用地图计算出出发地A和目的地B的直线距离为9 km,实际从A运动到B用时5 min,赛车上的里程表指示的里程数是15 km,当他经过某路标C时,车内速度计指示的示数为150 km/h,那么可以确定的是(　　)

A.整个过程中赛车的平均速度为180 km/h

B.整个过程中赛车的平均速度为108 km/h

C.赛车经过路标C时的瞬时速度为150 km/h

D.赛车经过路标C时速度方向为由A指向B

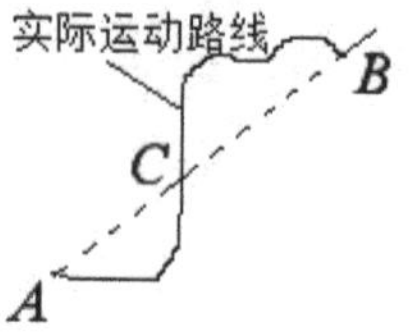

图2.3-2

【解析】赛车运动的位移为9 km,路程为15 km,整个运动过程中的平均速度为$\bar{v}=\frac{x}{t}=\frac{9\ \text{km}}{5/60\ \text{h}}=108\ \text{km/h}$。指针显示赛车经过路标$C$时瞬时速度的大小为150 km/h,方向应沿$C$点切线而非$A\to B$。答案:B、C。

【创新思维】如果赛车再沿着原路径返回从B运动到A用时也为5 min,整个过程中赛车的平均速度为多少呢?是<u> 0 </u>还是<u>180 km/h</u>?

3.速度与加速度的关系

(1)加速度的实质:加速度a不是反映运动的快慢,也不是反映速度变化量的大小,而是反映速度变化的快慢,即速度的变化率,$\Delta v/\Delta t$越大,a越大。

(2)加速度的关联量:加速度a与速度v无直接关系,与Δv也无直接关系。v大,a不一定大;Δv大,a也不一定大。

(3)速度大小改变的关系:看速度的方向和加速度的方向是否相同,如果相同,则速度增大;如果相反,则速度减小,$a=\frac{\Delta v}{\Delta t}=\frac{v_2-v_1}{\Delta t}$。

很多学生在加速度的概念题、计算题上经常产生错误,其原因就是对以上加速度的概念没弄清楚。复习时需要注意:

①$\Delta v=v_2-v_1$(末速度-初速度);

②画Δv(初速度矢端→末速度矢端)。

(二)指导解题方法

根据自己学生的学习实际,理出影响解题的障碍,通过对具体典型例题的剖析,让学生明白始终把握题目的物理情景是解题的关键,正确运用相应物理规律是解题的保证。

1. 初速度为0的匀加速直线运动问题

此类问题在不能利用比值规律处理时，可设法将中间某一位置或一小过程与起点联系起来，则可让运动问题得到简化。

【例3】如图2.3-3所示，物体从光滑的斜面顶端由静止开始匀加速下滑，在最后1 s内通过了全部路程的一半，则下滑的总时间为多少？

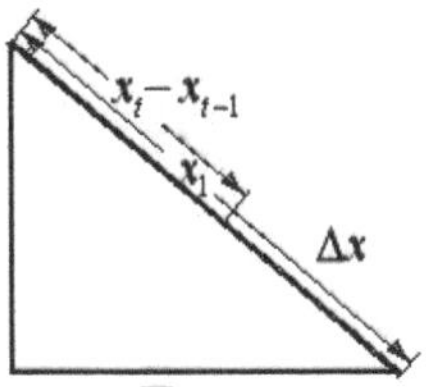

图2.3-3

【解析】设运动总时间为t，初速$v_0 = 0$

总位移$x_t = \frac{1}{2}at^2$

最后1 s前的位移$x_{t-1} = \frac{1}{2}a(t-1)^2$

最后1 s内的位移是全程的一半：$\frac{\Delta x}{x_1} = \frac{x_t - x_{t-1}}{x_t} = \frac{\frac{1}{2}at^2 - \frac{1}{2}a(t-1)^2}{\frac{1}{2}at^2} = \frac{1}{2}$

解得$t = (2 + \sqrt{2})$ s。

2. 匀减速运动应当注意的问题

末速度为0的匀减速直线运动有可能某时刻停下来，或者反向运动，匀减速直线运动可以变换成反方向的初速度为0的匀加速直线运动，逆向思维使问题简化。

【例4】汽车以10 m/s的速度行驶5 min后突然刹车。如刹车过程做匀变速直线运动，加速度大小为5 m/s²，则刹车后3 s内汽车所走的距离是多少？

【解析】解法1：因汽车刹车过程中做匀减速直线运动，初速度$v_0 = 10$ m/s，$a = -5$ m/s²。由$v = v_0 + at$，知$t = 2$ s时汽车的速度即减为零。所以刹车后3 s内汽车在最后的1 s是静止的，这一点是此题的一个陷阱，答题者往往出错。因此撇开时间t，得刹车后3 s内汽车所走的距离是$x = \frac{{v_0}^2}{2a} = \frac{10\ \text{m/s}^2}{2 \times 5\ \text{m/s}^2} = 10$ m。

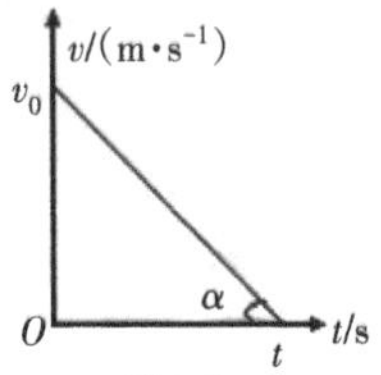

图2.3-4

解法2：速度—时间图像如图2.3-4所示，

由$\tan\alpha = a = \frac{v_0}{t}$，得$t = \frac{v_0}{a} = \frac{10\ \text{m/s}}{5\ \text{m/s}^2} = 2$ s。

从图可知三角形所包围的面积即为刹车3 s内的位移

$$x = \frac{1}{2}v_0 t = \frac{1}{2} \times 10\ \text{m/s} \times 2\ \text{s} = 10\ \text{m}$$

3. 不同性质的直线运动过程相连接的问题

这类问题是指匀速、匀加速、匀减速直线运动中的两个或三个组合在一起。此类问题紧扣转折点速度，抓住既是前面运动的末速度，又是后面运动的初速度，往往就找到问题的突破口。

【例5】如图2.3-5所示，质点由A点出发沿直线AB运动，行程的第一阶段是加速度大小为a_1的匀加速运动，接着做加速度大小为a_2的匀减速运动，到达B点时恰好速度减为零。若AB总长度为l，试求质点从A到B所用的时间t。

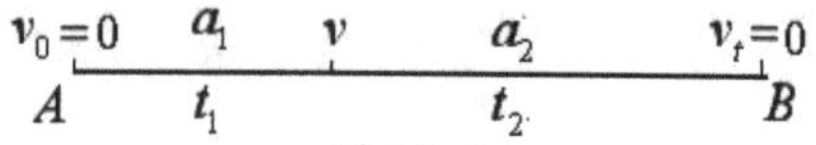

图2.3-5

【解析】整个运动过程由匀加速、匀减速两个阶段组成，基本解题思路是先找到转折点速度，再利用平均速度关系式或速度公式求时间。

设第一阶段的末速度为v，则由题意可知：

全程$t=\frac{2l}{v}$　①

匀加速阶段$t_1=\frac{v}{a_1}$　②

匀减速阶段$t_2=\frac{v}{a_2}$　③

由①②③得$v=\sqrt{\frac{2a_1a_2l}{a_1+a_2}}$　④

由①④解得质点从A到B所用的时间$t=\sqrt{\frac{2(a_1+a_2)l}{a_1a_2}}$。

【创新思维】该题如果运用图解法，确实是解题的突破口。题给运动过程的速度图像如图2.3-6所示，

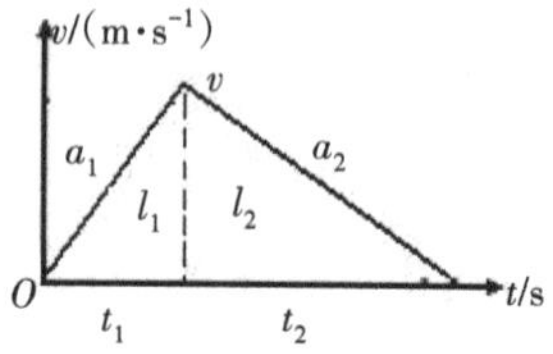

图2.3-6

$l=\frac{1}{2}vt$①，$l_1=\frac{1}{2}vt_1=\frac{1}{2}v\cdot\frac{v}{a_1}=\frac{v^2}{2a_1}$②

同理，$l_2=\frac{v^2}{2a_2}$③

由①②③得$v=\sqrt{\frac{2a_1a_2l}{a_1+a_2}}$④，由①④解得$t=\sqrt{\frac{2(a_1+a_2)l}{a_1a_2}}$。

4. 一题多解，拓宽思路

匀变速直线运动基本规律的公式很多，要熟记每个公式的特点及相关物理量。

【例6】如图2.3-7(1)所示，火车紧急刹车后经7 s停止，设火车做匀减速直线运动，它在最后1 s内的位移是2 m，则火车在刹车过程中通过的位移和开始刹车时的速度各是多少？

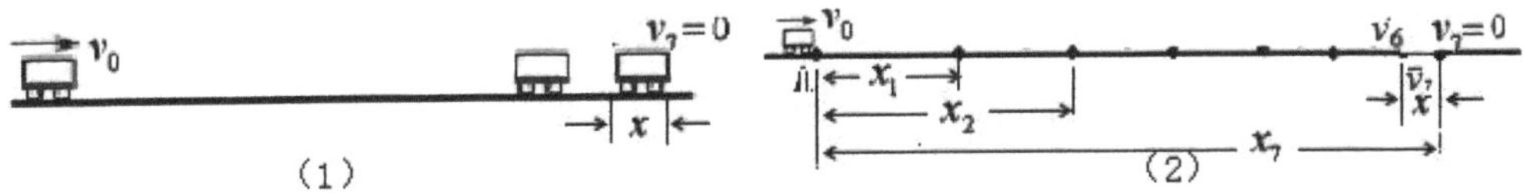

图2.3-7

【**解析**】解法1：使用基本公式，将火车视为质点画草图和7 s内行车示意图，如图2.3-7所示。

质点在第7 s内经历时间为$t=1\ \text{s}$，其平均速度为：$\bar{v}_7=\dfrac{x}{t}=\dfrac{1}{2}(v_6+0)$

则第6 s末的速度$v_6=\dfrac{2x}{t}=\dfrac{2\times 2\ \text{m}}{1\ \text{s}}=4\ \text{m/s}$

又$v_7=v_6+at$，得加速度$a=(0-4\ \text{m/s})/t=-4\ \text{m/s}^2$

火车运动总时间为$t_{总}=7\ \text{s}$，由$v_7=v_0+at_{总}$得初速度：

$v_0=v_7-at=0-(-4\ \text{m/s}^2\times 7\ \text{s})=28\ \text{m/s}$

位移$x_7=v_0t_{总}+\dfrac{1}{2}at_{总}{}^2=28\ \text{m/s}\times 7\ \text{s}+\dfrac{1}{2}\times(-4\ \text{m/s}^2)\times(7\ \text{s})^2=98\ \text{m}$

解法2：逆向思维，用推论$x_1:x_2:x_3:\cdots=1^2:2^2:3^2:\cdots$

如图2.3-8所示，前法从题目已知条件分析，直接用匀变速直线运动基本公式求解会有一定困难，如果逆向从$B\to A$考虑，将匀减速的刹车过程看作为初速度为0、末速度为28 m/s、加速度大小为4 m/s²的匀加速直线运动的逆过程。由推论：

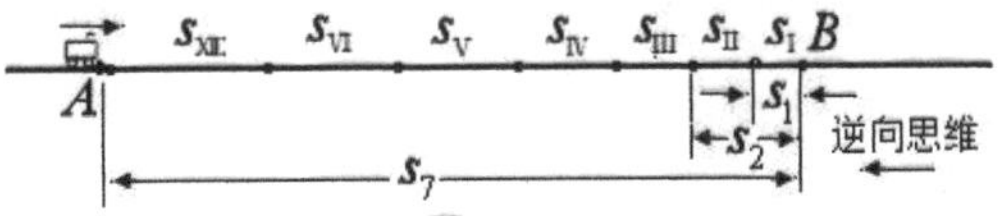

图2.3-8

$s_1:s_7=1:7^2=1:49$

则7 s内的位移：

$s_7=49s_1=49\times 2\ \text{m}=98\ \text{m}$

又$s_7=\dfrac{1}{2}(v_0+v_7)t$

得初速度$v_0=\dfrac{2s_7}{t_{总}}=\dfrac{2\times 98\ \text{m}}{7\ \text{s}}=28\ \text{m/s}$

解法3：逆向思维，用推论$s_{\text{I}}:s_{\text{II}}:s_{\text{III}}:\cdots=1:3:5:\cdots$

如图2.3-8所示，仍看作初速度为0的逆过程，用另一推论：

$s_{\text{I}}:s_{\text{II}}:s_{\text{III}}:\cdots=1:3:5:7:9:11:13$，得$x_{\text{I}}=2\ \text{m}$。

则总位移：$x_7=2(s_{\text{I}}+s_{\text{II}}+s_{\text{III}}+s_{\text{IV}}+s_{\text{V}}+s_{\text{VI}}+s_{\text{VII}})=2(1+3+5+7+9+11+13)\ \text{m}=98\ \text{m}$，求$v_0$同解法2。

解法4：图像法。如图2.3-9所示，作出质点的速度—时间图像，质点第7 s内的位移大小为阴影部分小三角形面积：$s_{小} = 2 = \frac{1}{2}\cdot(v_6\cdot 1)$，得$v_6 = 4$ m/s。

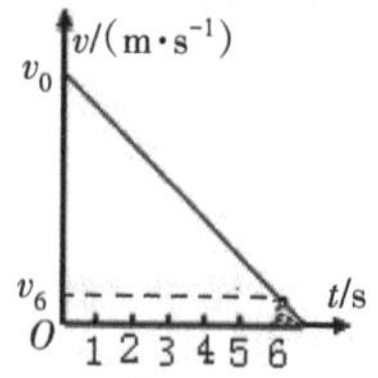

图2.3-9

小三角形与大三角形相似，有$v_6 : v_0 = 1 : 7$，$\therefore v_0 = 28$ m/s

总位移为大三角形面积：$s_{大} = \frac{1}{2}(7\ \text{s} \times 28\ \text{m/s}) = 98$ m。

5.图像法解题

定量计算的一些问题，应用图解法往往会便于解题，还有好像看起来属于定性分析的问题，若恰当应用图解法，则会"柳暗花明又一村"。

【例7】如图2.3-10(1)所示，ABC和AD是两个高度相等的光滑斜面，ABC由倾角不同的两部分组成，且$AB+BC=AD$，两个相同的小球a、b从A点分别沿两侧斜面由静止滑下，不计转折处的能量损失，则滑到底部的先后次序是(　　)

A.a球先到　　B.b球先到

C.两球同时到达　　D.无法判断

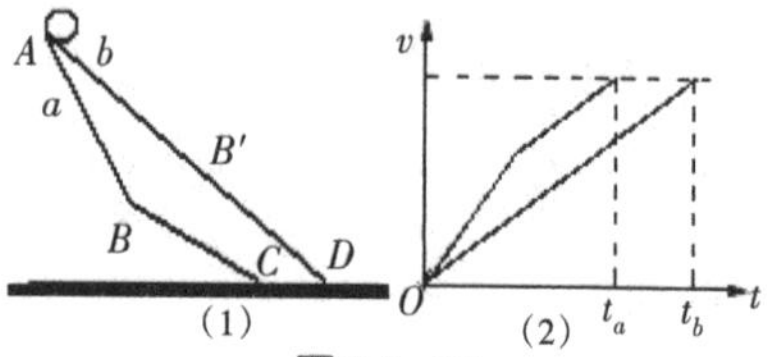

图2.3-10

【解析】本题属于定性比较两个物体运动时间的问题：依题意作出物体的速度—时间图像如图2.3-10(2)所示，类似有图线下方所围成的面积表示物体的路程，由几何知识面积相等时$t_a<t_b$，故选A。

【创新思维】图像法将运动的加速度、速率和路程等量的内在联系体现在图像中，题解的结论居然生动直观地展现在图中。此题也可以利用图像结合平均速度的讨论解答：如图2.3-11所示，在斜面ABC和AD上取$AB = AB'$，$\because \theta' > \theta$，$B$点低于$B'$点，由机械能守恒定律，小球经$B$点速度就大于经$B'$点速度，因此，小球在$AB$的平均速度就大于在$AB'$的平均速度。又由机械能守恒定律，小球抵$C$与$D'$点时的速度大小相同，则小球在$BC$的平均速度就大于在$B'D$的平均速度，于是小球经斜面$ABC$滑到底部的时间少，故选A。

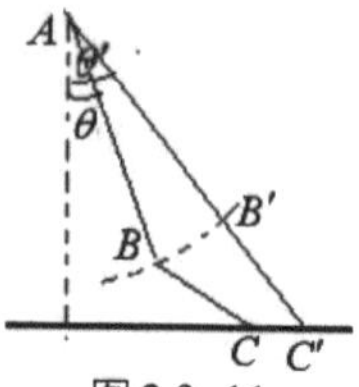

图2.3-11

6.追及和相遇问题

此类问题由于涉及的运动物体不止一个，运动性质也往往不同，处理起来有一定的难度，但只要掌握正确的方法，还是可以化难为易、顺利解决。该类问题解题的一般策略是(若两个物体在同一直线上运动)：

(1)明确每个物体的运动性质，画出运动过程示意图；

(2)利用两者的位移关系列方程；

(3)结合时间关系、速度关系解方程。

【注意点】两者速度相等是两物体能否相遇或距离取极值的重要临界条件。

【例8】一列火车从车站出发做匀加速直线运动，加速度为0.5 m/s²，此时恰好有一辆自行车(可视为质点)从火车头旁平行铁轨的自行车道驶过，自行车速度$v_0 = 8\text{m/s}$，火车长$l = 336$ m。

(1)火车追上自行车以前落后于自行车的最大距离是多少?

(2)火车用多少时间可追上自行车?

(3)再过多长时间可超过自行车?

【解析】(1)当火车速度等于v_0时，二车相距最远$v_0 = at_1$，得$t_1 = \frac{v_0}{a} = \frac{8\ \text{m/s}}{0.5\ \text{m/s}^2} = 16\ \text{s}$

最大距离$x_m = v_0t_1 - \frac{1}{2}at_1^2 = 8\ \text{m/s} \times 16\ \text{s} - \frac{1}{2} \times 0.5\ \text{m/s}^2 \times (16\ \text{s})^2 = 64\ \text{m}$。

(2)设火车追上自行车用时间t_2，追上时位移相等，则$v_0t_2 = \frac{1}{2}at_2^2$，得$t_2 = \frac{2v_0}{a} = \frac{2 \times 8\ \text{m/s}}{0.5\ \text{m/s}^2} = 32\ \text{s}$。

(3)追上时火车的速度$v = at_2 = 0.5\ \text{m/s}^2 \times 32\ \text{s} = 16\ \text{m/s}$

设再过t_3时间超过自行车，则$vt_3 + \frac{1}{2}at_3^2 - v_0t_3 = l$，代入数据解得$t_3 = 24\ \text{s}$。

【创新思维】这里运用的是常规解法，抓住速度相等、位移相等这些临界条件很关键。该题还可以巧选参考系运用相对运动法、极值法、图像法等。

7. 实验题

【例9】实验室备有下列仪器：A. 长度为1 m、最小刻度为毫米的刻度尺；B. 长度为1 m、最小刻度为分米的刻度尺；C. 停表；D. 打点计时器；E. 低压交流电源(50 Hz)；F. 低压直流电源；G. 天平。

为了测量重锤下落的加速度，上述仪器中必须有的是________(填字母代号)，实验是通过研究重锤做________运动来测量重锤下落加速度的。把重锤固定在纸带下端，让纸带穿过打点计时器，当重锤自由下落时，打点计时器在纸带上打出一系列的点。取连续清晰的7个点，用刻度尺测出第2、3、4、5、6、7各点与第1点的距离d，如表2.3-1所示。

表2.3-1 数据记录表

点的次序	1	2	3	4	5	6	7
距离/cm	0	6.0	12.5	19.3	26.5	34.1	42.1

请用这些数据求出重力加速度的测量值，误差较小的为______m/s²。

【解析】(1)利用匀变速直线运动的公式$\Delta x = gT^2$，可以求出重锤下落的加速度大小。实验需要使用打点计时器研究，电源选择低压交流电源(50 Hz)，刻度尺要用来测量纸带的点之间的距离，所以必须要有长度为1 m最小刻度为毫米的刻度尺。

不需要知道物体的质量，所以不用天平，打点计时器本身含有计时器，所以不需要秒表。因此，上述仪器中必须有的是A、D、E。实验是通过研究重锤做<u>自由落体</u>运动来测量重锤下落的加速度。

(2)如图2.3-12所示，从题给数据，列出相邻两点间的距离。由逐差法得

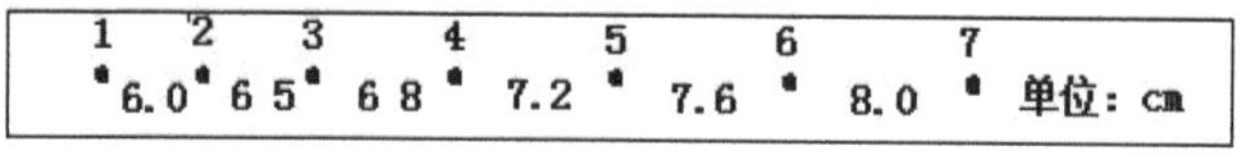

图2.3-12

$$g_1 = \frac{\Delta x_{41}}{3T^2} = \frac{(7.2\ \text{m} - 6.0\ \text{m}) \times 10^{-2}}{3 \times (0.02\ \text{s})^2} = 10.0\ \text{m/s}^2$$

$$g_2 = \frac{\Delta x_{52}}{3T^2} = \frac{(7.6\ \text{m} - 6.5\ \text{m}) \times 10^{-2}}{3 \times (0.02\ \text{s})^2} = 9.17\ \text{m/s}^2$$

$$g_3 = \frac{\Delta x_{63}}{3T^2} = \frac{(8.0\ \text{m} - 6.8\ \text{m}) \times 10^{-2}}{3 \times (0.02\ \text{s})^2} = 10.0\ \text{m/s}^2$$

则重力加速度的测量值$g = \frac{g_1 + g_2 + g_3}{3} = \frac{10.0\ \text{m/s}^2 + 9.17\ \text{m/s}^2 + 10.0\ \text{m/s}^2}{3} = 9.72\ \text{m/s}^2$。

8.合运动观点解题

学会运用合运动观点处理匀变速运动问题，这是十分重要的方法。

【例10】一只气球从地面由静止开始匀加速竖直上升，加速度a=2 m/s²，5 s末有一个小物体从气球上掉落下来，试问：

(1)该物体经多长时间落到地面？

(2)若小物体的质量m远小于气球质量M，小物体从气球上掉落下来后，经过多少时间它们相距24 m？

【解析】(1)小物体从气球上掉落下来的瞬间，它与气球具有相同的、竖直向上的速度$v_0 = at_0 = 2\ \text{m/s}^2 \times 5\ \text{m/s} = 10\ \text{m/s}$

此瞬间小物体的高度$h_0 = \frac{1}{2}at_0{}^2 = \frac{1}{2} \times 2\ \text{m/s}^2 \times (5\ \text{s})^2 = 25\ \text{m}$

运用合运动观点，小物体做竖直上抛运动，设小物体落地时间为t，列方程$-h_0 =$

$v_0t-\frac{1}{2}gt^2$，舍去负根，得 $t\approx3.45$ s。

(2)小物体从气球上掉落下来后，$m\ll M$，气球匀加速竖直上升的加速度不受影响，设经时间 t' 它们相距 h'=24 m，以气球作参照物，小物体在竖直方向做向下的匀加速运动，其加速度为 $g'=(g+a)$，可列方程

$$h'=\frac{1}{2}g't'^2=\frac{1}{2}(g+a)t'^2$$

小物体与气球相距 h'=24 m 所经历的时间 $t'=\sqrt{\frac{2h'}{g'}}=\sqrt{\frac{2\times24\ \text{m}}{(10+2)\ \text{m/s}^2}}=2$ s。

复习课的教学过程，应始终注意知识与能力两个方面。

(1)涉及“基本知识”的复习，不能单方面通过梳理、归纳成条文或画图、列表等概括的手段来回顾知识，这样学生往往感到枯燥无味。如果把基本知识分为几个专题，在专题中通过典型问题的思考、解析、评议，这样梳理就不是复述，而是为了实现知识体系间的链接；归纳不是罗列，而是针对本课题的内容，以突出知识主线、方法主线、问题主线。想方设法通过专题调动学生，让他们成为复习的主人，将零散的知识整合为活用的系统知识，复习效果才会更好。

(2)涉及“物理技能、物理思想方法”方面，教师需要采取新思维、新方法，提升学生思维能力、创造能力，以提高复习教学效果。

2.4 新课程下高中物理的命题

普通高中物理课程标准注重全面考查学生在知识与技能、过程与方法、情感态度与价值观方面是否达到课程标准所规定的要求,因此新课程下物理测试命题就应据此精神命题。

一、命题应体现“基础”

基础知识与基本技能的考查能体现学生的基本素养,是三维目标之一,因此以课程标准为依据,坚持课程改革的基本理念,考查基础知识和基本技能是命题的根本。基础知识、基本概念的考查应占试题的75%左右,这些基础题不是靠死记硬背的简单题,而是将知识融于现实生活问题之中。

试题的难度系数一般在0.5~0.7之间,做到面向全体学生,避免出难题、怪题、偏题。立足课本,抓住基础,根据新课程理念,做到科学合理命题,使考试更好地为教学服务,促进素质教育的开展,更好地培养学生在掌握基本概念、基本规律的基础上,进一步提高学习能力。

二、命题应体现“探究”

新课标要求学生学会科学探究。学生在物理学习过程中,经历与科学家进行科学探究时相似的过程,学习科学家科学探究的方法,领悟科学的思想和精神,体验科学探究的乐趣。概而言之,在科学探究活动中,学习物理知识与技能,重点是探究的过程、方法和步骤。因此,在物理命题中关于探究性内容要摆在一定位置,体现新课标关于探究的新精神。

实验题不是简单考查实验原理、步骤,而应该通过创设问题情境,有意识地创造一种探索的氛围,尽量展现实验的学习、探究过程,以此来渗透物理思想,启迪学生思维。对于物理学中经典实验的考查,引导学生追溯物理学家思考研究的源头,运用实验中已经吸收的物理思想的营养，推动实验题的解答。高水平的实验题，能区分“做过实验的”和“没做过实验的”学生，“认真做实验的”和“马虎做实验的”学生。

在新课程理念指导下，通过提高命题质量，不但可以提高学生的学科素养和人文素养，还可以引导学生转变学习方式。考试过程中，质量高的原创试题有利于提高学生学习探究的兴趣；具有探究性的试题，学生在答题中还可以享受到一种探究的体验。

三、命题应体现“创新”

新课标、新教材倡导创新精神，物理教学重视学生创新能力的培养，这是创新教育体系的基础，是国家浩大的创新系统工程的需要。因此，命题应体现创新精神。

命题中借鉴是需要的，但是从网上大量“下载”，或是从参考资料整块“剪裁”，简单拿来，那是不可以的。这样做不利于学生学习，只会引导学生远离课本，本末倒置地到参考书、上网去找题，因此需要将外来的题，根据教学实际，进行改造、变换。

命制一些情景新颖、设计巧妙、针对性强的试题，那就是创新；有时候可以旧题翻新，题干的叙述方式和题问的角度做变换，添加一点创意，这也是一种创新。命题中需要落实这样的考题，学生答卷的过程就是检测和培养他们创新能力的过程。

四、命题应体现“教科研”

从现代教育评价的观点看，考试具有评价、诊断、引导、反馈等功能。考试，一方面考查学生实现物理课程目的的程度，另一方面反映教师的教学状况，通过考试诊断，引导教与学的改进。

教师主观上总是想命好题，让考题起到教学导向与质量监控的重要作用。教学内容和教学目标掌握得如何，命题是否契合学生的心理特点和认知规律，是否最大程度反映学生学习的真实状况，教师需不断思考、不断改进，使命制试题不断完善。

2.5 自制教具助力教学

“牛顿运动定律”的“实验:探究加速度与力、质量的关系”,是必修一的第三个学生分组实验,前面一、二章已经进行了两个学生分组实验,新教师对分组实验的重要性有了认识,对分组实验的教学模式不再陌生。然而,实验中的两个参考案例有点麻烦,其中第二个案例的实验装置,前面有了第二章第二节分组实验的基础,难度较小一点。难度大的是第一个案例的实验装置,没有现成仪器。实验室有一种验证牛顿第二定律的实验装置,形式上不太与新教材同步。怎么办?这时自制“探究加速度与力、质量的关系”实验教具,问题就迎刃而解。

新教材参考案例一:两个相同的小车放在光滑的水平板上,前端各系一条细绳,绳的另一端跨过定滑轮各系一个小盘,盘中可放重物。在水平板上,用一个黑板擦可以同时按住两条细绳,使小车停止运动,如图 2.5–1 所示。自制的实验装置,是利用一块旧木板,还有实验室里的小车、滑轮,拼凑加工而成,如图 2.5–2 所示。

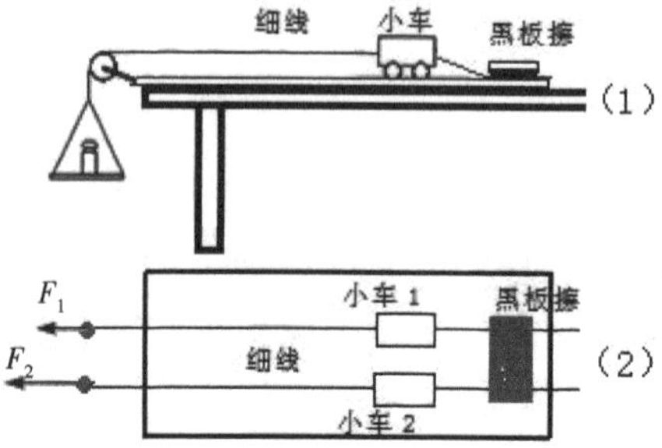

图 2.5–1

图 2.5–2

毫无疑问,有了自制教具,教学设施的短缺得到缓解,“探究加速度与力、质量的关系”的实验教学就得以顺利进行。

一、自制教具的动力从哪里来

1. 实验教学现状的制约

物理实验对物理教学有重要意义,而自制教具是物理实验教学不可缺少的组成部分。长期以来，由于教育资源短缺和应试教育的影响，实验教学重视的程度不够。新课程标准推行以后，又强化了实验教学的地位和作用，演示实验、分组实验、探究性实验和边学边做的小实验等，需要大量的仪器和物品，增添的实验器材以及先进的电教设施满足不了实验教学对教具的需求。因此，中学物理教育中使用低成本的自制教具是很好的补充。

自制教具选材简单，费用低廉，可以缓解现有实验室仪器满足不了新课程要求的矛盾。因此，要想大幅度提高教学质量，实验教学的现状迫使教师要重视自制教具，教师应当根据教学需要自觉开展制作教具的行动，并以此作为教学备课的新常态。

2.新课标、新教材的呼唤

新课标注重实验探究，把探究过程的学习和物理知识内容的学习放在同等重要的地位，大量的实验探究构成了新教材的重要内容。在实验探究中，教师除了要用活现成仪器外，还需要自行制作简便的教具，以便进行各种各样的探究活动。因此，适时自制教具，已成为新课改的一项重要要求。

3.提升教师综合素质的需要

自制教具是一种创造性的劳动，它能提高教师自身的业务能力。教师想做出满足教学要求的教具，必须更深入地钻研教材、吃透教材，明确教学的重难点，在此基础上，教师选课题，自己动手设计、选材、制作。自制教具的经历会磨炼教师的动手能力，培养创新能力和科学精神，无形中教师的教学能力、综合素质会不断提高。

二、自制教具课题从哪里来

1.来自教材

(1)教材中有的实验，学校实验室没有条件实施。教师备课时必不可少要备教材上的实验，了解学校实验室有没有相应的实验器材，如果没有相应的器材，教师就要考虑是否可以制作这样一套实验器材。

例如，“力的合成”一节教学时课本上有“探究求合力的方法”的实验，可是学校实验室就没有这类仪器，便可用纸板代替木板，细绳、白纸、弹簧秤、支架等学校实验室都有，按照教材要求以立式组装了一个教具，满足了教学需要。

(2)教材中有的关键点，没有布局实验。例如，“力的分解”一节教学中，课本中耕地拖拉机对犁耙的拉力 F 产生的效果，水平方向拉犁耙的力，决定耙的运动情况，这一效果学生好理解；竖直方向对犁耙有向上提的力，决定犁耙在泥土中陷入的深度，这一效果学生就难理解。这个关键点上，教师除了列举与拖拉机拉犁耙相似的事例外，还用绳子拖木块演示，重点在加大拉力时，木块头上有往上翘的趋势，揭示拉力在竖直方向上产生一个向上提的效果。

两个分力方向的判断，这在力的分解中是十分重要的一环，是教学的重点。可是恰恰在这里，很多同学不会分解力，经常把分力的方向弄错，错误原因何在呢？统计规律告诉我们，问题的关键在于力的作用效果很模糊，分析不出来在什么方向上产生效果，那么分力方向自然难以正确判断。教材中，没有相应演示实验，怎么办？针对教材的这一重点，设计了一个教具的制作方案，请木工制作，如图2.5-3(1)所示。仪器示意图如图2.5-3(2)所示，仪器的关键部位在于橡皮膜A和B，当ABC支架C点挂钩码时，演示仪橡皮膜的变形状况生动显示了力的作用效果，学生一眼看明白，分力方向的判断迎刃而解。

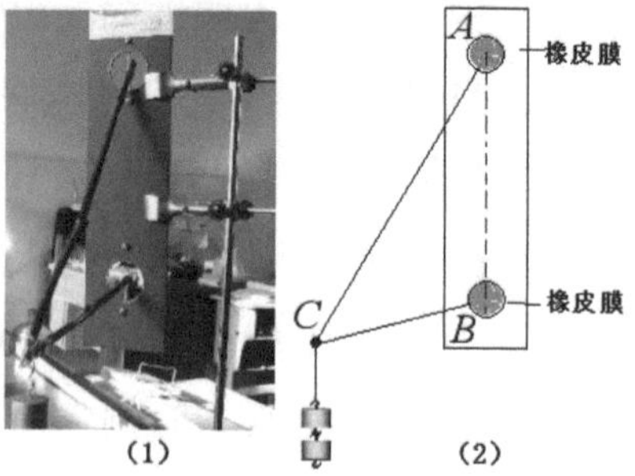

图2.5-3

为了提高学生的动手能力和探究能力，让学生通过运用手边可得的材料，如文具盒中的三角板、圆规、铅笔、橡皮、橡皮筋、细绳等，设计一些简单装置进行探索，切身感受力的作用效果。创新理论和教学经验都表明，这些教学活动都是迅速提高教学质量的途径。

(3)新教材增添的实验，现实中仪器配备不到位。随着教材的变化，新教材增加的实验内容，需要教师想方设法自制教具来保证教学的正常进行。

“用圆锥摆粗略验证向心力的表达式”的实验，如图2.5-4所示。细线下面悬挂一个钢球，细线上端固定在铁架台上。将画着几个同心圆的白纸置于水平桌面上，使钢球静止时正好位于圆心。用手带动钢球，设法使它沿纸上的某个圆周运动，随即手与钢球分离。测得向心力$F=m(\frac{2\pi}{T})^2R$和合力$F'=mg\frac{R}{h}$，比较F和F'，得出实验结论。

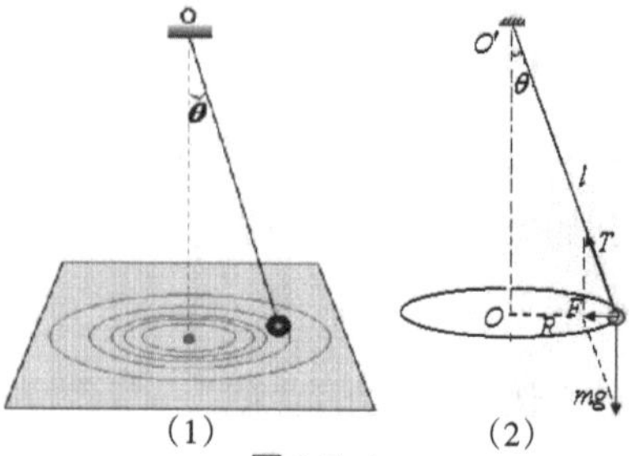

图2.5-4

这个实验构思完美，原理、方法很简单，但“设法”使钢球沿纸上的某个圆周运动，具体操作中很难做到。通常，θ角小一些为好，由于受到空气阻力作用，钢球圆周运动半径减小比较快，周期测量要迅速。

实验装置需要课前安装好，包括调整、操作。实验中，使钢球沿纸上的某个圆周运动，是实验成功与否的关键，也是实验操作的难点。为了克服这一难点，需要教师反复操作实验，熟能生巧。操作中，用手带动钢球做圆周运动很难做到，需用手拢住绳子上端(悬点附近处)，用绳子带动小球做圆周运动，并通过手的控制不断增大小球的圆周运动半径，直到半径刚好和某个圆周半径相等，随后轻轻放开绳子。

实验中，钢球的质量不需要测量，比较向心力$F=m(\frac{2\pi}{T})^2R$和合力$F'=mg\frac{R}{h}$，只需比较$(\frac{2\pi}{T})^2R$和$g\frac{R}{h}$。

本实验装置只能定性地演示，通过实验演示，学生不仅掌握“用圆锥摆粗略验证向心力的表达式”的实验过程，还受到创新思维的熏陶。

(4)原有仪器存在缺陷，需要完善。教材中的实验，如果学校实验室有这项教具，但效果不好或使用操作不方便，就要考虑是否可以设计、改进、制作较好的实验装置来达到更好的实验效果。

当然，这个要求就比较高了，需要一定的教学经验和创新思维能力。

2.来自学生课外作业

学生在解答力的分解同步作业时，遇到一道选择题，很多学生对“之”字形盘山公路的力学分析，教师怎么解析不少人也不理解，这正好引发教师制作了一个“之”字形盘山公路简单的模拟教具。

3.来自课堂教学

针对难点制作教具。教学的难点，学生普遍感觉到它比较枯燥、难学，容易形成思维障碍，运用自制教具的实验激发认知冲突，用形象思维促进抽象思维，从而突破思维障碍。

“用牛顿定律解决问题(二)”让学生用家庭体重计感受超重和失重，由于是难点，教学用书建议教师用矿泉水瓶做一个完全失重的小实验。教师可以采用与教学用书略微不同的方法做实验，如图2.5-5(2)所示，将矿泉水瓶盖打开移走，瓶壁打三个小孔A、B、C，将矿泉水瓶装满清水，水就会从三个小孔中喷出，C孔中喷出的水喷得最远，初中物理已经告诉我们液体随着深度增加压强增大，此时瓶是静止不动的。如果让矿泉水瓶自由下落，水是不是还喷出来呢？为什么？

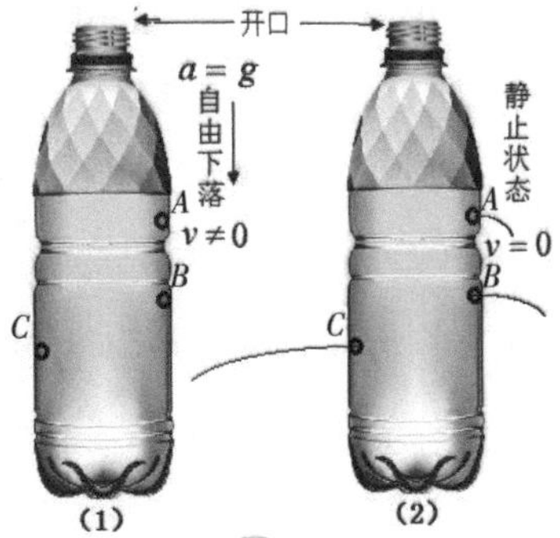

图2.5-5

实验现象表明：如图2.5-5(1)所示，矿泉水瓶自由下落时水就不会喷出来，此时矿泉水瓶呈现完全失重状态。以瓶水为研究对象，设瓶水质量为m，向下做加速运动，设瓶对水的支持力F_N，由牛顿第二定律得$mg - F_N = ma$，则$F_N = mg - ma$，当瓶自由下落时，$a = g$，即具有竖直向下、大小为g的加速度，处于完全失重的状态。此时，水对瓶的作用力$F_N' = F_N = 0$，表明矿泉水不会喷出来；或者说，当瓶自由下落时，$a = g$，水的视重$F_N = mg - ma = 0$，则水对瓶不表现挤压的作用力，表明矿泉水不会喷出来。

如果矿泉水瓶不是自由下落，而是竖直向上抛出去，水是否喷出来？为什么？如果让矿泉水瓶任意方向抛出，水是否喷出来？为什么？一系列问题留给学生，让他们课外探究。

日常生活中丢弃的矿泉水瓶是随手可得的实验器材，本实验又很简单，这道课外动手作业题，完全有条件来训练动手能力和探究能力。

4.来自学生探究能力培养的需要

普通高中物理新课程标准明确提出，高中物理课程应促进学生自主学习，使学生积极参与、乐于探究、勇于实验、勤于思考。通过多样化的教学方式，帮助学生学习物理知识与技能，培养其科学探究能力，使其逐步形成科学态度与科学精神。因此，高中物理教学中“将实验与科学探究有效结合起来”是主旋律。这样，教学活动中就需要大量的甚至很难预知的实验器材，自制教具则是辅助实验教学的得力手段。

三、自制教具的材料从哪里来

“瓶瓶罐罐当仪器，拼拼凑凑做实验”，自制教具取材肯定是身边易得到的材料。

因地制宜、就地取材是自制教具材料的重要来源，收集家庭、学校装修的各种材料的边角余料和生活中的许多废弃物品，日常生活中丢弃的可乐瓶、易拉罐、木板、包装盒、塑料管、铁丝、旧导线、废弃家用电器等都可以作为自制教具的材料。

教师要准备一些自制教具常用的工具，如改锥、钳子、锤子、钢锯、木工锯、电工刀、尺子、小台钳、手摇钻等。如果我们都能灵活运用身边各种有利条件，用心开发生产生活资源，自制教具之路会愈走愈宽。

2.6 学好高中物理之思考

大家都感觉到高中物理难学，从初中物理到高中物理，学习的内容从直观到抽象，涉及的现象从单一到复杂，定量运算从标量到矢量，研究从定性到定量，高中物理的坡度显得特别陡峭，难度自然增加。下面谈谈如何抓住“省力机械”学好物理。

一、重在“悟理”

1. 抓住听课

听课的原则：自主学习，勤于思考；积极参与、乐于探究。主要环节：(1)课前预习，(2)聚精会神，(3)注意头尾，(4)做好笔记，(5)习后做题，(6)及时小结。

2. 紧扣课本

(1)“悟理”的基础——理解概念。物理概念是组成物理规律和理论的基元，是物理学最重要的基础，掌握好物理概念是学好物理的关键。同时，对物理概念的形成和理解的过程，是学好物理方法和培养思维能力的重要途径。

学习时，要有一个科学思维的过程，弄清其中的道理。不重视这个过程，头脑中就只会剩下一些干巴巴的定义、公式和条文，思维就会僵化。

物理课本内容需要一个概念、一个公式、一字一句仔细琢磨，反复推敲，消化吸收。特别对重点的段落和关键的内容，要用心细致地阅读、理解，即精读课本。

书中的例题，不能只看它如何应用公式，还要看它是怎样分析问题的，看看自己合上课本后能否重做出来，看看自己还能不能有别的解题方法。另外，还要学习应用课本的知识解释一些常见现象。

【例 1】什么是匀速直线运动？

这是初中物理中的一个概念问题：物体在一条直线上运动，如果在相等的时间内位移相等，这种运动叫作匀速直线运动。根据匀速直线运动的特点，质点在相等时间内通过的位移相等，质点在相等时间内通过的路程相等，质点的运动方向相同，质点在相等时间内的位移大小和路程相等。

必修1课本P16：匀速直线运动是瞬时速度保持不变的运动，即$v=\frac{\Delta x}{\Delta t}$不变。因此，对匀速直线运动的理解应上升为如下认识：在任何相等的时间内位移相等，这种运动叫作匀速直线运动。此时位移是矢量，包括大小和方向。如图2.6-1所示，$v=\frac{x}{t}=\frac{\Delta x}{\Delta t}$。

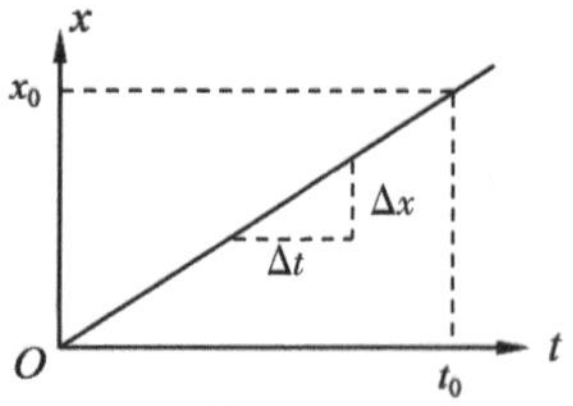

图2.6-1

【例2】离地面高度为h处有自由下落的甲物体，同时在它正下方的地面上有乙物体以初速度v_0竖直上抛，要使两物体在空中相碰，则做竖直上抛运动物体的初速度v_0应满足什么条件？（不计空气阻力，两物体均看作质点）若要乙物体在下落过程中与甲物体相碰，则v_0应满足什么条件？

【解析】选择乙物体为参照物，则甲物体相对乙物体的初速度$v=0-v_0=-v_0$，甲物体相对乙物体的加速度$a=-g-(-g)=0$。

由此可知甲物体相对乙物体做竖直向下，速度大小为v_0的匀速直线运动，所以相遇时间$t=\frac{h}{v_0}$。

对第一种情况，乙物体做竖直上抛运动，在空中的时间

$0\leqslant t\leqslant 2\cdot\frac{v_0}{g}$，即$0\leqslant\frac{h}{v_0}\leqslant 2\cdot\frac{v_0}{g}$

所以当$v_0\geqslant\sqrt{\frac{gh}{2}}$时，两物体在空中相碰。

对第二种情况，乙物体做竖直上抛运动，下落过程的时间

$\frac{v_0}{g}\leqslant t\leqslant 2\cdot\frac{v_0}{g}$，即$\frac{v_0}{g}\leqslant\frac{h}{v_0}\leqslant 2\cdot\frac{v_0}{g}$

所以当$\sqrt{\frac{gh}{2}}\leqslant v_0\leqslant\sqrt{gh}$时，乙物体在下落过程中与甲物体相碰。

【创新思维】参考系是物体，坐标系是图形（直线、平面和立体）。本题采用巧选参考系法，选择乙物体作为参照物，则甲物体相对乙物体做匀速直线运动，使解题快捷高效。

（2）“悟理”的核心——掌握规律。物理规律是在分析物理现象的基础上经过抽象、探究、概括或推理得来的，包括物理定律和定理、原则和公式等物理知识结构的骨架。物理规律反映了物体运动变化的各个因素之间的本质联系，揭示了事物本质属性之间的内在联系，是物理学知识的核心。

例如，匀变速直线运动的规律用合运动的观点理解：

分运动(1):匀速直线运动,$a_1 = 0$,$v_1 = v_0$(恒定),$x_1 = v_0t$;

分运动(2):匀加速直线运动,$a_2 = a$(恒定),v_2大小变化、方向不变,$v_2 = at$,$x_2 = \frac{1}{2}at^2$。

合运动:初速度为v_0、加速度a(大小方向都不变)的匀加速直线运动。

$$v = v_0 + at, x = v_0t + \frac{1}{2}at^2, v^2 = v_0^2 + 2ax, \bar{v} = \frac{x}{t} = \frac{1}{2}(v_0 + v)$$

【注意点】①运动独立性:分运动之间是互不相干的,即各个分运动均按各自规律运动,彼此互不影响。因此,在研究某个分运动的时候,就可以不考虑其他分运动,就像其他分运动不存在一样。

②运动等时性:各个分运动及其合运动总是同时发生,同时结束,经历的时间相等。因此,若知道了某一分运动的时间,也就知道了其他分运动及合运动经历的时间,反之亦然。

③运动的等效性:各分运动叠加起来的效果与合运动相同。

④运动的相关性:分运动的性质决定合运动的性质和轨迹。

二、格物“致理”

格物致理,格即探究,物即事物,致理即本质(真理),意指探究事物的本质(真理)。用在学好物理上,即以物论理,重视实验。

1.善察勤动

(1)善于观察。看演示实验要求我们全神贯注地观察,观察什么?“外行看热闹,内行看门道”。“观察现象是咋样?”“如何变化?”并透过现象看本质,即揭示所隐藏的物理规律。牛顿发现万有引力定律,就是建立在仔细观察苹果落地这一现象的基础上。观察成为发现、创新的向导。

【例3】如图2.6-2所示是某同学做的一个实验装置。书和桌面之间用两根板条架起一个斜面,成V字形轨道,若在斜面低端(即闭口端)放一个双圆锥体,松手后,试问:它能自动向高端(即开口端)滚上这个斜坡吗?说明理由。

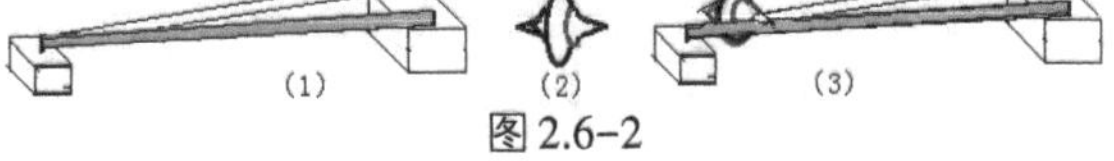

图2.6-2

【解析】如图2.6-3,轨道右高左低,即$h_B > h_A$。将双圆锥体放在轨道左、右端,刻度尺测量出双圆锥体锥尖到桌面的距离分别为

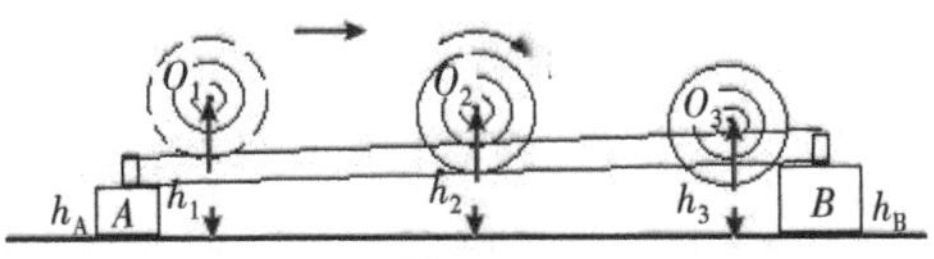

图2.6-3

h_1、h_3；双锥体在两者之间，其锥尖到桌面的距离记为h_2。测量发现$h_1>h_2>h_3$；即双圆锥体重心位置左端高，表面看轨道虽然左端低，双圆锥体由于受到重力作用，由高处向低处运动。

【创新思维】本题轨道表面看是左(A)端低右端高，双圆锥体从A到B，由低向高；题图2.6-2对于轨道的形状和走向，解题者并不一定很清晰地觉察出轨道左侧窄，右侧宽，实验设计成双圆锥体从A到B，与轨道接触点间距愈来愈大，双圆锥体轴心到水平桌面的高度愈来愈小，即重心越来越低，在重力作用下双圆锥体自然从A端运动到B端，题目超出常规思维的奥妙就在于此。

(2)勤于动手。纸上得来终觉浅，绝知此事要躬行。我们要注重动手能力的培养，动手能力这个词的词源是"hands-on"，意思不仅有动手操作的意思，还有亲身体验、亲自实践的意思。因此，物理学习的过程必须十分重视落实这一深层次的含义。

2.立足探究

在教师指导下，同学们为培养科学素养，以类似于科学家探究科学的方式，尝试应用科学探究的方法研究物理问题，验证物理规律，经历科学探究过程，这都是探究活动，实验是一个重要方式。

(1)做好实验。必修1第一个探究实验是"探究小车速度随时间变化的规律"，我们应当十分重视，做到明确实验目的，理解实验原理和方法，学会正确使用打点计时器进行测量，会控制和排除实验故障，会分析处理实验数据并得出正确结论，了解误差和有效数字的概念，会独立地写出简要的实验报告。做实验时，遵守操作规程，认真记录、处理和分析数据，从而得出正确的结论。实验操作结束后，不忘清点仪器，整理实验桌，仪器如有损坏，需要登记赔偿，养成良好的实验品格。

但我们不能停留在以上基本要求水平线上，而应该提出一系列探究问题将实验引向深入，渗透物理思想，启发思路，把培养探究能力贯穿实验始终。

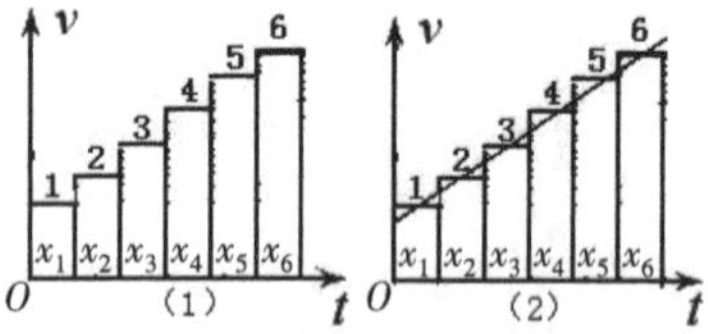

图2.6-4

【例4】在利用打点计时器探究小车运动规律的实验中，某同学在打出的纸带上每5个点取一个计数点，测出每两个相邻计数点间的距离分别为x_1、x_2、…、x_6，然后他把纸带上x_1、x_2、…、x_6各段准确地剪成6段，按如图2.6-4(1)那样贴在坐标纸上，彼此之间不留间隙也不重叠，纸带下端都准确地与横轴重合，x_1的左边准确地与纵轴重合，横轴为时间轴，纵轴为速度轴，该同学在这个图中作出了v-t图像，并由图像求出了加速度a，请说明他是如何作出速度—时间图像并求出加速度a。

【解析】每条纸带的宽度代表相等的时间，每条纸带的长度代表这段时间内的位移，而相等时间内的位移就表示这段时间内的平均速度。由于每段时间较短，所以这段时间中点的速度就是这段时间内的平均速度。取每段纸带上边的中点，然后过这些点画出v-t图像，如图2.6-4(2)所示。此图线的斜率反映加速度a的大小。

(2)拓宽实验。一方面，做好探究实验，实验中通过创设问题情境，有意识地创造一种探索的氛围，尽量展现实验的设计过程，以此来训练物理思维，培养探究思路。另一方面，尽量创造条件、争取机会多动手、多联系实际，提高的不仅仅是动手能力，还会提升探究思维能力。

三、举纲“梳理”

1.纲举目张

在学完每单元、每章之后，还应把全单元、整章内容做一个小结，厘清各部分知识的内在联系与区别，由点到线，由线成网，把内容整理成有纲有目的系统内容，编成用主线贯穿建立网状结构框架。解题时，纲举目张，只要触及一点，就能通过拉网联想，拓展思路，迅速形成一个相关的知识群。如图2.6-5所示为必修1第一、二章的知识网。

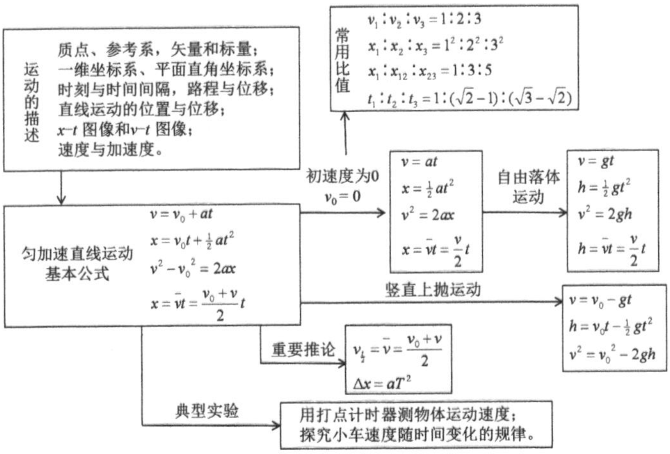

图2.6-5

2.融会解题

解题是复习巩固的必要手段，也是提高知识迁移、知识应用能力的有效方法。“熟读唐诗三百首，不会作诗也会吟。”高中刚刚起步的时候，建议如下融会解题：

(1)先复习，后做题，不可摊开课本边看边做；纲举目张，重视知识结构，系统地掌握好知识结构。这是成功解题的先决条件。

(2)抓住审题环节,审清条件,弄清物理过程,特别是画草图,深挖隐含条件。

(3)根据物理过程找规律、列方程。

(4)解方程,求结果并讨论。

(5)选一本参考资料,难度适中,附详细解答。自己先独立完成,后与标准答案对照,比较总结,对发现的问题应及时查漏补缺。

【例5】四个小球在离地面不同高度处同时从静止释放,不计空气阻力,从开始运动的时刻起每隔相等的时间间隔,小球依次碰到地面,如图2.6-6中能反映出刚开始运动时各小球相对地面位置的是(　　)

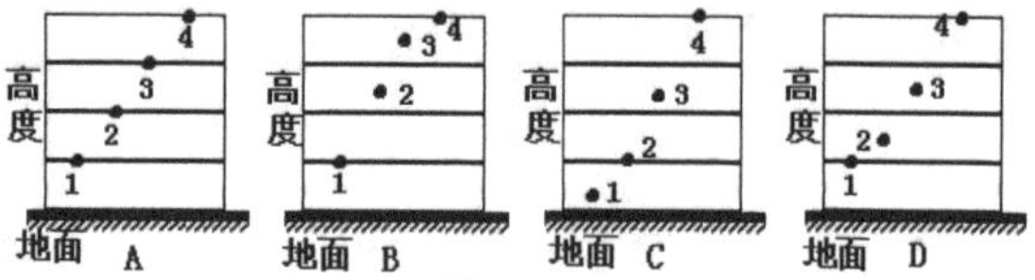

图2.6-6

【解析】解法1:设小球1经时间t落地,则小球2、3、4的下落时间分别为$2t$、$3t$、$4t$。由自由落体公式得

$$h = \frac{1}{2}gt^2$$

$$h_1 = \frac{1}{2}gt^2, h_2 = \frac{1}{2}g(2t)^2, h_3 = \frac{1}{2}g(3t)^2, h_4 = \frac{1}{2}g(4t)^2$$

则$h_1:h_2:h_3:h_4 = 1:4:9:16$

即第一个t内物体距离地面高度比为1,第二个物体距离地面高度比为4,第三个物体距离地面高度比为9,第四个物体距地面高度比为16,设图中每一层高度为h,$h_4 = 4h$,则$h_1 = h/4, h_2 = h, h_3 = 9h/4$,C项正确,故选C。

解法2:每隔相等的时间间隔小球依次碰到地面,可见第一个球经过t时间落地,第二球落地的时间为$2t$,依次$3t$、$4t$。反过来看,相当于一个小球每经过相等时间所到达的位置。可以知道相等时间间隔内的位移越来越大,所以从下而上,相邻两个小球之间的竖直位移越来越大。C正确,A、B、D错误,故选C。

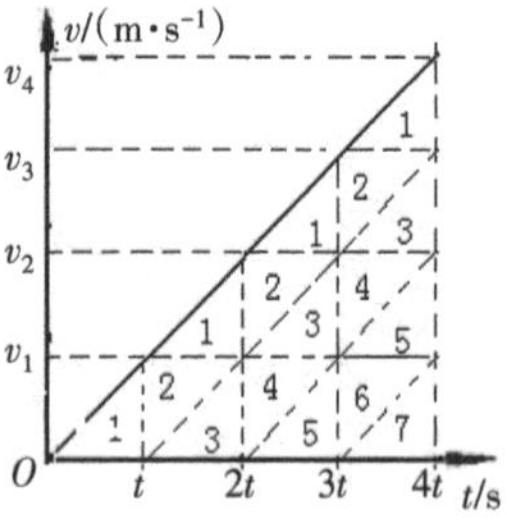

图2.6-7

解法3:图像法。画小球自由下落运动的速度-时间图像,如图2.6-7所示,从开始落下,相等时间内小球的位移关系$h_{\text{I}}:h_{\text{II}}:h_{\text{III}}:h_{\text{IV}}:=1:3:5:7$,显然,C项正确。

【创新思维】本题涉及自由落体运动、匀变速运动规律等知识点,情景新颖,重在考查推理能力、分析综合能力和运用数学处理物理问题的能力,体现了考试大纲中对"能够根据已知的知识和物理事实、条件,对物理问题进行逻辑推理和论证,得出正确的结论或作出正确的判断”“能够把一个复杂问题分解为若干较简单的问题，找出它们之间的联系”和“必要时能运用几何图形、函数图像进行表达及分析”的能力要求。解题时要先将题中的时间信息量化为 t、$2t$、$3t$、$4t$，再代入公式处理，进而将结论与图形建立联系。

四、创新“明理”

1.拓宽基石

除了老师课内的演示和同学们都做的探究实验之外，适当参与课外实践和创新实验，这可以大大提升动手实践能力和空间想象能力。同样，除了前面已经讲到的精读课本外，还需适当广泛阅读一些物理课外书刊。这种阅读可以开阔视野，扩充知识面，激发思维和想象，使自己的物理思维在更广阔的物理世界中翱翔。

【例6】(2002年高考上海卷)太阳从东方升起，西边落下，是地球上的自然现象，但在某些条件下，在纬度较高地区上空飞行的飞机上，旅客可以看到太阳从西边升起的奇妙现象。这些条件是(　　)

A.时间必须是清晨，飞机正在由东向西飞行，飞机的速率必须较大

B.时间必须是清晨，飞机正在由西向东飞行，飞机的速率必须较大

C.时间必须是傍晚，飞机正在由东向西飞行，飞机的速率必须较大

D.时间必须是傍晚，飞机正在由西向东飞行，飞机的速率不能太大

【解析】综合地理知识、物理运动学知识：

(1)地球上的晨昏线。如图2.6-8(1)所示为地轴线为竖直位置画的地球示意图，为了便于说明问题，再从地球北极沿着地轴线画所谓“俯视图”，如图2.6-8(2)所示，此时圆周为赤道。地球自西向东自转(如图2.6-8(1)箭头所示)，则 O_1aAO_2 为晨线，O_1bBO_2 为昏线。太阳光照射在地球上，左半球上为黑夜，右半球上为白天。

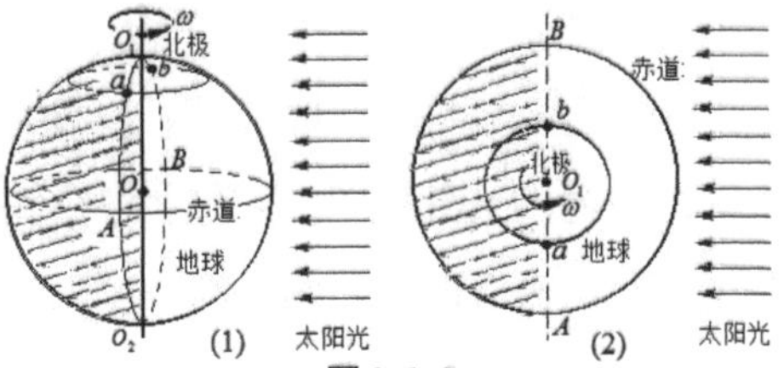

图2.6-8

(2)地理方位和人们习惯感觉的方位。本题涉及的方位是以地面作参考系而感受的方位：顺着地球自转方向运动称为向东，逆着地球自转方向运动称为向西。

(3)地球自转的线速度。$v = \omega \cdot r$，地球某处的线速度与该处到地轴的距离成正比，纬度愈高线速度愈小。

若在纬度较高的 a 点(在晨线上)"飞机向东(如图上向右)飞行,旅客看到的太阳仍是从东方升起。设飞机对地心的速度为 v,地球在该点的自转线速度为 $v_{自}$,在 a 点,飞机向西(如图上向左)飞行时,若 $v_{自}>v$,飞机处于地球上黑夜区域;若 $v<v_{自}$,旅客看到的太阳仍从东边升起。在同纬度的 b 点(在昏线上),飞机向东(如图上向左)飞行,飞机处于地球上黑夜区域,旅客看不到太阳;飞机向西(如图上向右)飞行,若 $v<v_{自}$,飞机在黑夜区域,若 $v>v_{自}$,旅客可看到太阳从西边升起,此时飞机逆着地球自转方向运动,人们习惯感觉的方位是向西。因此,飞机必须在傍晚由东向西飞行并且速度要足够大,其速度大于地球自转速度,才能"追上将要落山的太阳",看到太阳从西天升起的奇妙现象。正确选项只有C。

【创新思维】随着高考模式的改革,物理学习过程不能仅仅局限于掌握本学科知识,还要注重横向联系,涉及处理其他学科与本学科有关联的问题。该题立意新颖,理解地球上的晨昏线和飞机飞行的相对方位,是本题解题的关键。

2.学会创新

新课标的引领,高考题的导向,要求我们学会创新,才能无往不胜。高考题的研究不能停步,特别是高考压轴题,离不开一个"新":"探究"求"新","陈题"翻"新","题景"创"新","STS"更"新"。所以,我们除了要加强应用性、科学方法、科学精神和人文精神的学习,还需要用创新思维来武装自己。

准备一本笔记本,记下好题精华,还有疑点、盲点提醒,我们称之为"妙题本"。1981年屯溪一中毕业生胡洪波(本书序作者)被北京大学录取后,将他的妙题本送给了我,我给后来的很多同学都分享到他的创新学习精神和经验。

下面通过几个例子大略介绍一下创新思维在物理学习中的应用。

(1)求异思维。

【例7】气球下挂一重物,以 $v_0=10\ \text{m/s}$ 匀速上升,当达到离地面高175 m处时,悬挂重物的绳子突然断裂,那么重物经多长时间落到地面?落地速度多大?(空气阻力引起重物加速度的变化为0.2 m/s^2)

【解析】分段法处理。重物上升阶段,

$$g'=g+\Delta a=9.8\ \text{m/s}^2+0.2\ \text{m/s}^2=10\ \text{m/s}^2$$

上升时间 $t=\dfrac{v_0}{g'}=\dfrac{10\ \text{m/s}}{10\ \text{m/s}^2}=1\ \text{s}$

上升高度 $v_0{}^2=2g'h_1$,$h_1=\dfrac{v_0{}^2}{2g'}=\dfrac{(10\ \text{m/s})^2}{2\times10\ \text{m/s}^2}=5\ \text{m}$

重物下降阶段，下降距离$H = h_1 + h$=5 m + 175 m = 180 m

下降阶段加速度为$g'' = g - \Delta a = 9.8\ \mathrm{m/s^2} - 0.2\ \mathrm{m/s^2} = 9.6\ \mathrm{m/s^2}$

由$H = h_1 + h = \frac{1}{2}g''{t_2}^2$解得

下落时间$t_2 = \sqrt{\frac{2(h_1 + h)}{g''}} = \sqrt{\frac{2 \times (5\ \mathrm{m} + 175\ \mathrm{m})}{10\ \mathrm{m/s^2}}} \approx 6.1\ \mathrm{s}$

落地速度$v = g''t_2 = 9.6\ \mathrm{m/s^2} \times 6.1\ \mathrm{s} = 58.6\ \mathrm{m/s}$

故从绳断到重物着地总时间$t = t_1 + t_2 = 1\ \mathrm{s} + 6.1\ \mathrm{s} = 7.1\ \mathrm{s}$。

【创新思维】本题是将一道旧题修改为在考虑空气阻力条件下，绳子断裂后重物上升和下降的加速度大小已经不同，下降阶段再也不能看作是竖直上抛运动的继续了。面对这种微小的变化需要求异思维，“对症下药”处理，不可再用全程法。

(2)比较思维。

如图2.6-9所示，形状相同的x-t图像和v-t图像，比较图中①②③④⑤⑥等处的不同，有效地加深对图像的理解。(请读者自行比较)

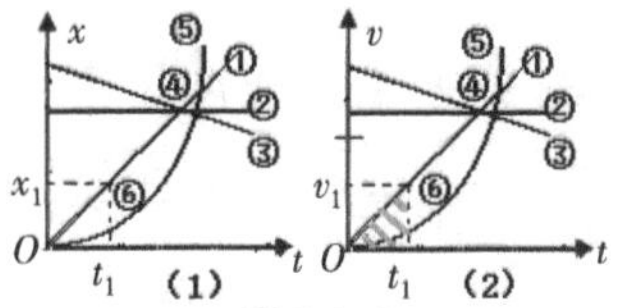

图2.6-9

【例8】两道题：

(1)(多选题)如图2.6-10为甲、乙两物体相对于同一参考系的x-t图像，下列说法中正确的是(　　)

A. 甲、乙两物体出发点相距x_0

B. 甲、乙两物体都做匀速直线运动

C. 甲物体比乙物体早出发的时间为t_1

D. 甲、乙两物体同方向运动

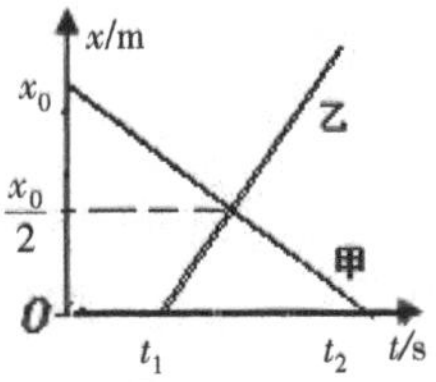

图2.6-10

【解析】本题考查x-t图像的特点，由题意可知甲物体在t=0时的位移为x_0，而乙物体在t=0时的位移为0，则两物体最初相距x_0，故A项正确；由x-t图像可知，两物体的x-t图像均为倾斜直线，所以两物体都做匀速直线运动，B项正确。甲物体的位移随时间越来越小，其x-t图像斜率为负值，而乙物体的x-t图像的斜率为正值，说明两物体速度方向相反，D项错误；甲物体t=0时开始沿与规定正方向相反的方向做匀速运动，而乙物体从t=t_1时刻开始，沿与规定正方向相同的方向做匀速直线运动，故C项正确。答案：A、B、C。

【创新思维】x-t图像中的倾斜直线表示物体做匀速直线运动，斜率的大小表示速度大小，斜率为正表示速度方向与规定正方向相同，斜率为负表示速度方向与规定正方向相反，图线在x轴的截距表示初始时刻物体初始位置距坐标原点的距离大小和方向。

(2)(多选题)图2.6-11为A、B两物体做直线运动的v-t图像,由图可知(　　)

A.t_1时刻A、B两物体速度大小相等,方向相反

B.t_1时刻两物体的加速度大小相等,方向相反

C.t_2时刻物体A的速度大于物体B的速度,二者方向相同

D.t_2时刻物体A的加速度小于物体B的加速度,二者方向相反

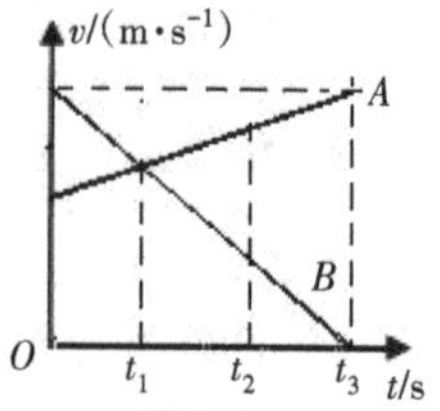

图2.6-11

【解析】由图像可知A、B两物体运动过程中加速度不变,由$a=\dfrac{\Delta v}{\Delta t}$可知$B$的加速度大小大于$A$的加速度大小故B选项错误;$A$的加速度,即直线的斜率为正值,$B$的加速度,即直线的斜率为负值,$A$、$B$两物体加速度方向相反,故D选项正确;由图可知,$t_1$时刻$A$、$B$两物体速度大小相等,方向相同,故A选项错误;由图像可知,C选项正确。答案:C、D。

(3)发散思维。

【例9】一个小球做匀加速直线运动,在相邻的各一秒内通过的位移分别为1.2 m和3.2 m,求小球的加速度和上述各秒末的速度。

【解析】根据题意画出草图(如图2.6-12所示),标上已知和未知条件,使题述的物理情景更形象。

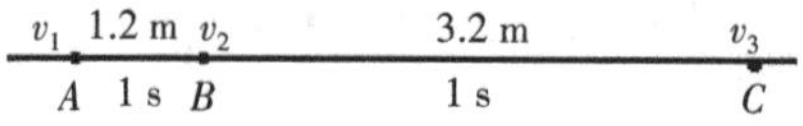

图2.6-12

根据题意和图示可看出题中欲求v_1、v_2、v_3和a,题意并没说初速度为零,只知每段用时1 s,$s_{AB}=1.2\text{ m}$,$s_{BC}=3.2\text{ m}$。在这种情况下只能通过列联立方程求解。

解法1:利用基本公式求解。

$s_{AB}=v_1t+\dfrac{1}{2}at^2$,即$1.2=v_1+\dfrac{1}{2}a$　①

$s_{BC}=v_2t+\dfrac{1}{2}at^2$,即$3.2=v_2+\dfrac{1}{2}a$　②

$s_{AC}=v_1(2t)+\dfrac{1}{2}at^2$,即$4.4=2v_1+2a$　③

三式联立得$v_1=0.2\text{ m/s}$,$v_2=2.2\text{ m/s}$,$a=2\text{ m/s}^2$,$v_3=v_2+at=2.2\text{ m/s}+2\text{ m/s}^2\times1\text{ s}=4.2\text{ m/s}$。

解法2:利用平均速度公式求解。

因为缺a,所以利用平均速度表达位移就可避开a。因为本题是匀变速直线运动,

$\therefore\dfrac{s}{t}=\dfrac{v_0+v_t}{2}$,即$s=\dfrac{v_0+v_t}{2}\cdot t$

则AB段：$s_{AB}=\dfrac{v_1+v_2}{2}\cdot t$，即$1.2=\dfrac{v_1+v_2}{2}$ ①

BC段：$s_{BC}=\dfrac{v_2+v_3}{2}\cdot t$，即$3.2=\dfrac{v_2+v_3}{2}$ ②

AC段：$s_{AC}=\dfrac{v_1+v_3}{2}\cdot(2t)$，即$4.4\ \text{m/s}=v_1+v_3$ ③

三式联立可求得v_1=0.2 m/s，v_2=2.2 m/s，v_3=4.2 m/s

由位移公式得$a=\dfrac{2(s_{AB}-v_1t)}{t^2}=\dfrac{2(1.2\ \text{m}-0.2\ \text{m/s}\times 1\ \text{s})}{(1\ \text{s})^2}=2\ \text{m/s}^2$。

解法3：利用v–t图像求解。首先画出v–t图像示意图（如图2.6–13所示）第一段位移s_1=1.2 m，该段平均速度即是该段中间时刻的速度

$$v_M=\frac{s_{AB}}{t_1}=\frac{1.2\ \text{m}}{1\ \text{s}}=1.2\ \text{m/s}$$

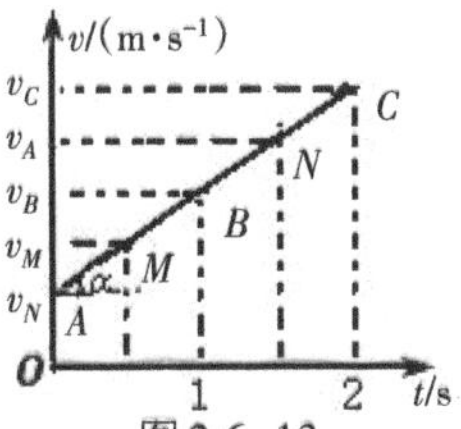

图2.6–13

同理，第二段的平均速度$v_N=\dfrac{s_{AB}}{t}=\dfrac{3.2\ \text{m}}{1\ \text{s}}$=3.2 m/s

显然$v_B=\dfrac{v_M+v_N}{2}=\dfrac{1.2\ \text{m/s}+3.2\ \text{m/s}}{2}$=2.2 m/s

而$v_M=\dfrac{v_A+v_B}{2}$，解得v_A=0.2 m/s

同理$v_N=\dfrac{v_B+v_C}{2}$，解得v_C=4.2 m/s

由图可得$a=\tan\alpha=\dfrac{\Delta v}{\Delta t}=\dfrac{2.2\ \text{m/s}-0.2\ \text{m/s}}{1\ \text{s}}=2\ \text{m/s}^2$。

解法4：如果能记得在利用打点计时器求物体的加速度时得出的规律，解此题最简单，即相邻相等时间段的位移差等于常数。

由匀变速直线运动的推论公式$x_n-x_{n-1}=aT^2$，代入数值得3.2 m−1.2 m=$a\cdot$1 s^2，得a=2 m/s^2。这样各时刻的速度就很容易求出，不再赘述了。

【创新思维】通过以上例题我们可以看出，有时利用平均速度公式、运动学推论和v–t图像来解题，可以使解法大为简化。同学们在解运动学问题时，要广开思路，多思考一些解题方法，对培养我们的创新思维大有裨益。

（4）多角度思维（设计型实验）。

理科综合考试说明中对实验能力提出了"能运用已学过的物理理论、实验方法和实验仪器去处理问题，包括简单的设计性实验"。设计性实验需要我们在原有基础知识和技能的基础上创新。

实验的设计思想是为了解决问题而思维的结果，对于课本上大量的探究实验，应积极从中汲取设计思想的营养。为此，一是要注重“双基”，为迁移奠定好基础；二要适度拓展，培养创新能力和知识迁移能力。

【例 10】请利用自由落体运动的规律，借助下列器材设计制作一个研究自由落体运动的实验。器材如下：小型电扇电机一个，电动机铭牌上标有“1200 r/min”字样，毛笔一支，圆木棒一根，白纸一张，另提供少许附属器材。

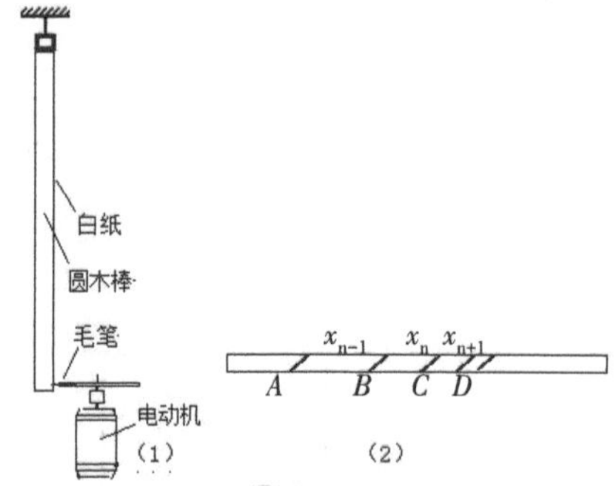

图 2.6-14

【解析】(1)制作方法：圆木棒外表面糊一张白纸，将其悬挂起来(用电磁铁或绳子)，相当课本实验的纸带和重物。小型电扇电机转轴上固定一支蘸有墨汁的毛笔，毛笔可以随电动机在水平面内转动，将其靠近木棒，让毛笔能在圆柱棒外表面的白纸上画出记号即可。一个研究自由落体运动的实验装置设计完成，如图 2.6-14(1)所示。

用细线悬挂包有白纸的圆木棒，毛笔固定在电动机轴上并随之转动，相当于打点计时器。当烧断悬挂圆木棒的线后，圆木棒竖直自由下落。毛笔就在棒表面的纸上画出记号，如图 2.6-14(2)所示，让毛笔接触棒时不影响棒的运动。测得记号之间的距离，依次为x_{n-1}、x_n、x_{n+1}…，则可以计算木棒下落的瞬时速度和加速度。

(2)实验原理：类似于打点计时器，蘸有墨汁的毛笔随电动机转一圈就在圆木棒表面的纸上画出一个记号，当烧断悬挂圆木棒的线后，圆木棒竖直自由下落。毛笔就在圆木棒表面的纸上每经过$T=\frac{1}{n}=\frac{1}{1\,200}\text{ min}=0.05\text{ s}$画一个记号，结果类似打点计时器打出的一系列点，在棒面的纸上画出一系列记号，并测得这些记号之间的距离x，就可达到实验目的。

(3)数据处理：利用匀变速直线运动的推论，可计算出打出某记号时圆木棒运动的瞬时速度$v_c=\frac{(x_n+x_{n+1})}{2T}$和加速度$a=\frac{\Delta x}{T^2}=\frac{x_n-x_{n+1}}{T^2}$。

【创新思维】了解该实验装置的原理，它类似于打点计时器，蘸有墨汁的毛笔随电动机转一圈就在圆木棒面的纸上画出记号，这就像打点计时器每隔一定时间在纸带上打一个点。利用匀变速直线运动的推论，可计算出打出某记号时圆柱棒运动的瞬时速度，还可算出落棒的加速度。

该实验是根据打点计时器的特点和实验原理进行设计的新的实验装置，数据的处理思路与打点计时器打出来的纸带处理相同，但是实验的设计方案不同。

探究篇

创新思维

3.1 从“自由落体运动”的教学实践看创新教学

整个教学过程，不是把学生运载到知识王国，而是引发学生运动到科学彼岸，这是我们创新教学的宗旨。说到底，就是要使自己的课堂教学从“运载”过渡到“运动”，让学生从“被动接受”变为“主动探究”。不仅使学生知识学得扎实，而且能力也得到很大提高。这里通过“自由落体运动”教学设计，阐明创新教学脉络。

一、新课引入

新课一开始，教师指出：“前面我们学习了匀变速直线运动的规律，今天我们再来具体学习匀变速直线运动的一个特例——自由落体运动。”言简意赅的开场白，迅速导出这节课的主题，开门见山。

接着从研究物体常见的下落运动开始，教师立即提出“不同物体的下落运动，快慢的情况是否相同？”让学生讨论，大多数同学可能认为物体越重，下落越快。这种普遍认为物体下落快慢是由重量决定的印象，不足为怪，大学者亚里士多德就一直坚持这个观点。打破这种错误印象并不是一件容易的事，不可能依靠三言两语就可达到目的，我们需要通过几组探究实验才能说明事实。

教师先演示从同一高度同时释放一块金属片和一张纸片，结果金属片比纸片下落得快，换用金属块和小羽毛重做一次，结果跟学生的错误印象相同，好像物体越重，下落越快。

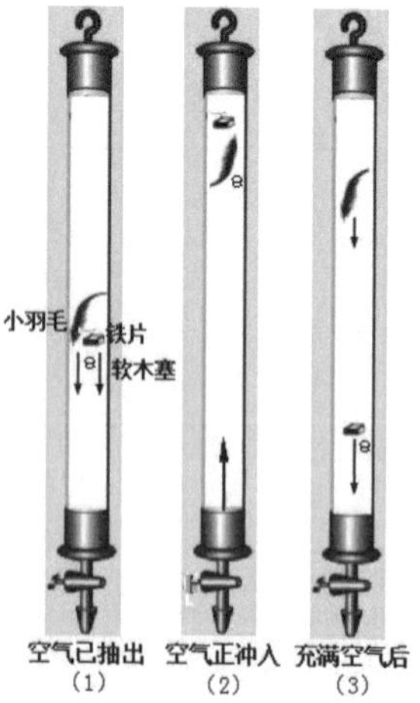

图 3.1-1

此时，教师提出“物体越重，是不是下落越快呢？”并立即表演用牛顿管演示物体在空气中和真空下落情况的实验。课前将管已抽成真空，如图 3.1-1(1)所示，操作牛顿管演示时，现象显示铁片、软木塞、小羽毛同时落下，学生顿觉莫名其妙。让学生踌躇片刻后，教师再把牛顿管置于竖直位置，如图 3.1-1(2)所示，此时抽气口朝下，开启抽气阀门，只见进气把小羽毛从下端吹飘起来，学生立马醒悟刚才实验管内空气已经被抽出，铁片、软木塞、小羽毛均在没有空气的情况下落下的。如图3.1-1(3)所示，重做上述实验，铁块、软木塞又先落下，小羽毛缓缓在后。牛顿管演示实验如此策划，提高了实验的探究性，进一步调动学生观察现象、思考本质的积极性。

接下来，可以让学生利用手边的纸片、橡皮之类进行探索性实验，教师巡回指导，并让实验方法正确的学生进行小结，培养学生利用物理语言归纳总结规律的能力。在此基础上，教师评议并连续做如下几个实验(如图3.1-2所示)。

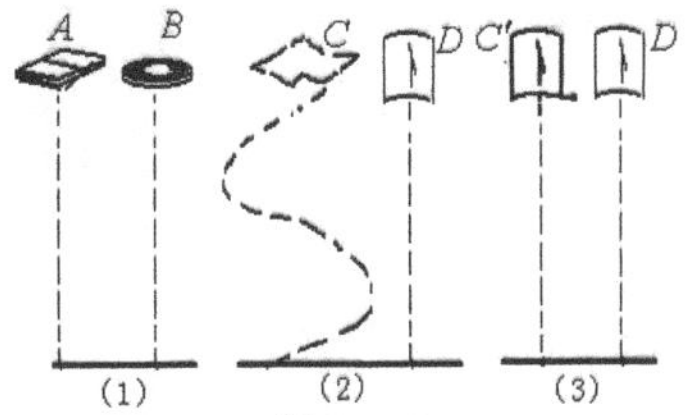

图3.1-2

首先，将纸片折叠成与金属片B一样大小的叠纸A，或将纸片搓成团状，再与金属片同时从等高处释放落下，二者同时落地。

其次，用两张相同的纸片，一张纸片C平托手中，另一张捏成瓦片形纸片D竖直夹着，让它们从等高处同时释放下落。再将两纸片对换重复一次实验，结果表明，平托纸片C后落地。

最后，将平托纸片C捏成瓦片形纸片C'竖直夹着，另一张捏成瓦片形纸片D竖直夹着，让它们从等高同时释放下落，结果表明二者同时落地。

以上教师演示实验和学生自己随堂的探索实验，在不断变换中激起学生反复比较、应变思考，逐渐领悟在空气中由于空气阻力的影响，使物体下落的快慢不同。当空气阻力小到可忽略时，或空气对几个比较之物的阻力大致相等时，质量不同之物，下落快慢就几乎相同。学生得出结论：没有空气阻力的情况下，轻重物体下落得一样快。

二、新课展开

按照教材的安排，该节分为两大部分，即自由落体运动和自由落体加速度。通过新课的引入，牛顿管对物体在空气中和真空中的下落情况的演示以及师生探索实验，自然导出第一大部分自由落体运动的课题。这里明确我们研究的是一种简单情况下从静止开始的物体下落运动，即在没有空气阻力影响下从静止开始物体下落运动，也就是只在重力作用下从静止开始的物体下落运动，这就是自由落体运动。下面紧接着需要解决的问题：自由落体运动是什么性质的运动？

很多新教师能通过讲解、实验，引导学生学习自由落体运动定义和自由落体运动的性质，用打点计时器研究自由落体运动的实验操作比较规范(如图3.1-3所示)，但是缺乏引领学生一起探究。因此，建议如下处理：

(1)　(2)
图3.1-3

自由落体运动的定义可以由前面的教学水到渠成，自由落体运动是一个什么性质的运动呢？这就需要通过实验师生共同探讨。实验操作可以边做边讲，定量分析需要在课前准备。

教师备课还要备实验，先后分别系不同质量的重物做实验，打出三条纸带，测量相关数据，画出v–t图像，计算出加速度。课堂上交代仿照前面对小车运动的研究方法，给出v–t图像，让学生温故知新，考虑图像反映的是什么运动？师生共同得出结论：自由落体运动是初速度为零的匀加速直线运动。

那么，教师接着提出"自由落体运动加速度是多大呢？""用什么样的手段和方法来研究自由落体运动的加速度呢？"引导学生对本节第二部分重力加速度的学习。

由前可知，用打点计时器研究自由落体运动的实验是一种手段，其过程：

(1)如图3.1–4所示，用手捏住纸带上端把纸带拉成竖直状态，并使重物停在靠近打点计时器处。先接通电源，再松开纸带让重物自由下落，打点计时器在纸带上打下一系列的点。

(2)测量纸带上计数点间的距离h，利用$g=\frac{h_n-h_{n-1}}{T^2}$求出$g$。

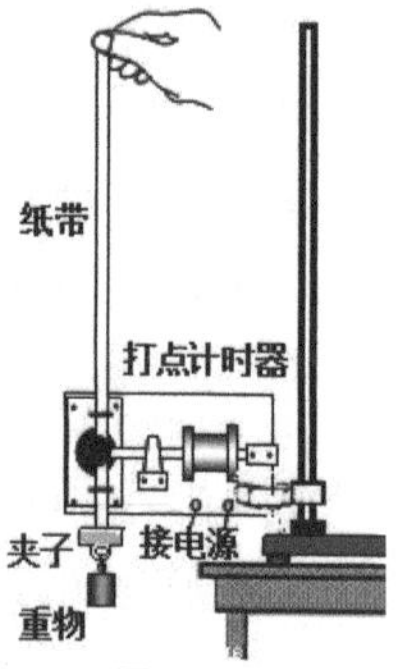

图3.1–4

学生将根据v–t图像和三条纸带的测量数据，分别计算出加速度，将演算过程在黑板上板演。教师提出：比较三个结果，可以得出什么结论？思考片刻共同得出"同一地点，不同质量的物体加速度都是一样的，即重力加速度"，从而将重力加速度的概念引向深入。

我们不仅要教会学生知识，还要引领学生学会学习，学会科学探究的方法，始终把科学探究能力的培养渗透到教学的各个环节。

三、新课拓宽

教学过程不能离开教材，依据新课程标准和新课标教材，真正领会编者的意图，又不能拘泥于新课标教材，要有所超越。课后练习有涉及其他测定重力加速度的实验方法，可以拓宽教学，抛出几种方法：频闪摄影法、滴水法、落棒法等。简单介绍两种与学生共同讨论，其他让学生通过课后作业自学。

1.频闪摄影法

频闪摄影是研究变速运动常用的一种实验手段。方法是在暗室中，照相机的快门处于常开状态，频闪仪每隔一定时间T(s)发出一次短暂的强烈闪光，照亮运动的物体，于是底片上记录了物体在几个闪光时刻的位置。

如图3.1–5所示是指导教师自己制作的小球自由下落时的频闪照片。通常可以利用这幅频闪照片测量的数据，通过以下途径求得自由落体运动加速度。

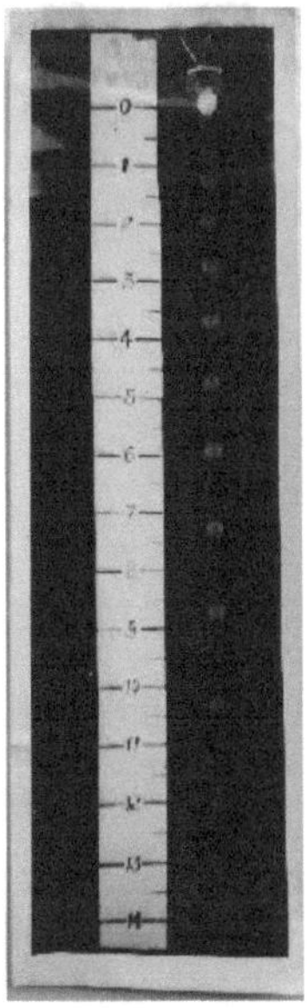

图3.1–5

方法1：利用公式$h=\frac{1}{2}gT^2$计算重力加速度g的大小，即$g=\frac{2h}{T^2}$。

方法2：利用$v_{\frac{t}{2}}=\bar{v}=\frac{x}{t}$计算出各时刻的速度$v$，作出$v-t$图像。再利用$v$-$t$像的斜率计算重力加速度的大小，即$g=\frac{\Delta v}{\Delta t}$。

也可根据$v_{\frac{t}{2}}=\bar{v}=\frac{x}{t}$，求出物体在某一时刻的速度$v$，再由$v=v_0+gt$求出$g$。

方法3：作出$\frac{1}{2}v^2-h$图像，再利用$\frac{1}{2}v^2-h$图线斜率计算重力加速度的大小。

方法4：利用逐差法$\Delta h=gT^2$，计算重力加速度$g=\frac{\Delta h}{T^2}$。

2.滴水法

在自来水龙头下面固定一挡板，如图3.1–6所示，仔细调节水龙头，使得前一个水滴滴在挡板上的同时，下一个水滴刚好开始下落。首先量出水龙头口离挡板的高度h，再用秒表计时，即当听到某一水滴滴在挡板上的声音的同时，开启秒表计时，并数“1”，以后每听到一滴水声，依次数“2、3、4…”，一直数到“n”时，按钮停止计时，读出秒表的读数t。由测量数据可得，水滴从水龙头口到挡板所用的时间$t'=\frac{t}{n-1}$①，水滴下落高度$h=\frac{1}{2}g(t')^2$②，由①②解得重力加速度$g=\frac{2h(n-1)^2}{t^2}$。

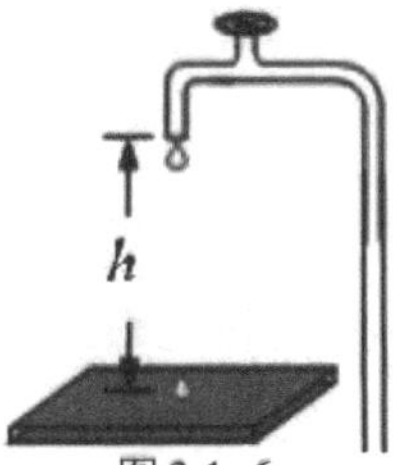

图3.1–6

3.2 学生分组实验的问题与对策

物理学是一门以实验为基础的学科，实验教学既是物理教学中很重要的一个方面，也是获取物理知识的一个重要手段。上好实验课，做好分组实验，是提高物理教学质量的关键。

对新教师来说，分组实验课难度要大一些。我们通过新教师“探究小车速度随时间变化的规律”预备课、现场课的讲、评，剖析和归纳学生分组实验的问题与对策。

一、存在问题

（1）重视不够。可以说不少中学对实验教学重视不够，对学生分组实验，更是十分被动。

（2）教师生疏。一般教师自己没有充分准备实验，本身操作不熟练，学生做实验出现故障，无法迅速排除。

（3）学生无底。不少学生不预习实验，没有弄清楚实验目的、步骤和方法，就进实验室做实验。少数学生面对仪器不知从哪里下手，多数学生对实验比较感兴趣，能认真对待分组实验。

（4）缺乏探究。学生自己做实验，初衷是激发探究的兴趣，让学生边动手、边思考、边讨论，逐步培养科学探究能力。然而，学生为了完成实验，操作往往只停留在依据步骤、按部就班完成的水平上，师生缺乏互动，学生达不到探究训练的目的。

二、教学对策

1. 充分提高对物理实验重要性的认识

实验题约占高考物理试题的14%，但每年实验题的得分率一般都不高，最主要的原因是不重视实验和传统的实验教学观造成的。长期以来，很多学校忽视了以实验为载体来培养学生多种能力和素质品质。

高考实验题的改革方向，就是努力将亲手做过实验的和没有做过实验的区别开来，让“黑板上开机器”“纸上谈兵”式的实验教学失去市场。近几年高考实验题分两个小题，第一小题可能是实验的操作、仪器的使用，比如卡尺的读数、一些实验的步骤、关键实验器材的选择等，基本上都属于课内的内容；第二小题难度大一些，命题活一些，设问新一些，探究、设计性多一些。这类题多取材于课本，但不限于课本。

因此，我们必须在思想观念上重视物理实验，加强基本仪器使用的实践，做到真正理解实验原理。在进行基础物理实验的前提下，增加设计性和探究性实验的训练，注意实验设计、探究能力和创新能力的培养，加强对学生实验设计能力的培养和创新思维的开发，有意识地培养学生的创新意识。

2.充分准备好分组实验课

学生分组实验是提高实验能力的重要途径，无论从培养创新人才来说，还是从高考导向来说，都需要加强分组实验。教师应有高度的责任心、严谨的治学态度、扎实的教学技能，尽心尽职。实验课前一周，组织、摆好实验教学所用的仪器，对于仪器需要认真检测，特别是打点计时器，必须逐个检查、调试，及时发现和避免实验操作过程中可能发生的故障。

精心设计实验课，充分发挥教师在实验教学中的主导作用，课上需要巡回指导，巧妙整合，确保实验顺利进行，指导全体学生实现目标。

教师在实验教学中的主导作用主要体现在三个方面：

(1)知识性。在学生动手操作之前，教师要阐明实验目的、原理、过程，指导学生掌握仪器性能、工作原理以及实验注意事项等。

(2)技能性。学生首次接触和使用打点计时器的时候，教师要介绍正确使用仪器的方法和重要的保养知识，并且做正规操作示范，要求学生掌握正规操作要领。特别是使用交流电源，还要进行必要的安全教育，提示学生当实验过程中出现意外情况时，要采取哪些急救措施，如打点计时器冒烟、有过载指示或者有非正常发热等情况时，应立即切断电源。

(3)创新性。主要是指导学生利用观察到的现象、记录的资料和算出的结果，综合推理，得出正确的结论，分析误差原因，完成从实践到理论的探索过程，并逐步要求学生独立写出实验报告和实验总结。这里要启发学生发现问题、提出问题。一旦条件变了，对象变了，学生可能会无所适从，因此教师要引导学生动手动脑、善于设想、善于思考，以不断提升分析能力及创新思维能力。

3. 充分调动学生做实验的积极性

实验课之前的一节课，就是“探究小车速度随时间变化的规律”实验理论课，教师的教学内容应包含下列五个方面：

（1）复习使用打点计时器，熟悉其构造、原理和操作方法。

（2）根据相关实验器材，介绍实验装置并演示实验操作。

（3）复习纸带的处理，如何测量点间距并计算各瞬时速度。

（4）设计表格并用表格记录和处理数据。

（5）用 v-t 图像处理数据，描述物体运动规律。

图 3.2-1

实验课一开始，教师借助“探究小车速度随时间变化的规律”实验装置（如图 3.2-1 所示）及幻灯片再一次回顾实验要领。

实践证明，这样的复习引领，极大地提高了实验课的效率。

4. 充分启发学生在探究训练中提高实验能力

分组实验中，教师要让学生经历探究过程，学习探究方法，培养探索精神、实践能力及创新意识。

（1）巡回指导。实验过程中，学生是主体，处于积极主动的地位，应让学生的智慧、才能充分表现出来，独立思考，自己动手，协作配合。教师的作用是及时巡视，掌握实验进程、正规操作情况，看看各组读数、记录是否及时、正确，同组学生配合协作得如何，发现问题及时指点纠正等。对于实验中遇到的困难，尽量鼓励学生克服，不包办代替，对于确实有一定难度的问题，及时给予帮助。

（2）注意互动。密切关注课堂大局，注意每组实验状况，及时把有代表性的问题提出来让全班同学参与讨论，教师引导、评议。分组辅导中承认学生的水平与能力的差异，因材施教，调动全体学生做好实验。

（3）把培养探究能力贯穿实验课始终，实验课上提出一系列探究问题，将实验引向深入。

（4）实现实验目标。明确实验目的，理解实验原理和方法，学会正确使用打点计时器进行测量，会控制和排除实验故障，会分析处理实验数据并得出正确结论，了解误差和有效数字的概念，会独立地撰写简要的实验报告。

实验操作结束后，不忘清点仪器，整理实验桌，仪器如有损坏，需要登记赔偿，养成良好的实验品格。

3.3 从“探究加速度与力、质量的关系”实验中领会探究

“探究加速度与力、质量的关系”实验课，被编入新教材中，在相应物理规律的学习之中，以实验参考案例引入分组实验。这样的安排，引导我们通过实验探究不仅获得物理知识、提高实验能力，更让我们领会探究的实质，训练和培养探究、创新精神。

根据新课程标准对科学探究及物理实验能力的基本要求，本节学生应弄清“几个关键探究点”，然后进一步领会“探究创新思想指导下的学习进程”。

一、几个关键探究点

老师给学生创设一个探究问题的情境是关键，新颖的问题情境对学生可以产生较大的吸引力，激发学生学习的兴趣。新颖的问题应贴近学生的认知水平，联系生活实际，是与实验的目标密切联系的情境。

(1)“探究加速度与力、质量的关系”实验课题是怎么提出的？在学习牛顿第一定律后，了解为什么要探究加速度与力、质量的关系？

牛顿第一定律告诉我们：物体的运动状态及其改变是由它所受的力决定的，而不是因为其他的因素，而运动状态改变的难易程度又与其自身的质量有关。我们知道加速度是描述物体运动状态变化的基本物理量，物体运动的加速度一定是由物体所受的力以及自身的质量决定的。于是，探究加速度与力、质量的定量关系就是自然而又十分必要的。

(2)加速度与力、质量间可能是什么样的关系？可以从一个定性问题的讨论开始：

竞赛汽车质量与一般小汽车差不多，但却安装了强大的发动机，获得巨大的牵引力，加速得快，即加速度大。

空载的汽车，在牵引力 F 作用下，质量小，加速得快，即加速度大；满载的汽车，同样的牵引力 F 作用下，质量大，加速得慢，即加速度小。

自然得出定性的结论：力是改变运动状态的原因，力大运动状态容易改变，而运

动状态的改变快慢是用加速度来描述的，因此力大，加速度大；质量是惯性大小的量度，质量大，惯性大，运动状态难改变，即加速度小。

(3)物体的加速度与它受的力、质量到底有什么定量关系？

为了有效地定量分析，让我们回忆一下，初中物理学中对于多因素（多变量）的问题，常常采用控制因素（变量）的方法，把多因素的问题变成多个单因素的问题。每一次只改变其中的某一个因素，而控制其余几个因素不变，从而研究被改变的这个因素对事物的影响，分别加以研究，最后再综合解决，这种方法叫控制变量法。它是科学探究中的重要思想方法，广泛地运用在各种科学探索和科学实验研究之中。控制变量法是中学物理中常用的探索问题和分析解决问题的科学方法之一。

我们应用这种方法，处理加速度与力、质量三个量之间的关系。

首先，保持质量一定的条件下，探究加速度与力的关系。现保持质量一定的条件下，提供一个对应不同力时加速度的实验数据表（如表3.3-1所示），你能不能找到加速度与力的关系？

表3.3-1 实验数据表

序号	1	2	3	4	5
加速度 $a/(\mathrm{m\cdot s^{-2}})$	2.52	4.20	5.16	6.00	
力 F/N	0.76	1.26	1.54	1.79	

根据“探究加速度与力的关系”的实验数据，进一步用图像法探究，画出 a–F 图像。如图3.3-1所示图像是一条通过原点的直线，这说明什么？

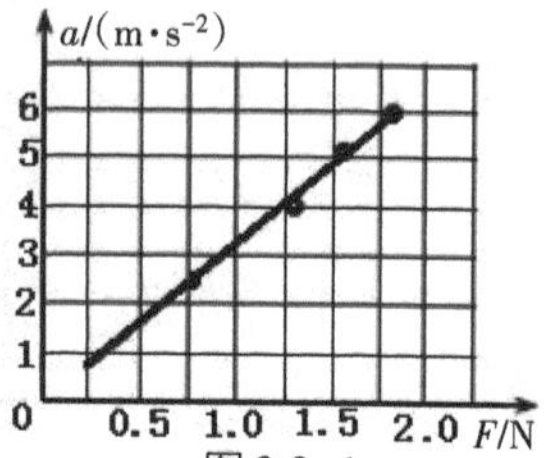

图3.3-1

我们比较顺利地得出：a 与 F 成正比。

其次，如果在保持力一定的条件下，提供一个对应不同小车质量 M 的加速度的实验数据表（如表3.3-2所示），你能不能找到加速度与质量的关系呢？

表3.3-2 实验数据表

序号	1	2	3	4	5	6	7	8	9
小车加速度 $a/(\mathrm{m\cdot s^{-2}})$	1.98	1.72	1.48	1.25	1.00	0.75	0.68	0.50	0.30
小车质量 m/kg	0.25	0.29	0.33	0.40	0.50	0.71	0.75	1.00	1.67
小车质量的倒数 $\frac{1}{m}/\mathrm{kg^{-1}}$	4.00	3.45	3.03	2.50	2.00	1.41	1.33	1.00	0.60

这一问题就不那么简单了，是不是根据“探究加速度与质量的关系”的实验数据，

也用图像法探究呢？让我们展开联想与想象，大胆进行猜想与假设。

结果画出 $a-m$ 图像，如图3.3-2(1)所示。因为 $a-m$ 图像是曲线，检查 $a-m$ 图像是不是双曲线，就能判断它们之间是不是反比例关系，但检查这条曲线是不是双曲线，相当困难。若 a 和 m 成反比，则 a 与 $\frac{1}{m}$ 必成正比。我们采取“化曲为直”的方法，以 a 为纵坐标，以 $\frac{1}{m}$ 为横坐标，作出 $a-\frac{1}{m}$ 图像。若 $a-\frac{1}{m}$ 图像是一条直线，如图3.3-2(2)所示，说明 a 与 $\frac{1}{m}$ 成正比，即 a 与 m 成反比。

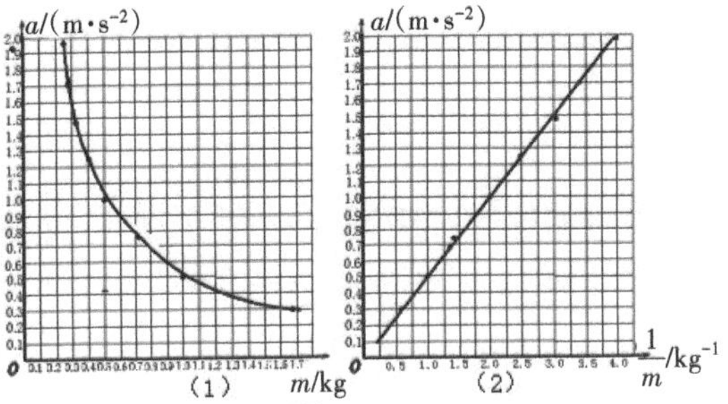

图3.3-2

(4)怎样测量(或比较)物体的加速度？怎样提供并测量物体所受的恒力？

(5)实验中哪些事项需要注意？

(6)由实验结果得出怎样的结论？

二、探究创新思想指导下的学习进程

实验“探究加速度与力、质量的关系”是必修一的第三个学生分组实验。

1.定性讨论

(1)速度 v——描述物体运动状态的物理量 $v=\frac{\Delta x}{\Delta t}$。

(2)加速度 a——描述物体运动状态变化快慢的物理量 $a=\frac{\Delta v}{\Delta t}$。

(3)加速度与什么有关：

①a 与 F 的关系(m 相同的条件下，如图3.3-3所示)：

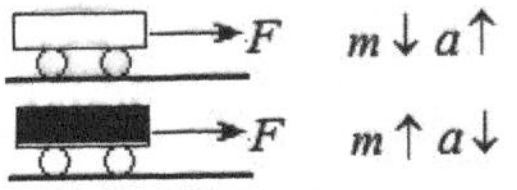

图3.3-3

竞赛小汽车，质量为 m，发动机牵引力 F 大，$\frac{\Delta v}{\Delta t}=a\uparrow$；

一般小汽车，质量为 m，发动机牵引力 F 小，$\frac{\Delta v}{\Delta t}=a\downarrow$。

②a 与 m 的关系(F 相同的条件下)：

空载汽车，同样牵引力 F，质量小，$m\downarrow$，加速得快，即 $a\uparrow$；

满载汽车，同样牵引力 F，质量大，$m\uparrow$，加速得慢，即 $a\downarrow$。

2.定量探究

(1)加速度与力的关系(m一定);

(2)加速度与质量的关系(F一定)。

3.制订实验方案时的两个问题

(1)怎样测量(或比较)物体的加速度。

方法1:直接测量。让物体做初速度为0的匀加速直线运动,用刻度尺测量位移x,用秒表测量时间t,由$x = \frac{1}{2}at^2$,得$a = \frac{2x}{t^2}$。

方法2:用打点计时器测量。通过打点计时器在纸带上打点,用刻度尺测量点间位移x,采用逐差法计算加速度。

方法3:比较法。$x_1 = \frac{1}{2}a_1{t_1}^2$,$x_2 = \frac{1}{2}a_2{t_2}^2$,$t_1 = t_2$,所以$\frac{a_1}{a_2} = \frac{x_1}{x_2}$。

(2)怎样提供并测量物体所受的恒力。

恒力由小盘和砝码对小车的拉力提供,当摩擦力$f = 0$,小盘和砝码的总质量m远小于小车的质量M时,小车的拉力F近似等于小盘和砝码所受的重力,即$F_{合} \approx mg$。

4.实验方案

【案例1】

(1)实验装置:两个相同的小车放在光滑的水平板上,前端各系一条细绳,绳的另一端跨过定滑轮各系一个小盘,盘中可放重物或砝码。在水平板上,用一个黑板擦可以同时按住两条细绳,使小车停止运动(如图3.3-4所示)。

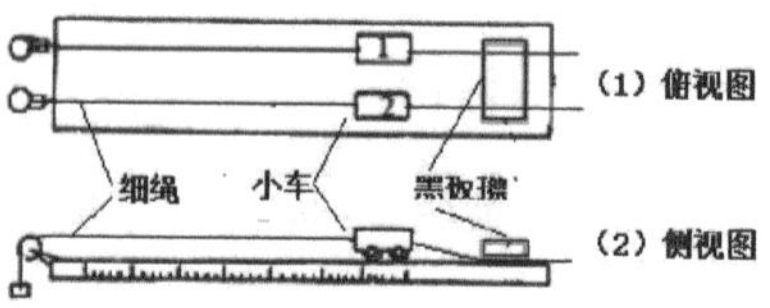

图3.3-4

(2)探究进程:

①探究加速度a和力F的关系。

a.操作:若调整盘中可放砝码,使小车1、小车2所受拉力分别为F_1、F_2,车与所放砝码的总质量$M_1 = M_2 = M$,打开夹子后经过相同的时间两车的位移分别为x_1、x_2。将实验数据填入设计好的表格内,如表3.3-3所示。

表3.3-3　实验数据表

序号	小车1		小车2	
	盘及砝码质量/g	位移x_1/cm	盘及砝码质量/g	位移x_1/cm
1				
2				

续 表

序号	小车1		小车2	
	盘及砝码质量/g	位移x_1/cm	盘及砝码质量/g	位移x_1/cm
3				
4				
5				

b.运算：

由实验数据可得$\frac{F_1}{F_2}=\frac{x_1}{x_2}$ ①

由$x=\frac{1}{2}at^2$，得$a=\frac{2x}{t^2}$，当t一定，则$a\propto x$，所以

$\frac{a_1}{a_2}=\frac{x_1}{x_2}$ ②

由①②得，$\frac{a_1}{a_2}=\frac{F_1}{F_2}$。

c.作图（如图3.3-5所示）：在研究物体质量不变的情况下，物体的加速度与物体所受的外力成正比。

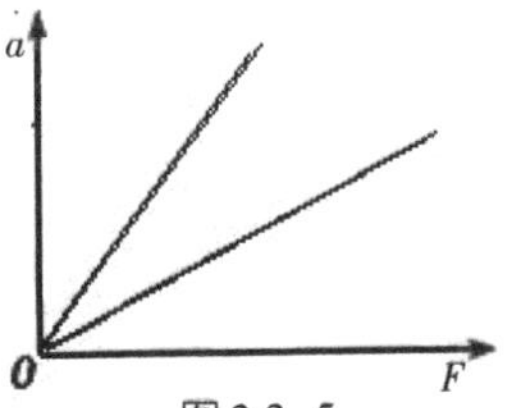

图3.3-5

②探究加速度与质量的关系。

a.操作：保证两砝码盘总质量相等，即合外力相等，两车质量不同，得到两车实验的质量之比，看两车在相同时间内的位移之比。将实验数据填入设计好的表3.3-4内。

表3.3-4 实验数据表

序号	小车1		小车2	
	盘及砝码质量/g	位移x_1/cm	盘及砝码质量/g	位移x_1/cm
1				
2				
3				
4				
5				

b.运算：

可得$\frac{x_1}{x_2}=\frac{M_2}{M_1}$ ③

由②③得$\frac{a_1}{a_2}=\frac{M_2}{M_1}$。

通过实验探究、比较，可以得到：质量一定时，加速度与合外力成正比；合外力一定时，加速度与质量成反比。

c.作图：参看图3.3-2。

【案例2】

(1)实验目的：

①学会用控制变量法研究物理规律。

a.保持研究对象即小车的质量不变，改变小桶内砂的质量，即改变作用力，测出小车的对应加速度，验证加速度与作用力是否成正比。

b.保持小桶中砂的质量不变，即保持作用力不变，改变研究对象的质量，测出对应不同质量的加速度，验证加速度是否与质量成反比。

②会测量加速度、力和质量，能作出物体运动的 a-F、a-$\frac{1}{m}$ 图像。

③通过实验探究加速度与力、质量的定量关系。

(2)实验装置：

①器材：小车、打点计时器、纸带、一端带滑轮的长木板、细线、砝码、小桶、砂或钩码、刻度尺、天平、学生电源。

②装置(如图3.3-6所示)：放在长木板上的小车在拉力的作用下做匀加速直线运动。

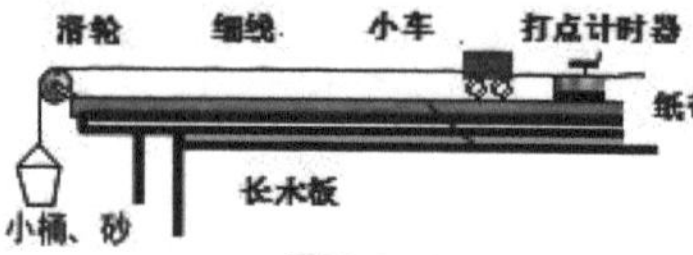

图3.3-6

(3)实验步骤：

①用天平测出小车的质量 M，并记录数值，在小车上增减砝码可改变小车的总质量。

②按图示装置把实验器材安装好(小车上不系绳)。

③平衡摩擦力：在长木板不带定滑轮的一端下面垫一木块，多次移动木块位置，直到轻推小车，使小车在斜面上运动时可保持匀速直线运动为止。

④如图3.3-7所示，在小桶里放入适量的砂，在小车上加放适量的砝码，用天平测出小桶和砂的质量 m，并记录。当小桶和砂的质量远小于小车的质量时，可以认为小桶和砂的重力近似等于对小车的拉力，即 $F \approx mg$。接通电源，放开小车，待打点计时器在纸带上打好点后取下纸带。

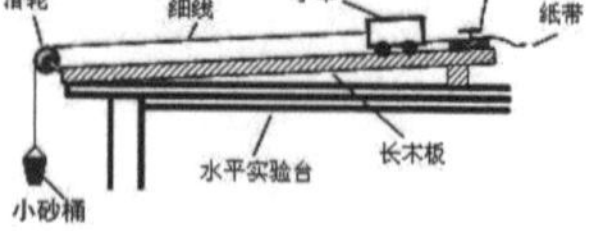

图3.3-7

⑤保持小车的质量不变，改变砂和小桶的质量，按步骤4再做5次实验。

⑥在每条纸带上选取一段比较理想的部分，用逐差法算出每条纸带对应的加速度的值并记录在表格(如表3.3-5所示)的相应位置。

表3.3-5 实验数据表

序号	1	2	3	4	5	6
小车的加速度a/(m·s^{-2})						
砂桶、砂的质量m/kg						
拉力F/N						

⑦用纵坐标表示加速度，横坐标表示作用力，根据实验结果画出小车运动的a–F图像，从而得出a与F的关系。

⑧保持砂和小桶的质量不变，在小车上加放砝码，重复上面的实验，求出相应的加速度，并设计表格。根据实验结果画出小车运动的$a-\frac{1}{m}$图像，从而得出a与M反比的关系，“化曲为直”。

⑨整理实验器材，结束实验。

5.注意事项

(1)实验中应先接通电源后释放小车。

(2)在平衡摩擦力时，不要悬挂小桶，但小车应连着纸带且接通电源。用手轻轻地给小车一个初速度，如果在纸带上打出的点的间隔均匀，表明小车受到的阻力跟它受到的重力沿斜面向下的分力平衡。

(3)改变砂的质量过程中，要始终保证砂桶(包括砂)的质量远小于小车质量。

(4)作图时应使所作的直线通过尽可能多的点，不在直线上的点要尽可能分布在直线的两侧，但若遇到个别偏离较远的点可舍去。

6.怎样由实验结果得出结论

(1)猜想：物体的加速度与它所受的合外力及它的质量有最简单的关系，即与合外力成正比，与质量成反比：$a \propto F$，$a \propto \frac{1}{m}$。如果这个猜想正确，那么根据实验数据以a为纵坐标、F为横坐标，以a为纵坐标、$\frac{1}{m}$为横坐标作出的图像，都应该是经过原点的一条直线。但实际情况往往不是这样：描出的点有些离散，并不是严格地位于某条直线上，用来拟合这些点的直线并非准确地通过原点。

(2)怀疑：由于图像并不理想，产生疑问，自然规律真的是$a \propto F$和$a \propto \frac{1}{m}$吗？如果经过多次实验，图像中的点又十分靠近某条直线，而这些直线又都十分接近原点，那么实际的规律很可能就是这样的。

(3)推断：到这时为止，我们的结论仍然带有猜想和推断，前辈们在根据大量的实验事实，果敢宣布得出定律。

3.4 “牛顿第二定律”该怎么教

【新课引入】

在上一节课的实验探究中，我们采取了控制变量的思想探讨了“当物体的质量不变时，物体的加速度与其所受的作用力之间存在什么关系？当物体所受的作用力不变时，物体的加速度与其质量之间存在什么关系？”（回顾）

一、实验探究的回顾

1. 加速度与力的关系

如图3.4-1(1)所示是“加速度与力、质量的关系”实验装置，当物体的质量不变时，探究了物体的加速度与所受的作用力之间关系，存在什么关系呢？如图3.4-1(2)所示。

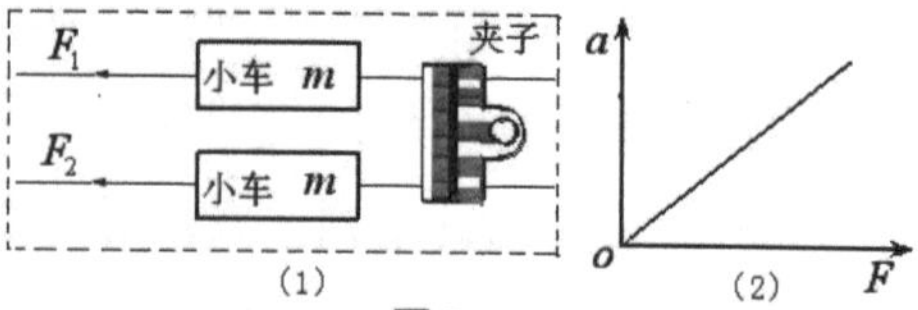

图3.4-1

2. 加速度与质量的关系

如图3.4-2(1)所示是“加速度与力、质量的关系”实验装置，当物体所受的力不变时，探究了物体的加速度与质量之间关系，又是怎样的关系呢？如图3.4-2(2)所示。

如果作$a-\frac{1}{M}$图像，如图3.4-2(3)所示。

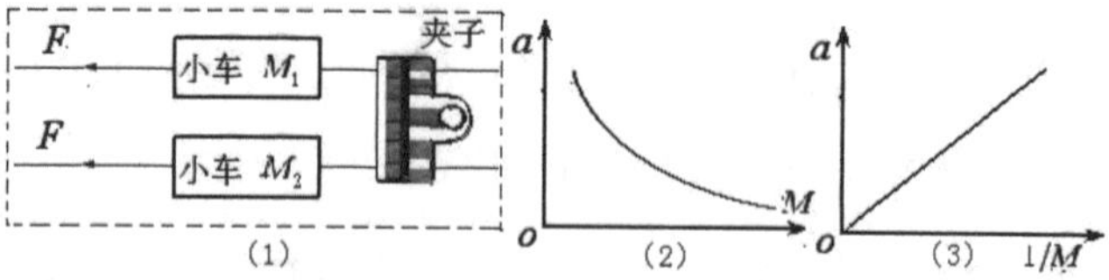

图3.4-2

以上是利用控制变量法的研究结果。

【新课教学】

如果力和质量同时都在变化，那么加速度与它们又是怎样的关系呢？

二、牛顿第二定律

1. 比例表达式

通过大量实验和观察，当物体的质量改变为某一值时，物体的加速度与所受的作用力之间仍成正比；当物体所受的力改变为某一值时，物体的加速度与质量之间仍成反比。综上进行推理和归纳，便可找出三者之间的关系：物体加速度的大小跟所受的合力成正比，跟物体的质量成反比，加速度的方向跟合力的方向相同。写成比例关系 $a \propto \frac{F}{m}$ 或 $F \propto ma$，这就是牛顿第二定律的比例表达式。

2. 一般等式

将比例式 $F \propto ma$ 写成等式，即 $F = kma$，其中 k 为比例系数，F 指物体所受的合力。这里的 k 究竟是多大呢？如果 $k=1$，则式子是最简化的形式，计算就简单了。怎样才能达到这个设想呢？先让我们举一个通俗的例子探究一下。

比如说，我们班有 n 位同学，如果每人每天摄入两斤食物，则全班的同学摄入食物的总量 W 是不是与人数成正比，写成等式 $W = kn = zn$，这里每天摄入食物是以斤为单位，$k = 2$。如果每天摄入食物是以千克(公斤)为单位，则 $W = kn$，比例系数 $k = 1$，可见单位的选取，可以决定 k 的数值，选取恰当的单位，可以让 $k = 1$，$W = 1 \cdot n$。

同样，对于等式 $F = kma$，如果质量 m 采用 kg 为单位，加速度 a 以 m/s^2 为单位，若力的单位规定为 1 $kg \cdot m/s^2$，那么 k 不就等于 1 了吗？这样 $F = kma$ 就简化为 $F = ma$。

3. 简化等式

(1)牛顿第二定律的数学表达式。由上讨论，若力的单位规定为 1 $kg \cdot m/s^2$，牛顿第二定律的数学表达式可以简化为 $F = ma$。

(2)公式的理解。

①同一性：公式中三个物理量同属一个物体，即研究对象的同一性，式中 F 是物体所受合外力。

②因果性：只要物体所受合力不为 0(无论合力多么小)，物体就获得加速度，即力是产生加速度的原因。力决定加速度，力与速度、速度的变化没有直接的关系。

③矢量性:$F = ma$是一个矢量式,加速度与合外力都是矢量。物体加速度的方向由它所受的合外力的方向决定,且总与合外力的方向始终相同(同向性),而物体的速度方向与合外力的方向之间则并无这种关系。

④瞬时性:牛顿第二定律反映的是力的瞬时效应,所以牛顿第二定律表示的是力的瞬时作用规律。物体在某一时刻加速度的大小和方向是由该物体在这一时刻所受到的合外力的大小和方向决定的。当物体所受到的合外力发生变化时,它的加速度随即也要发生变化,$F = ma$对运动过程的每一瞬时成立。加速度与力是同一时刻的对应量,即同时产生(虽有因果关系,但却不分先后)、同时变化、同时消失。

⑤独立性:F产生的a是物体的合加速度,x方向的合力产生x方向的加速度,y方向的合力产生y方向的加速度。牛顿第二定律的分量式为$F_x = ma_x$,$F_y = ma_y$。

⑥相对性:公式中的a是相对地面的(或惯性系的)而不是相对运动状态发生变化的参考系的(或非惯性系的)。

4.结论

牛顿第二定律:物体加速度的大小跟作用力成正比,跟物体的质量成反比,加速度的方向跟作用力的方向相同。

【注意点】定律中关于方向的表述。因为力和加速度都是矢量,它们的关系除了有数量大小之间的关系外,还有方向之间的关系。若F为物体受到的合外力,那么a表示物体的实际加速度;若F为物体受到的某一个方向上的所有力的合力,那么a表示物体在该方向上的分加速度;若F为物体受到的若干力中的某一个力,那么a仅表示该力产生的加速度,不是物体的实际加速度。明确力和加速度方向,也是正确列出方程的重要环节。

三、力的单位

前面讨论牛顿第二定律数学表达式简化时的单位选择,已经涉及力的单位。事实上,为了纪念伟大的物理学家牛顿,力的单位就是这样定义的,即质量为1 kg的物体,获得1 m/s^2的加速度时,受到的外力为1牛顿,用符号N表示,即1 N=1 kg·m/s^2。显然,初中我们已经知道力的单位是牛顿,但那时只是知其然而不知其所以然。

【知识应用】

【例1】如图3.4-3所示,某质量为1 100 kg的汽车在平直路面上行驶,当达到100 km/h

的速度时关闭发动机，经过 70 s 停下来，汽车受到的阻力是多大？重新起步加速时，牵引力为 2 000 N，产生的加速度应为多大？假定试车过程中汽车受到的阻力不变。

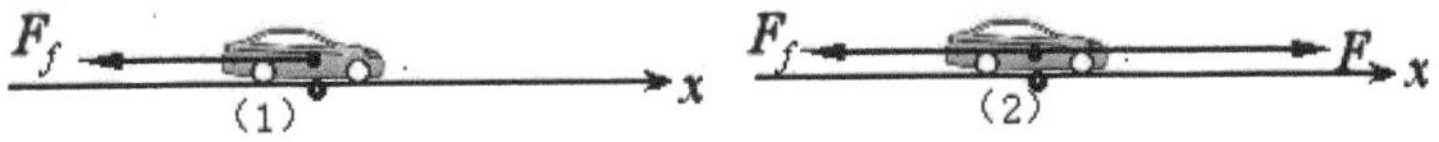

图 3.4-3

【解析】如图 3.4-3(1)，初速度 $v_0 = 100\ \text{km/h} = \dfrac{100}{3.6}\ \text{m/s} \approx 27.8\ \text{m/s}$

末速度是 $v = 0$，滑行时间 $t = 70$ s，则加速度 $a_1 = \dfrac{v - v_0}{t} = -\dfrac{v_0}{t}\ \text{m/s}^2$

关闭发动机，水平方向汽车只受到阻力

$$F_f = ma_1 = m(-\frac{v_0}{t}) = -1\ 100\ \text{kg} \times \frac{27.8\ \text{m/s}}{70\ \text{s}} \approx -437\ \text{kg·m/s}^2 = -437\ \text{N}$$

负号表示阻力的方向与坐标轴的方向相反，即与速度方向相反。

如图 3.4-3(2)，重新起步，水平方向汽车同时受到牵引力和阻力，则受到的合力

$$F_{合} = F + F_f = 2\ 000\ \text{N} + (-437)\ \text{N} = 1\ 563\ \text{N}$$

由牛顿第二定律得到汽车的加速度

$$a_2 = \frac{F_{合}}{m} = \frac{1\ 563\ \text{N}}{1\ 100\ \text{kg}} \approx 1.42\ \text{m/s}^2$$

重新起步后，加速度为正值，表明与坐标轴方向相同，即为速度方向。

【评析】解题熟练以后，可以如下书写：

【解析】关闭发动机后，水平方向汽车只受到阻力，汽车加速度

$a_1 = \dfrac{v - v_0}{t} = -\dfrac{v_0}{t}$ ①

由牛顿第二定律：$0 - F_f = ma = ma_1$ ②

由①②得 $F_f = -ma_1 = -m(-\dfrac{v_0}{t}) = -1\ 100\ \text{kg} \times (-\dfrac{27.8\ \text{m/s}}{70\ \text{s}}) \approx 437\ \text{N}$，方向已在②式中体现，与速度方向相反。

重新起步，水平方向汽车同时受到牵引力和阻力，由牛顿第二定 $F - F_f = ma_2$，得此时加速度 $a_2 = \dfrac{F - F_f}{m} = \dfrac{2\ 000\ \text{N} - 437\ \text{N}}{1\ 100\ \text{kg}} = 1.42\ \text{m/s}^2$，加速度为正值，表明与坐标轴方向相同，即为速度方向。

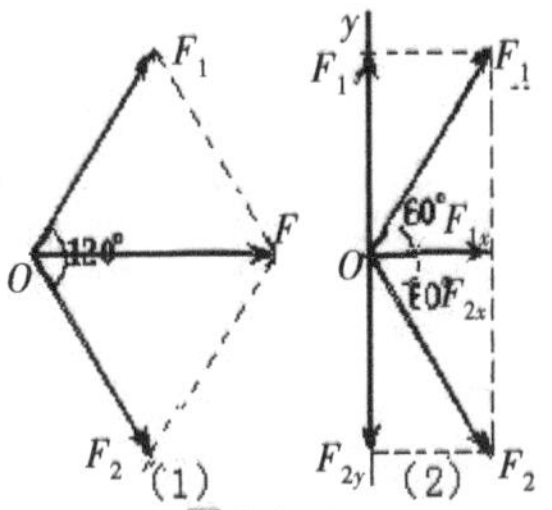

图 3.4-4

【例 2】图 3.4-4 所示一个物体，质量为 2 kg，受到互成 120° 角的两个力 F_1、F_2 的作用，此外没有其他的力。这两个力的大小都是 10 N，这个物体产生的加速度是多大？

【解析】答案：$a = 5\ \mathrm{m/s^2}$，详解略。提示：可以采用两种解法，让学生课后思考参照课本。

解法1：平行四边形法或三角形法（如图3.4–4（1）所示）；

解法2：正交分解法（如图3.4–4（2）所示）。

【例3】如图3.4–5所示，自动扶梯与水平面夹角为θ，上面站着质量为m的人，当自动扶梯以加速度a加速向上运动时，求扶梯对人的弹力F_N和扶梯对人的摩擦力F_f。

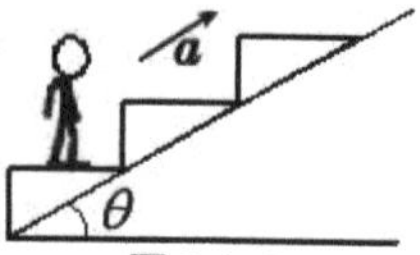

图3.4–5

【解析】对人受力分析：

解法1：如图3.4–6（1）所示，建立直角坐标系，人的加速度方向正好沿x轴正方向，由题意可得x轴方向：

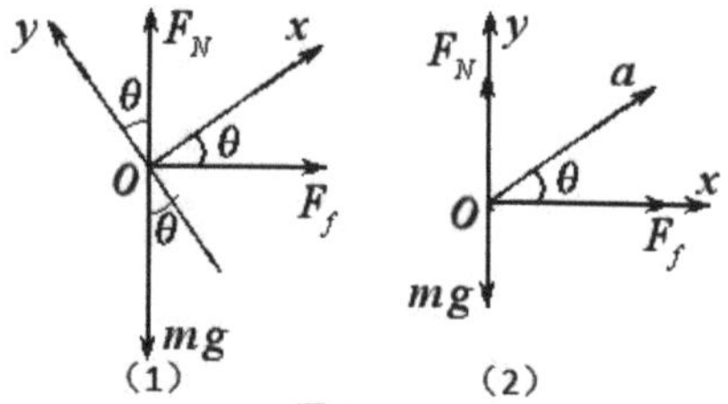

图3.4–6

$F_f\cos\theta + F_N\sin\theta - mg\sin\theta = ma$　①

y轴方向：

$F_N\cos\theta - F_f\sin\theta - mg\cos\theta = 0$　②

由①得 $F_f = \dfrac{ma - F_N\sin\theta + mg\sin\theta}{\cos\theta}$　③

将③代入②，

解得 $F_N = mg + ma\sin\theta$　④

将④代入②或③得 $F_f = ma\cos\theta$。

解法2：如图3.4–6（2）所示，建立直角坐标系（水平向右为x轴正方向，竖直向上为y轴正方向）。由于人的加速度方向是沿扶梯如图向上的，这样建立直角坐标系后，在x轴方向和y轴方向各有一个加速度的分量，其中x轴方向的加速度分量为$a_x = a\cos\theta_x$，y轴方向的加速度分量为$a_y = a\sin\theta$，根据牛顿第二定律得

x轴方向：$F_f = ma_x$；y轴方向：$F_N - mg = ma_y$

解得 $F_N = mg + ma\sin\theta$，$F_f = ma\cos\theta$。

【创新思维】（1）用正交分解法解答牛顿第二定律问题，多数情况下是加速度落在坐标轴上，分解力建立方程求解，但有些问题分解加速度较为方便，该题显然解法2方便，解题中应注意小结。

（2）该题如果自动扶梯以加速度a减速向上运动，又如何分析解答呢？我们应当运用逆向思维培养自己的创新思维能力。

【科学漫步】

（1）如图3.4-7所示，观看“神舟十号”女航天员王亚平作为中国第一位太空老师于2013年6月20日的“太空授课”录像片段：在“神舟十号”完成了一个用“质量测量仪”测量“太空助教”聂海胜的质量。开始“太空助教”将自己固定在支架一端，“太空老师”将连接运动机构的弹簧拉到指定位置。弹簧凸轮机构产生恒定的力。松手后，拉力使弹簧回到初始位置，即将“太空助教”拉回至初始位置。用光栅测速装置测量出支架复位的速度v和时间t，可计算出加速度$a=v/t$。再根据牛顿第二定律$F=ma$，就可算出质量，即$m=F/a$，这样就测出了“太空助教”聂海胜的质量为74 kg。通过太空授课，不仅生动目睹用牛顿第二定律测算质量的太空实验，也了解牛顿第二定律无论在太空还是在地面都成立，同时还激发学生对宇宙空间的向往、对物理学习的兴趣。

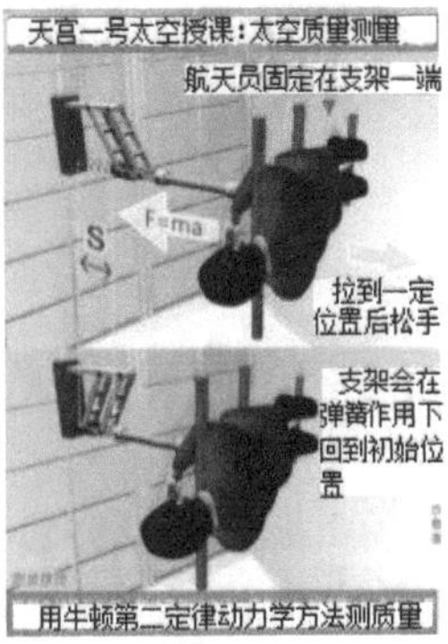

图3.4-7

（2）课本“科学漫步”教师引入，学生课后自行完成。

1966年曾在地球上空完成了以牛顿第二定律为基础的测定质量的实验。实验时，用“双子星号”宇宙飞船m_1去接触正在轨道上运行的火箭组m_2，接触后，开动飞船尾部的推进器，使飞船和火箭共同加速（如图3.4-8所示）。推进器的平均推力F等于895 N，推进器开动7 s，测出飞船和火箭组的速度改变量是0.91 m/s，已知“双子星号”宇宙飞船的质量m_1=3 400 kg。求火箭组的质量m_2多大？

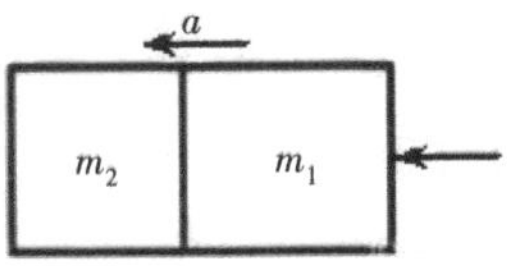

图3.4-8

【解析】整体运动的加速度

$$a=\frac{\Delta v}{\Delta t}=\frac{0.91\ \text{m/s}}{7\ \text{s}}=0.13\ \text{m/s}^2$$

根据牛顿第二定律得：$a=\dfrac{F}{m_1+m_2}$

$$m_2=\frac{F}{a}-m_1=\frac{895\ \text{N}}{0.13\ \text{m/s}^2}-3\,400\ \text{kg}\approx 3484.6\ \text{kg}$$

答：火箭组的质量m_2为3 484.6 kg。

【课后作业】

补充题："神舟十号"飞船太空授课中，航天员王亚平曾演示了太空中采用动力学方法测量质量的过程。如图3.4-9所示，是采用动力学方法测量"天宫一号"空间站质量的原理图，若已知飞船质量为3.5×10^3 kg，其推进器的平均推力为1 560 N，在飞船与空间站对接后，推进器工作了7 s，在这段时间内，飞船和空间站速度变化了0.91 m/s，则空间站的质量约为(　　)

A.1.2×10^4 kg　　B.8.5×10^3 kg

C.1.6×10^4 kg　　D.5.0×10^3 kg

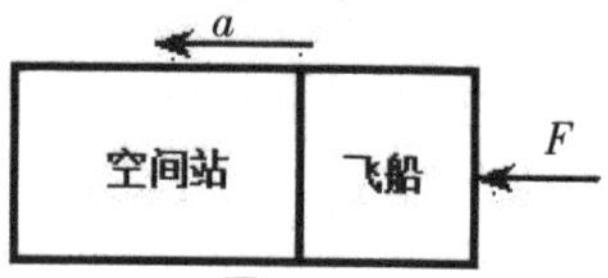

图3.4-9

【解析】

由运动学公式：$a=\dfrac{\Delta v}{\Delta t}=\dfrac{0.91\ \text{m/s}}{7\ \text{s}}=0.13\ \text{m/s}^2$

对整体，由牛顿第二定律得：$F=(m_1+m_2)a$

解得：$m_2=\dfrac{F}{a}-m_1=\dfrac{1\ 560\ \text{N}}{0.13\ \text{m/s}^2}-3\ 500\ \text{kg}=8\ 500\ \text{kg}$，故选B。

升华篇

透视教材

4.1 新课标、新高考下复习的有效举措

新课程标准(简称新课标)是国家课程的纲领性文件,是国家对基础教育课程的基本规范和质量要求。新版教材作为课程改革的主要载体和课程资源,是新课标的演绎。高考作为高中教育教学导向和指挥棒,对高中的课程改革起着非常重要的支持与促进作用。新高考改革必然与高中课程改革相适应,全面体现新课标的精神。因此,我们要面对并把握好“校本课程架构与实施、学生选科与走班制管理、学生综合素质培养与评价、学生生涯规划指导等一系列政策”。

在“三新”(新课标、新课本、新高考)的背景下,用新思维领悟新课标,用新视角学习新课本,用新思路迎接新高考,让高考复习更加高效。

一、回归课本,夯实基础;检索考点,查漏补缺

1.回归课本,夯实基础

课本不仅是教与学的原本,也是高考命题的基石,近几年的物理高考试题,尤其是选择题,大多是源于课本,高于课本,变于课本,试卷命题的立足点仍是紧扣课本。因此,进入临考阶段更需要回归课本,突出主干知识。主干知识占考题80%以上,是高考命题的重点。高考计算题和部分选择题,都是以上述主干知识为命题素材。

高中物理知识,包括必考5个模块,选考2个模块(考生必须从2个选考模块中选择1个模块作为自己的考试内容)。复习时,就要立足课本,突出主干。主要精力需聚焦于概念和规律上,尤其要关注主干知识所涉及的一些热点。如动量是物理学中最重要的概念之一,动量守恒定律是与能量守恒定律同等重要的基本物理规律,动量概念涉及力学、热学、电磁学、光学、近代物理等十分广阔的领域,从火箭发射,到宏观大量的实际问题,还延伸到微观气体压强的解释、光子动量的概念等。

如2018年高考物理试题,各套试卷中考试内容比例、分数权重和较难的试题所考查的内容,都是主干内容。全国Ⅰ卷第16题考查库仑定律,全国Ⅱ卷第17题考查光电效应,全国Ⅲ卷第14题考查第一个人工放射性核素,第24题考查质谱仪的基本原理

等，这些情境都源于课本、源于生活，但情境不拘泥于课本，在设问方式上进行创新。

主干知识，是高频考点、重点考查，是保持稳定。对于非主干知识，要准确掌握概念的内涵和外延、基本规律的适用范围及多种表达形式等，并能熟练应用它们解决实际问题。这些知识一般以选择题的形式出现，由于琐碎，需细品课本，理解本质，加强记忆。课本中的“小发明”“小制作”“小实验”不要无视，一些题目的背景材料就来源于此。

【例1】（2020年高考全国I卷）在一柱形区域内有匀强电场，柱的横截面积是以O为圆心，半径为R的圆，AB为圆的直径，如图4.1-1所示。质量为m，电荷量为q（$q>0$）的带电粒子在纸面内自A点先后以不同的速度进入电场，速度方向与电场的方向垂直。已知刚进入电场时速度为零的粒子，自圆周上的C点以速率v_0穿出电场，AC与AB的夹角$\theta=60°$，运动中粒子仅受电场力作用。

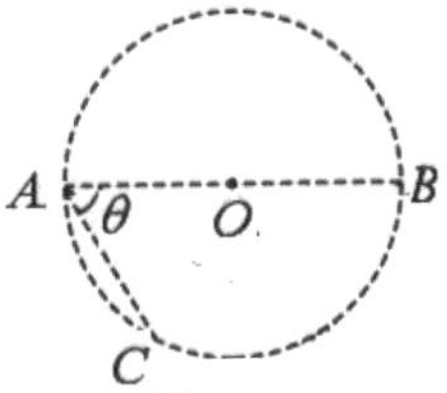

图4.1-1

（1）求电场强度的大小；

（2）为使粒子穿过电场后的动能增量最大，该粒子进入电场时的速度应为多大？

（3）为使粒子穿过电场前后动量变化量的大小为mv_0，该粒子进入电场时的速度应为多大？

【解析】（1）粒子初速度为0，由C点射出电场，故电场方向与AC平行，由A指向C。

由几何关系和电场强度的定义知

$AC=R$ ①

$F=qE$ ②

由动能定理有$F\cdot AC=\frac{1}{2}m{v_0}^2$③

联立①②③式得$E=\frac{m{v_0}^2}{2qR}$④。

（2）如图4.1-2（1）所示，由几何关系知$AC\perp BC$，故电场中的等势线与BC平行。作与BC平行的直线与圆相切于D点，与AC的延长线交于P点，则自D点从圆周上穿出的粒子的动能增量最大。

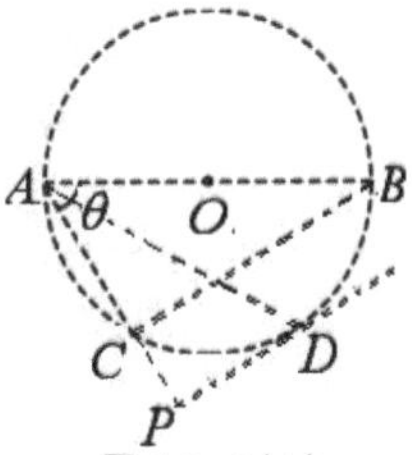

图4.1-2（1）

由几何关系知$\angle PAD=30°$，$AP=\frac{3}{2}R$，$DP=\frac{\sqrt{3}}{2}R$⑤。

设粒子以速度v_1进入电场时动能增量最大，在电场中运动的时间为t_1。粒子在AC方向做加速度为a的匀加速运动，运动的距离等于AP；在垂直于AC的方向上做匀速运动，运动的距离等于DP。由牛顿第二定律

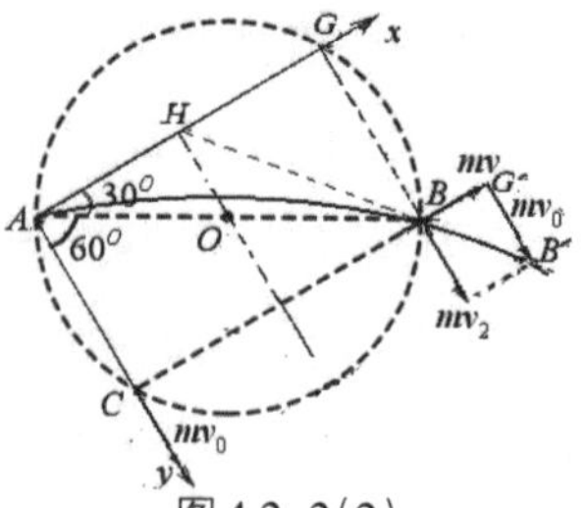

图4.2-2(2)

和运动学公式有

$F = ma$　⑥

$AP = \frac{1}{2}at_1^{\,2}$　⑦

$DP = v_1t_1$　⑧

联立②④⑤⑥⑦⑧式得$v_1 = \frac{\sqrt{2}}{4}v_0$。

(3)粒子在电场中运动时，x方向上是速度为v的匀速直线运动，有$x = \sqrt{3}R = vt$，y方向上为初速度为零的匀加速直线运动，有$y = R = \frac{1}{2}at^2$。

$v = 0$时，粒子在y方向上为初速度为零的匀加速直线运动，从C点穿过电场的速度为v_0，粒子在电场中做类平抛运动，从B点穿过电场的速度y方向的分量$v_2 = v_0$。

经B点的合速度的方向，即类平抛运动轨迹过B点的切线方向，其反向延长线交x轴于H，$GH = \frac{\sqrt{3}}{2}R$，由几何知识可知，$\triangle BG'B' \approx \triangle HGB$，则$\frac{BG'}{G'B'} = \frac{HG}{GB}$，所以，$v = \frac{\sqrt{3}}{2}v_0$。

【创新思维】本题体现基础性的特点，考查的知识点有电场、动能、动量等，考查的运动形式有匀速直线运动、匀变速直线运动和类平抛运动，都是主干知识；运用的规律都是高中物理中的核心规律：牛顿运动定律、动能定理、动量定理。本题还体现创新性的特点，凸显素养的考查：坐标的选择与粒子运动剖析的对应，粒子穿过电场后的动能最大增量的位置与等势面间距最大状态的对应，粒子穿过电场前后动量变化量大小都为mv_0的位置与电场力做功及电场范围圆周上A、B两点的对应；类平抛运动的分、合运动在解题推理中的有机融合；解法多渠道，如运用牛顿运动学理论、能量、动量观点等。

【例2】(2020年高考新课标Ⅱ卷)管道高频焊机可以对由钢板卷成的圆管的接缝实施焊接。焊机的原理如图4.1-3所示，圆管通过一个接有高频交流电源的线圈，线圈所产生的交变磁场使圆管中产生交变电流，电流产生的热量使接缝处的材料熔化将其焊接。焊接过程中所利用的电磁学规律的发现者为(　　)

图4.1-3

A.库仑　　B.霍尔　　C.洛伦兹　　D.法拉第

【解析】由题意可知，圆管为金属导体，导体内部自成闭合回路，且有电阻，当周围的线圈中产生交变磁场时，就会在圆管导体内部感应出涡电流，电流通过圆管电阻要发热。该过程利用的原理是电磁感应现象，其发现者为法拉第。故选D。

2.检索考点，查漏补缺

2020年，现有高考体系的考试大纲和考试大纲的说明不再修订，参考2019年版考试大纲和考试大纲的说明，实施普通高中新课程的省份不再制订考试大纲。因此，应比较课本或考纲知识内容表的目录，面对106个知识点（Ⅰ级要求73个，Ⅱ级要求33个），回忆主要内容，“变厚为薄”，把抽象的概念和规律具体化，并以力、热、电、光、近代物理五条主线将知识点串起来，构成知识网络。从整体的角度抓纲举目，以达到融会贯通的境界。

这一过程，不可忘记“盘点浏览”，梳理各部分典型题目的解题思路、步骤；特别要翻阅考卷，看一年来做过的错题或不会做的题，检视自己曾出现过的失误，找到自己知识的漏洞、思维方式的偏差，不让同类的错误在高考中重犯。

【例3】（2020年高考新课标全国Ⅲ卷）如图4.1-4所示，水平放置的圆柱形光滑玻璃棒左边绕有一线圈，右边套有一金属圆环，圆环初始时静止。将图中开关S由断开状态拨至连接状态，电路接通的瞬间，可观察到（　　）

A.拨至M端或N端，圆环都向左运动

B.拨至M端或N端，圆环都向右运动

C.拨至M端时圆环向左运动，拨至N端时向右运动

D.拨至M端时圆环向右运动，拨至N端时向左运动

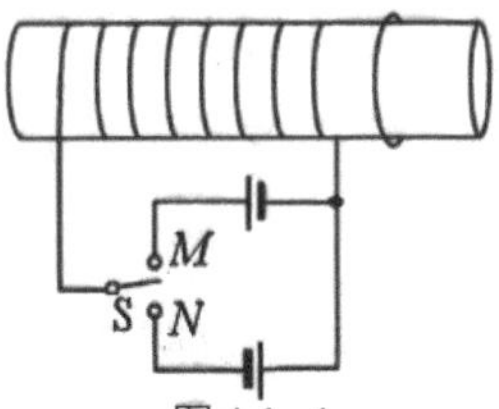

图4.1-4

【解析】无论开关S拨至哪一端，当把电路接通一瞬间，左边线圈中的电流从无到有，电流在线圈轴线上的磁场从无到有，从而引起穿过圆环的磁通量突然增大，根据楞次定律（增反减同），右边圆环中产生了与左边线圈中方向相反的电流，异向电流相互排斥，故选B。

二、品尝真题，思索创新；总结方法，提升能力

1.品尝真题，思索创新

研究全国卷，体验近年高考风格，了解全国试卷脉搏。选做近几年的高考真题，因为它覆盖着大部分高考的知识和能力，从中可以得到新意。例如电磁感应中的“滑杆问题”，是高考的热点。纵观近年高考题，所给的物理条件不断延伸、变更、拓展，其

物理情境内涵丰富、变化万千。滑杆运动的导轨时而为平行直线，时而为交叉直线，时而为曲线或圆环等；运动平面可以在水平面、竖直面、斜面上；滑杆由运动的单导体棒，变化为双导体棒水平联动、竖直联动，或者水平、竖直联动，甚至双导体棒又由匀速运动变化为变速运动；导体棒也可以由固定长度变为长度随时间变化的可变量，还可以由导体棒变化为导体框、螺旋桨叶片、航天飞缆，甚至变化为导电流体；导体棒运动的空间由匀强磁场变为随时间均匀变化的匀强磁场，由给定的理想磁场变为地磁场等。可见，高考题不断创新，需要加强创新思维的训练，灵活应变。如图4.1–5所示，让我们一览导体棒部分变化的情景。

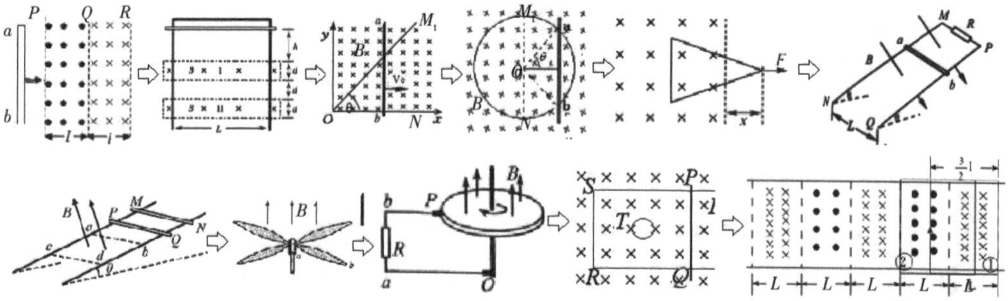

图4.1–5

又如，近年来对于提取信息能力的考查力度有所加强，图像、图表、数据列表形式题目的比重逐年增加。

2.总结方法，提升能力

高考解题强调分步得分，更注重对试题中所包含的物理过程的分析。因此，解题步骤要规范，题中没有给的物理量要有设定，字母表达的物理量要符合“规范”，学会运用学科语言、物理规律和公式来解答问题，题中用到的公式、定理、定律要说明依据；每一步要思考清楚，做到既准确、又简练。选择题更是需要独立思考，将自己的答案与参考答案对照分析。从历年高考题中选出来的参考样题，自然反映命题者的思路。我们认真练它，不仅会显著提高创新能力，而且使我们更接近高考命题，了解命题的意图，提高应试能力。这种题难度比较适中，认真对待它，还可练出状态，很有价值。

高考把对能力的考核放在首要位置，将五种能力和实验能力进行整合，着重考查考生逻辑推理、信息加工、模型建构等关键能力，引导考生培育支撑终身发展、适应时代要求的能力和综合素质，最终注重对考生创新思维和创新能力的考查。如2018年高考题通过设置真实的问题情境，将物理学的基本概念、规律与国家经济社会发展、科学技术进步联系起来，考查考生灵活运用物理知识和方法解决实际问题的能力。如全国Ⅰ卷第20题以人类第一次直接探测到来自双中子星合并的引力波为素材，要求考生利用高中所学物理知识解决相关的实际问题。全国Ⅱ卷第15题贴近生活，要求考生估算鸡蛋坠落对地面产生的冲击力。北京卷以跳台滑雪、中国天眼等为素材创设情境命题等。

【例4】(2019年高考新课标全国Ⅲ卷)如图4.1-6所示，在坐标系的第一和第二象限内存在磁感应强度大小分别为$B/2$和B、方向均垂直于纸面向外的匀强磁场。一质量为m、电荷量为$q(q>0)$的粒子垂直于x轴射入第二象限，随后垂直于y轴进入第一象限，最后经过x轴离开第一象限。粒子在磁场中运动的时间为(　　)

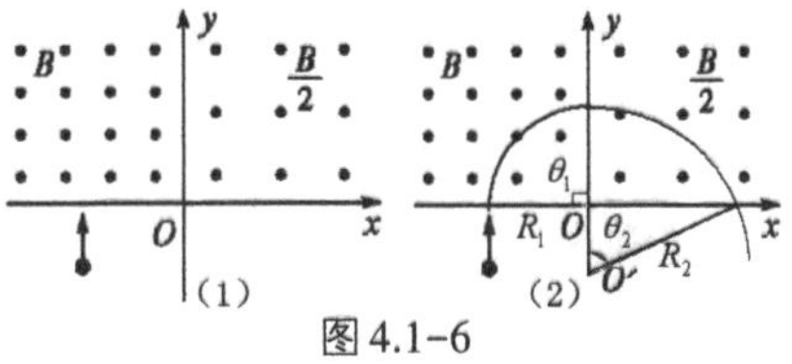

图4.1-6

A.$\frac{5\pi m}{6qB}$　　B.$\frac{7\pi m}{6qB}$　　C.$\frac{11\pi m}{6qB}$　　D.$\frac{13\pi m}{6qB}$

【解析】由洛伦兹力公式、圆周运动规律及牛顿第二定律$qvB=\frac{mv^2}{R}=mR\frac{4\pi^2}{T^2}$得

$$R=\frac{mv}{qB},R_2=2R_1$$

又得$T=\frac{2\pi m}{qB}$

由数学知识可知$\cos\theta_2=\frac{R_2-R_1}{R_2}=\frac{1}{2}$，则$\theta_2=\frac{\pi}{3}$

于是，粒子在磁场中运动的时间$t=\frac{T_1}{4}+\frac{T_2}{6}=\frac{1}{4}\cdot\frac{2\pi m}{qB}+\frac{1}{6}\cdot\frac{2\pi m}{qB/2}=\frac{7\pi m}{6qB}$。

因此，正确答案为B。

【创新思维】近几年高考题中并不少见与该题相近的题，如2015年全国Ⅱ卷第19题、2017年全国Ⅲ卷第24题。新题总是以新姿态出现，不过我们应当看到万变不离其宗，抓住带电粒子在电磁场中的运动规律这个“宗”，问题就好办了。

三、联系实际，关注热点；科学育人，提升素养

1.联系实际，关注热点

新课标明确指出，注重理论联系实际，注意物理与科学技术、社会和经济发展的联系，注意物理知识在生产、生活等方面的广泛应用。因此，复习阶段需要关注中国

古代科技文明、当代科技成果和未来科技的发展趋势，了解科技和社会发展的新动向，掌握新概念、新理论、新技术、新方法。需要学会处理资讯、资料，能读、看懂图像，并能从图表资料中找到规律。关注科学技术、社会、经济和生态环境的协调发展。联系生活实际，让物理融入生活，从生活走向物理，体会物理生活价值，体现学以致用。例如，2018年高考全国Ⅱ卷第16题利用我国自主建造的世界最大口径射电望远镜所发现的毫秒脉冲星作为背景，考查学生对万有引力、匀速圆周运动等规律的理解和应用。2018年天津卷以中国散裂中子源、“张衡一号”卫星、我国自行研制的新一代大型喷气式客机C919、真空管道超高速列车等为素材。在分析问题的过程中，学生需要根据题给情境利用所学知识建立相应的物理模型，考查学生的模型建构能力。

【例5】（2020年高考天津卷）手机无线充电是比较新颖的充电方式。如图4.1-7所示，电磁感应式无线充电的原理与变压器类似，通过分别安装在充电基座和接收能量装置上的线圈，利用产生的磁场传递能量。当充电基座上的送电线圈通入正弦式交变电流后，就会在邻近的受电线圈中感应出电流，最终实现为手机电池充电。在充电过程中（　　）

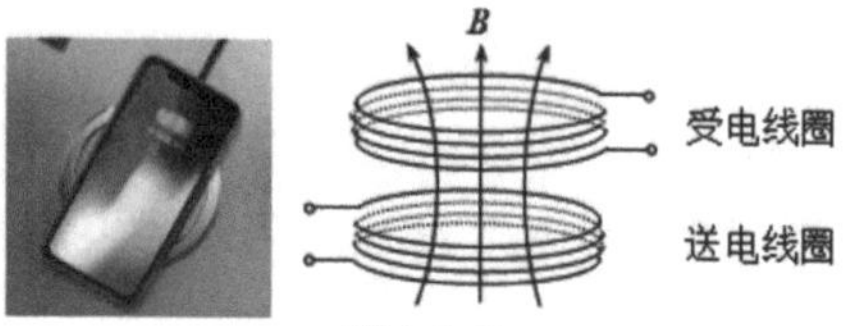

图4.1-7

A. 送电线圈中电流产生的磁场呈周期性变化

B. 受电线圈感应电流产生的磁场恒定不变

C. 送电线圈和受电线圈通过互感现象实现能量传递

D. 手机和基座无须导线连接，这样传递能量没有损失

【解析】A、B选项。由于送电线圈输入的是正弦式交变电流，是周期性变化的，因此产生的磁场也是周期性变化的，受电线圈中感应出周期性变化的电流，产生周期性变化的磁场。A正确，B错误。

C. 根据变压器原理，原、副线圈是通过互感现象实现能量传递，因此送电线圈和受电线圈也是通过互感现象实现能量传递。C正确。

D. 手机与机座无须导线连接就能实现充电，但磁场能量有一部分以电磁波辐射的形式损失掉，因此这样传递能量是有能量损失的。D错误。故选A、C。

【创新思维】高考增加紧密联系科技、生产、生活等方面的实际情境，突出情境的时代性，强调情境与考查内容的有机结合，引导考生学以致用，衔接新高考背景下物理学习的目标。

2. 科学育人，提升素养

高中物理课程标准中的课程目标，将学科育人的“三维目标”整合、提升为物理学科核心素养，即包含物理观念、科学思维、科学探究、科学态度与责任四个维度。我国教育部门已经认识到培养学生各个学科的核心素养的重要性，并在题目设置中增加了与学科核心素养有关的题目。近两年的高考物理命题具有这些特点：回归经典模型，注重核心知识的考查；基于核心知识，考查思维探究能力；重视实验探究，考查关键能力；用理论知识解决实际问题，不忘教育的本质。因此，在课堂上老师立足学科来强化其教育功能，通过合理地引导，让学生构建起物理观念，学会思考，学会探究，在实践过程中验证自己的猜想，培养严谨认真的科学态度与责任感。2018年高考物理命题严格遵循考试大纲，聚焦学科主干知识，突出关键能力的考查，彰显素质教育的鲜明导向，引导考生能力培养和核心素养的提升。

高考大纲体现了新课标下高考改革的方向，显示稳中求进、稳中求改、稳中求新的原则，加强了对学生思想素质、社会意识及科学素养的引导，更加注意转变以知识为本的理念，强化了能力立意的命题思想。高考考题体现了这种精神，在注重"双基"的基础上更进一步讲究基本方法；强调认知方法和过程；以现实问题立意，强调知识的应用性。

【例6】（2020年高考全国Ⅰ卷）一匀强磁场的磁感应强度大小为B，方向垂直于纸面向外，其边界如图4.1-8中虚线所示，ab弧为半圆，ac、bd与直径ab共线，ac间的距离等于半圆的半径。一束质量为m、电荷量为q（$q>0$）的粒子，在纸面内从c点垂直于ac射入磁场，这些粒子具有各种速率。不计粒子之间的相互作用，在磁场中运动时间最长的粒子其运动时间为（　　）

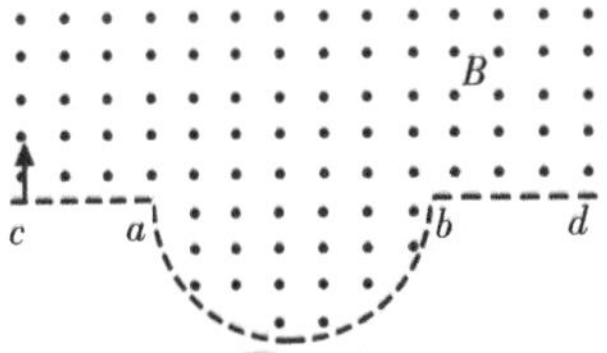

图.1-8

A.$\frac{7\pi m}{6qB}$　　B.$\frac{5\pi m}{4qB}$　　C.$\frac{4\pi m}{3qB}$　　D.$\frac{3\pi m}{2qB}$

【解析】带电粒子在匀强磁场中运动，其运动轨迹为圆周，由洛伦兹力提供向心力，

$$qvB=\frac{mv^2}{r}$$

粒子在磁场中的周期$T=\frac{2\pi r}{v}$

解得$T=\frac{2\pi m}{qB}$。

粒子在磁场中运动的时间$t=\frac{\theta}{2\pi}\cdot T=\frac{\theta m}{qB}$，$\theta$为带电粒子在匀强磁场中运动轨迹所对的圆心角，则粒子在磁场中运动的时间与速度无关，轨迹对应的圆心角θ越大，运动时间越长。采用放缩圆解决该问题，如图4.1-9所示粒子垂直ac射入磁场，则轨迹圆心必在ac直线上，将粒子的轨迹半径由零逐渐放大。当半径$r \leqslant 0.5R$和$r \geqslant 1.5R$时，粒子分别从ac、bd区域射出，磁场中的轨迹为半圆，运动时间等于半个周期。当$0.5R < r < 1.5R$时，粒子从半圆边界射出，将轨迹半径从$0.5R$逐渐放大，粒子射出位置从半圆顶端向下移动，轨迹圆心角从π逐渐增大，当轨迹半径为R时，轨迹圆心角最大，然后再增大轨迹半径，轨迹圆心角减小，因此当轨迹半径等于R时轨迹圆心角最大，即轨迹对应的最大圆心角，如图4.1-10所示。

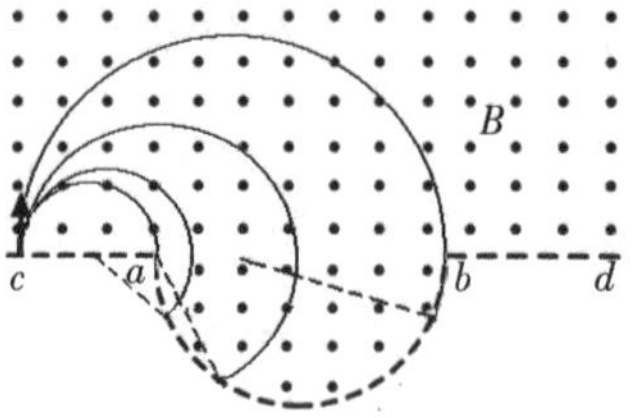

图4.1-9

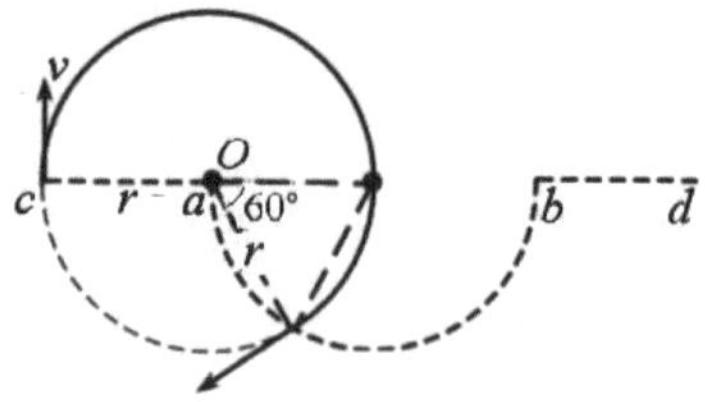

图4.1-10

$$\theta = \pi + \frac{\pi}{3} = \frac{4}{3}\pi$$

粒子运动最长时间为$t = \frac{\theta}{2\pi} \cdot T = \frac{4\pi/3}{2\pi} \cdot \frac{2\pi m}{qB} = \frac{4\pi m}{3qB}$，所以选C。

【创新思维】带电体在磁场中的临界问题的处理基本思路：

(1)思运动：画轨迹，定圆心，求半径；

(2)找联系：轨道半径、磁感应强度与运动速度相联系，偏转角、圆心角、弦切角与运动时间相联系，在磁场中运动的时间与周期相联系；

(3)用规律：牛顿第二定律和圆周运动的规律，特别是周期公式、半径公式等。

四、强化实验、立足课内；注重方法，学会探究

1.强化实验，立足课内

12个学生实验，其中2个练习使用实验：练习使用多用电表，传感器的应用；6个测量验证性实验：验证力的平行四边形定则，验证牛顿运动定律，验证机械能守恒定律，验证动量守恒定律，测定金属的电阻率(同时练习使用螺旋测微器)，测定电源的电动势和内阻；4个研究探索性实验：研究匀变速直线运动，探究弹力和弹簧伸长的关系，探究动能定理，测绘小灯泡的伏安特性曲线。对于这些分组实验，能明确实验目的，理解实验原理和方法，控制实验条件；会使用仪器，观察、分析实验现象，记录、处

理实验数据,并得出结论,能对结论进行分析和评价;能发现问题、提出问题,并制订解决方案。对于那些在物理发展史中占有重要地位的实验,比如测定电子比荷、电量的实验、质谱仪、光的干涉、霍尔效应、磁悬浮、电子显微镜等,可以采用根据事件找考点、根据考点找习题的策略复习。

实验包括学生实验、演示实验、小实验及设计实验。考纲要求掌握的仪器,一定要实际操作,熟练掌握其使用和读数方法。

2. 注重方法,学会探究

不断总结出实验的常用方法,并能处理新物理情境下的实验问题。如在电学实验中,可总结出三条原则:安全性、准确性、方便性。从近年试卷结构来看,实验题分两种层次,第一个层次是实验的操作和步骤、实验器材的选择和使用,基本上都属于思维能力一般的内容。第二个层次难度大,命题形式灵活,考查角度多变,设问方式新颖,常为设计性实验题。这类题通常设计一个新的实验情境,考查一项或几项实验能力和技巧。实验所用的器材、原理及方法,都包含于考纲规定的实验中。要求考生按题给要求研究物理现象、探索物理规律或测定物理量的值,设计、选择实验方案和器材,创造性地重新组合中学物理的设计性实验,达到实验目的。这类题多取材于课本中的学生实验,又有所加深、提升和变化。

用实验中学过的实验方法去设计或处理未遇到过的实验问题,是高考实验的趋势。高考物理实验题已从简单地背诵、记忆转向考查实验的思想、方法和原理的理解上,加强了对基本实验方法的迁移和灵活运用能力的考查。如近十几年来电学设计性实验题频繁出现,从电路图选择到实验数据读取以及实验步骤的完善和数据处理,甚至误差分析都有所涉及。其中实验原理是实验的核心,实验装置和方法上的创新是高考物理实验命题的方向。

在冲刺阶段,要深挖课本中实验的设计思想,学会探究,从新视角思考能否用其他方法、器材完成同一实验或类似实验。多角度思考问题,灵活地运用学过的理论、实验方法和仪器去处理其他一些比较简单的实验,包括简单的设计性实验。

例如,近十年高考中,电阻测量题不间断,不断涌现测电阻的新方法和新思路。同样是测量一个电阻,被测量的导体不同、题设的实验条件不同,则采取的实验手段不同、实验操作过程不同。如用闭合电路的欧姆定律设计实验测电源内阻(和电动势),用串联电路知识设计实验测电压表内阻,用并联电路知识设计实验测电流表内阻,测电阻丝或其他导体的电阻等。这类实验题内容广泛、变化多端,可谓常考常新。

【例7】（2020年高考新课标Ⅲ卷）已知一热敏电阻当温度从10℃升至60℃时阻值从几千欧姆降至几百欧姆，某同学利用伏安法测量其阻值随温度的变化关系。所用器材：电源E、开关S、滑动变阻器R（最大阻值为20 Ω、电压表（可视为理想电表）和毫安表（内阻约为100 Ω）。

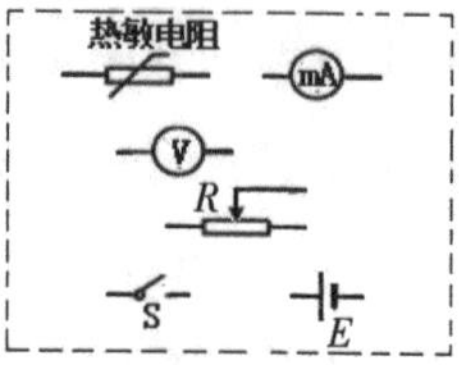

图4.1-11

（1）如图4.1-11所示，在答题卡上所给的器材符号之间连线，组成测量电路图。

（2）实验时，将热敏电阻置于温度控制室中，记录不同温度下电压表和毫安表的示数，计算出相应的热敏电阻阻值。若某次测量中电压表和毫安表的示数分别为5.5 V和3.0 mA，则此时热敏电阻的阻值为____kΩ（保留2位有效数字）。实验中得到的该热敏电阻阻值R随温度t变化的曲线如图4.1-12（1）所示。

（3）将热敏电阻从温控室取出置于室温下，测得达到热平衡后热敏电阻的阻值为2.2 kΩ。由如图4.1-12（1）求得，此时室温为____℃（保留3位有效数字）。

（4）利用实验中的热敏电阻可以制作温控报警器，其电路的一部分如图 .1-12（2）所示。图中，E为直流电源（电动势为10 V，内阻可忽略）；当图中的输出电压达到或超过6.0 V时，便触发报警器（图中未画出）报警。若要求开始报警时环境温度为50℃，则图中___（填“R_1”或“R_2”）应使用热敏电阻，另一固定电阻的阻值应为___kΩ（保留2位有效数字）。

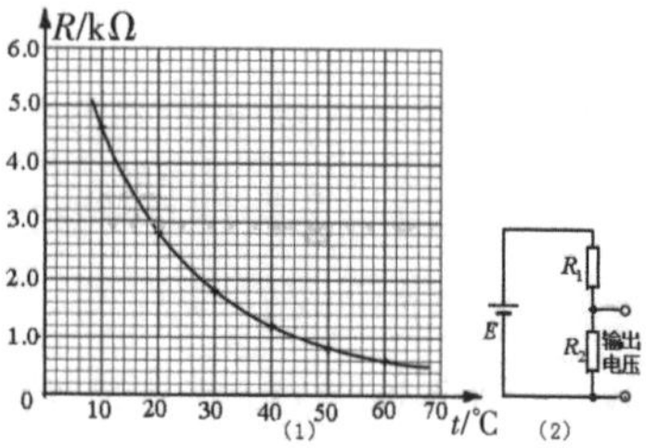

图4.1-12

【解析】（1）为满足“测量电阻需要测量多组数据减小误差”的隐性要求，滑动变阻器采用分压式。电压表可视为理想电表，$I_V=0$，所以用电流表外接，此时，$I_A=I_V+I_t\approx I_t$，又因$U_V=U_t$，故$R_{测}=\frac{U_V}{I_A}=\frac{U_t}{I_t}=R_{真}$。连线如图4.1-13所示。

（2）由部分电路欧姆定律得

$$R=\frac{U}{I}=\frac{5.5\ \text{V}}{0.3\times10^{-3}\ \text{A}}\approx1.8\times10^3\ \Omega$$

（3）由图4.1-12（1）直接可读出该电阻的阻值为2.2 kΩ所对应的温度为25.5℃。

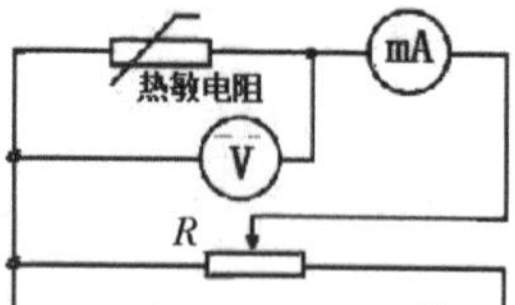

图4.1-13

（4）温度升高时，该热敏电阻阻值减小，分得电压减少。而温度高时要求输出电压升高，以触发报警，所以，R_1为热敏电阻。由图线可知，温度为50℃时，R_1=0.8 kΩ，由欧姆定律可得$E=I(R_1+R_2)$，$U=IR_2$，触发报警时的最小输出电压U为6.0 V，由前二式得另一固定电阻的阻值$R_2 = \frac{R_1 U}{E + U} = \frac{0.8\ \text{k}\Omega \times 6\ \text{V}}{10\ \text{V} - 6\ \text{V}} = 1.2\ \text{k}\Omega$。

2018年全国Ⅰ卷第23题以热敏电阻的温度特性为情境，考查考生对小灯泡伏安特性曲线的理解和灵活运用相关知识解决实际问题的能力；2018年全国Ⅲ卷测量某待测电阻R_x的阻值；2018年天津卷第9(3)题要求画出测量待测电阻阻值的实验电路图，判断实验值和真实值的大小并分析原因；2018年全国Ⅱ卷第22题要求考生根据实验目的和所给器材，改装电流表和电压表，设计实验电路，较好地反映考生的基本实验能力。2018年北京卷要求考生分析说明利用伽利略“斜面实验”检验小球速度随时间均匀变化的理由，2018年江苏卷第11题考查重力加速度的测量，对考生的探究能力要求都较高。

4.2 从“恒定电流”高考题看动手探究实验的重要性

物理学是自然科学的基石，是一门以实验为基础的科学。物理学家杨振宁说过，“物理学是以实验为本的科学”。达·芬奇曾经指出：“科学如果不是从实验中产生，并以一种清晰实验结束，便是毫无用处的、充满荒谬的。因为实验乃是确定性之母。”在物理学的产生和发展中，物理实验自始至终占有极其重要的地位。同样，在整个物理学科中，物理实验是精髓。

从培养新一代创新型人才出发，全面培养学生善于观察、勤于思考、敢于探索的精神，不仅仅是掌握物理知识，更应该培养学生的基本技能和观察、动手、探索能力，以及培养学生的科学态度与科学方法。在物理学习中，无论是提升能力还是提高成绩，物理实验都很重要。

时代在前进，高考的方式和内容在不断革新。高考物理实验试题从实验能力、知识结构、题型及设计性实验等四个方面提出要求，考查表现为

(1)重视基本仪器和实验原理；

(2)提升试题的综合程度；

(3)突出典型实验和增加新增实验；

(4)电学实验始终是重点；

(5)设计型实验成为热点。

高考实验题的改革方向，试图将亲手做过实验的和没有做过实验的学生区别出来，让“黑板上开机器”“纸上谈兵”式的实验教学失去优势。近几年来高考越来越体现新课标精神，实验题分两个小题：第一小题可能是实验的操作、仪器的使用，比如游标卡尺的读数、一些实验的步骤、关键实验器材的选择等，基本上都属于课内的内容；第二小题难度大一些，命题活一些，设问新一些，探究、设计性多一些，这类题多取材于课本，但不限于课内。

鉴于以上变化，我们必须在思想观念上重视物理实验，加强基本仪器使用的实践，做到真正理解实验原理。在进行基础物理实验的前提下，增加设计性和探究性实验的训练，注意实验设计、探究能力和创新能力的培养，加强对学生实验设计能力的

培养和创新思维的开发，有目的地培养学生的创新意识。

毫无疑问，高考导向的一个重要目标是提高中学生物理核心素养，因此在物理教育中，要体现这种精神。

一、从考题注重基础知识的考查看动手探究实验的重要

【问题1】电流表、电压表、多用表和变阻器的读数和使用。

物理大纲要求"学会正确使用仪器进行观察、测量和读数"，基本仪器的读数和使用是高考实验题考查的重要内容。电学实验器材的涉及频率极高，这一方面是因为电学实验在实验题中所占比重较大；另一方面是因为在一道电学实验题中通常会涉及几种电学实验器材。

【例1】电表的读数。

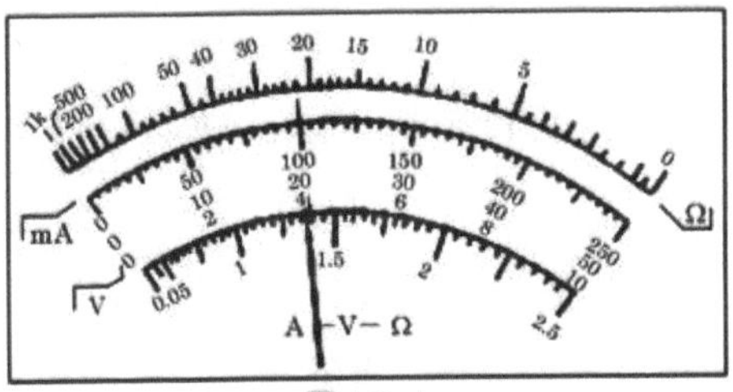

图4.2-1

（1）（2006年高考重庆卷）用已调零且选择旋钮指向欧姆挡"×10"位置的多用电表测某电阻阻值，根据题图4.2-1所示的表盘，被测电阻阻值为_____Ω。若将该表选择旋钮置于1 mA挡测电流，则被测电流为_____mA。

【解析】从指针位置读出指示数为"22"，再乘倍率，即为电阻值，即电阻值为22×10 Ω=220 Ω。当旋钮置于1 mA挡时，应读中间刻度，它有50个刻度，最小分度是 $\frac{1}{50}=0.02$ mA，其读数为 I=0.02 mA × 20 = 0.40 mA。

（2）（2008年高考宁夏卷）如图4.2-2所示，如果是用直流10 mA挡测量电流，则读数为_____mA。

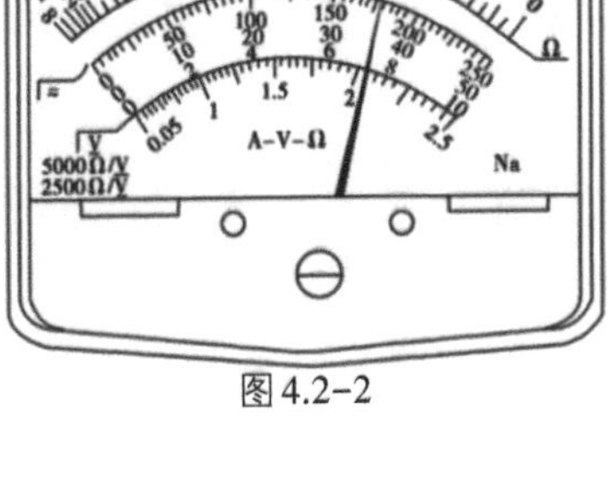

图4.2-2

【解析】电压和电流值的刻度盘都以中间刻度盘读取，但下面对应的三组数值是对应不同量程的电压或电流时使用的，即以量程为准确定最小分度值再进行读数，用直流10 mA挡测量电流时，以三组数据中最底下一排数据比较方便，读数为7.18 mA。

（3）（2018年高考江苏卷）某同学将一只量程为0~100 mV的电压表并联在电流表的两端，调节电阻箱，

当电流表的示数为0.33 A时，电压表的指针位置如题图4.2-3所示，则该电流表的内阻应为_____Ω。

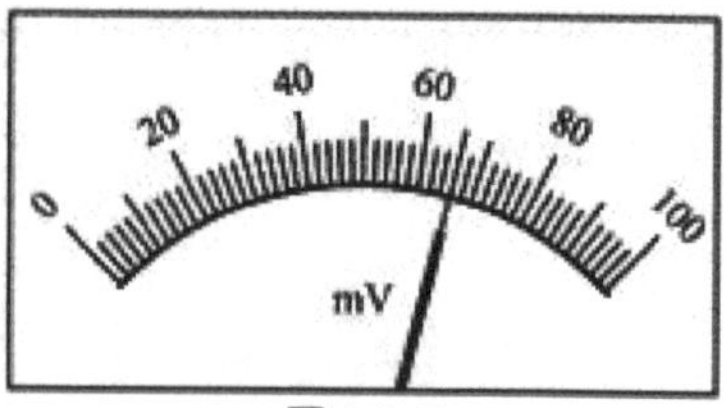

图4.2-3

【解析】

$$R_A=\frac{U_A}{I_A}=\frac{66.0\times10^{-3}\ \text{V}}{330\times10^{-3}\ \text{A}}=0.20\ \Omega$$

【创新思维】仪器、仪表的读数（测量值）是准确值加估计值，在仪器、仪表的读数中不可靠数字只保留一位，仪器或仪表中不可靠数字出现在哪一位，读数就读到哪一位。

①最小分度值是“1”的仪器，测量误差出现在下一位，下一位按十分之一估读。如电流表（或电压表）的最小分度值是0.1 A时，读数若以A为单位，则保留到小数点后第2位。

②最小分度值是“2”或“5”的仪器，测量误差出现在同一位上，同一位分别按二分之一或五分之一估读。若电压表的最小分度值为0.5 V，读数以V为单位时，应保留到小数点后第1位，因为0.1 V、0.2 V、0.3 V、0.4 V等电压值只能估读出来，也就是在小数点后第1位上出现不可靠数字。同样，若电流表的最小分度值为0.02 A，读数以A为单位时，应保留到小数点后第2位，因为这样的电流表能精确测量电流值只能是0.02A的整数倍，而对于0.01 A、0.03 A、0.05 A、…，电流值只能估读，也就是在小数点后第2位上出现了不可靠数字。应用中，对于最小分度值是“2”的仪器，读数往往读到其最小分度值的下一位。

如图4.2-4（1）所示，以按二分之一估读，因此可以认为在0.14与0.16之间，故读数为0.15 A。如图4.2-4（2）所示电压表的最小刻度为0.5 V，按五分之一估读，指针可以认为在3.5到4.0之间的五分之二，故读数为3.7 V。

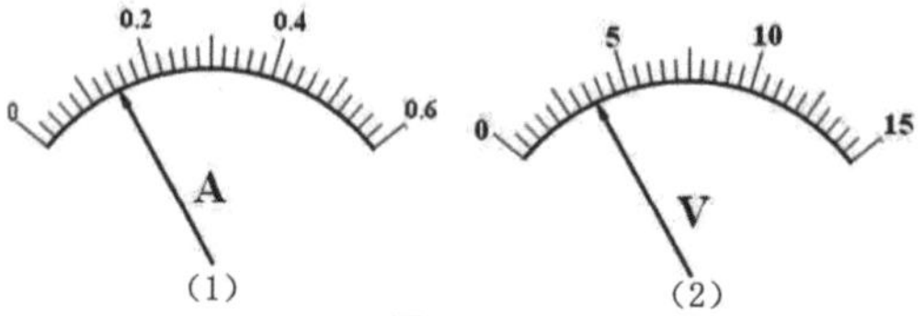

图4.2-4

【例2】（2013年高考全国新课标Ⅱ）某同学用量程为0~1 mA、内阻为120 Ω的表头所示电路改装成量程分别为1 V和1 A的多用电表。图中R_1和R_2为定值电阻，S为开关。回答下列问题：

（1）根据如图4.2-5（1）所示的电路，在如图4.2-5（2）所示的实物图上连线。

（2）开关S闭合时，多用电表用于测量________（填“电流”“电压”或“电阻”）；开关S断开时，多用电表用于测量________（填“电流”“电压”或“电阻”）。

（3）表笔A应为________色（填“红”或“黑”）。

(4)定值电阻的阻值R_1= ________Ω,R_2=________Ω。(结果取3位有效数字)

【解析】(1)根据图4.2-5(1)的电路图连线如图4.2-5(3)所示。

(2)开关S闭合时,电阻R_1与电流表并联,电流表量程扩大,应用于测量电流。开关S断开时,电阻R_2与电流表串联,电压表量程扩大,改装为电压表用于测量电压。

(3)电流从红表笔流进多用电表,从黑表笔流出。从电路图中表头和表笔的接法可知电流从表笔A流出,所以A为黑表笔。

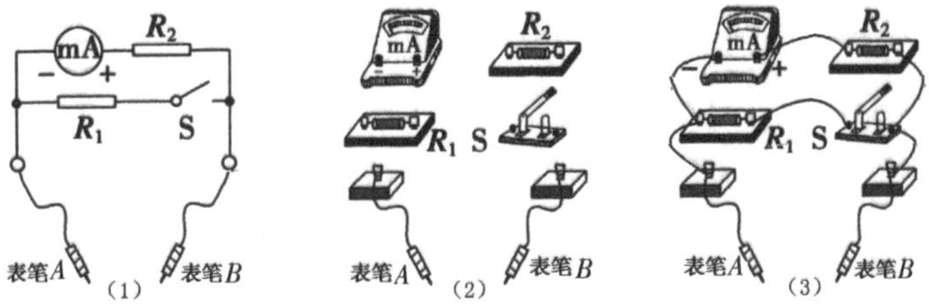

图4.2-5

(4)开关S断开时,电压量程为0~1 V,由串联电路知识,$R_V = \frac{U_V}{I_g} = \frac{1\ V}{1 \times 10^{-3}\ A} = 1\,000\ \Omega$。

$R_2 = R_V - R_g = 1\,000\ \Omega - 120\ \Omega = 880\ \Omega$。开关S闭合时,由并联电路知识

$I_g(R_2 + R_g) = (I - I_g)R_1$

$$R_1 = \frac{I_g}{I - I_g}(R_2 + R_g) = \frac{1 \times 10^{-3}\ A}{1 - 1 \times 10^{-3}\ A} \times 1\,000\ \Omega \approx 1.00\ \Omega$$

【创新思维】本题主要考查多用电表的原理、使用和电流表、电压表的原理和改装,意在考查考生应用相关电路知识分析解决实验问题的能力,解题关键在能否分清开关闭合和断开状态是串联电路还是并联电路。

【例3】(2017年高考新课标全国Ⅲ卷)如图4.2-6(1)所示为某同学组装完成的简易多用电表的电路图。图中E是电池;R_1、R_2、R_3、R_4和R_5是固定电阻,R_6是可变电阻;表头Ⓖ的满偏电流为250 μA,内阻为480 Ω。虚线方框内为换挡开关,A端和B端分别与两表笔相连。该多用电表有5个挡位,分别为:直流电压1 V挡和5 V挡,直流电流1 mA挡和2.5 mA挡,欧姆挡“×100 Ω”。

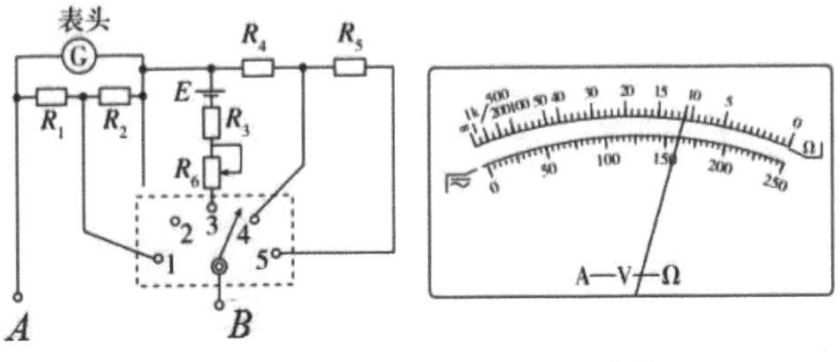

(1) (2)

图4.2-6

(1)如图1.8-6(1)中的A端与______(填“红”或“黑”)色表

笔相连接。

(2)关于R_6的使用，下列说法正确的是________(填正确答案标号)。

A.在使用多用电表之前，调整R_6使电表指针指在表盘左端电流“0”位置。

B.使用欧姆挡时，先将两表笔短接，调整R_6使电表指针指在表盘右端电阻“0”位置。

C.使用电流挡时，调整R_6使电表指针尽可能指在表盘右端电流最大位置。

(3)根据题给条件可得$R_1+R_2=$________Ω，$R_4=$________Ω。

(4)某次测量时该多用电表指针位置如图4.2-6(2)所示。若此时B端是与“1”相连的，则多用电表读数为________；若此时B端是与“3”相连的，则读数为________；若此时B端是与“5”相连的，则读数为________。(结果均保留3位有效数字)

【解析】(1)与多用电表内电源正极相连的是黑表笔，答案为“黑”。

(2)R_6是可变电阻，它作为欧姆表调零的作用。使用欧姆挡时，先将两表笔短接，调整R_6使电表指针指在表盘右端电阻“0”位置，答案为B。

(3)B端与“2”相连时，是量程较小的电流表，所以

$$R_1 + R_2 = \frac{I_g R_g}{I_1 - I_g} = \frac{0.25 \times 10^{-3}\ \text{A} \times 480\ \Omega}{(1 - 0.25) \times 10^{-3}\ \text{A}} = 160\ \Omega$$

B端与“4”相连时，是量程较小的电压表，这时表头与R_1、R_2并联组成新表头，新表头的内阻$r = \frac{(R_1 + R_2)R_g}{R_1 + R_2 + R_g} = \frac{160\ \Omega \times 480\ \Omega}{160\ \Omega + 480\ \Omega} = 120\ \Omega$。

新表头的量程是1 mA，即为新表头的满偏电流，所以

$$R_4 = \frac{U_1}{I_1} - r = \frac{1\ \text{V}}{1 \times 10^{-3}\ \text{A}} - 120\ \Omega = 880\ \Omega$$

(4)若此时B端与“1”相连，多用电表是量程为0~2.5 mA的电流表，则读数

$$I = \frac{2.5\ \text{mA}}{50} \times 29.4 = 1.47\ \text{mA}$$

若此时B端是与“3”相连的，多用电表欧姆挡处在“×100 Ω”挡，则读数

$$R = 11.0\ \Omega \times 100 = 1.10 \times 10^3\ \Omega$$

若此时B端是与“5”相连的，多用电表是量程为0~5 V的电压表，则读数为

$$U = \frac{5\ \text{V}}{50} \times 29.4 = 2.94\ \text{V}$$

【创新思维】会规范使用多用电表，能正确读出多用电表的示数，是解决本题的关键。在平时实验训练过程中要多注意规范操作和器材的正确使用方法，多用电表的读数重点是分清测量的物理量不同，读数方法不同。电压、电流对应量程，电阻对应

倍率。本题考查了电表的改装，要特别注意，在用电压挡和欧姆挡时，是与R_1和R_2串联再与表头内阻R_g并联，组成新的表头（电流表）。平时没有相应训练过程，就很难解好此题。

【问题2】测电阻（伏安法、半偏法、应用多用电表）。

【例4】（2015年高考全国Ⅱ卷）电压表满偏时通过该表的电流是半偏时通过该表电流的两倍。某同学利用这一事实测量电压表的内阻（半偏法），实验室提供的器材如下：

待测电压表V（量程为0~3 V，内阻约为3 000 Ω），电阻箱R_0（最大阻值为99 999.9 Ω），滑动变阻器R_1（最大阻值为100 Ω，额定电流2 A），电源E（电动势6 V，内阻不计），开关两个，导线若干。

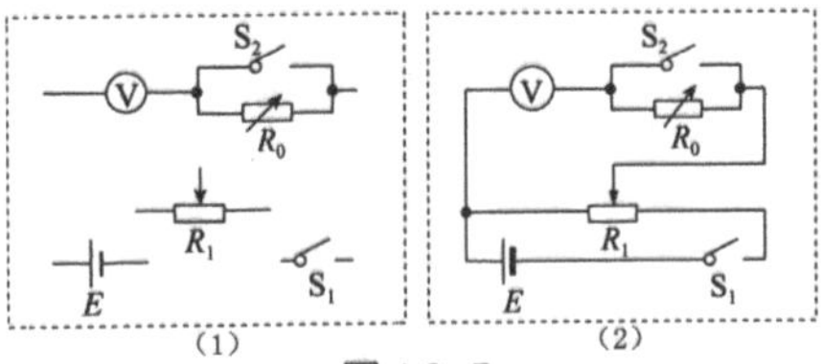

图4.2-7

（1）如图4.2-7（1）所示，虚线框内为该同学设计的测量电压表内阻的电路图的一部分，将电路图补充完整。

（2）根据设计的电路，写出实验步骤：________。

（3）将这种方法测出的电压表内阻记为R'_V，与电压表内阻的真实值R_V相比，R_V' ________R_V（填“>”“=”或“<”），主要理由是________。

【解析】（1）因滑动变阻器阻值较小，所以选择滑动变阻器的分压式接法，实验电路图如图4.2-7（2）所示.

（2）移动滑动变阻器的滑片，以保证通电后电压表所在支路分压最小；闭合开关S_1、S_2，调节R_1，使电压表的指针满偏；保持滑动变阻器滑片的位置不变，断开S_2，调节电阻箱R_0，使电压表的指针半偏；读取电阻箱所示的电阻值，此即为测得的电压表内阻。

（3）断开S_2，调节电阻箱使电压表呈半偏状态，电压表所在支路总电阻增大，分得的电压也增大；此时R_0两端的电压大于电压表的半偏电压，故测得值$R_V'>R_V$（真实值）。

【创新思维】（1）各种基本测量仪器的量程、使用测量仪器前通常都要调节零点或校正零点。

（2）正确读数，即应有正确读数的姿势，会读出仪器的最小刻度值，会从最小刻度之间估计出一位有效数字，为了减小误差，读数应在使用电表所用量程的三分之二左右处。

如果没有亲自动手测量或经历平时实验训练，没有多注意规范操作，则解题就不可能正确流畅。多用电表的操作不实践，想靠背、记忆那是绝对不可能的。

二、从考题注重实验探究的考查看动手探究实验的重要性

【问题1】电学黑箱问题，一般模式是内部结构未知的电学系统。

黑箱的种类变化多端，有纯电阻电路，纯电源电路，电阻、电源、二极管、电容等组合电路。对于“黑箱”问题，往往给出电路中的几种电学现象，通过对输入、输出信息的分析比较，合理假设，推知内部电路元件性质和电路结构。这类问题往往需要通过实际黑箱探测操作几个回合的过程，才能逐渐培养起实验探究能力。

【例5】(2012年高考全国卷)如图4.2-8(1)所示，在黑箱内有一由四个阻值相同的电阻构成的串并联电路，黑箱面板上有三个接线柱1、2、3。用欧姆表测得1、2接线柱之间的电阻为1 Ω，2、3接线柱之间的电阻为1.5 Ω，1、3接线柱之间的电阻为2.5 Ω。

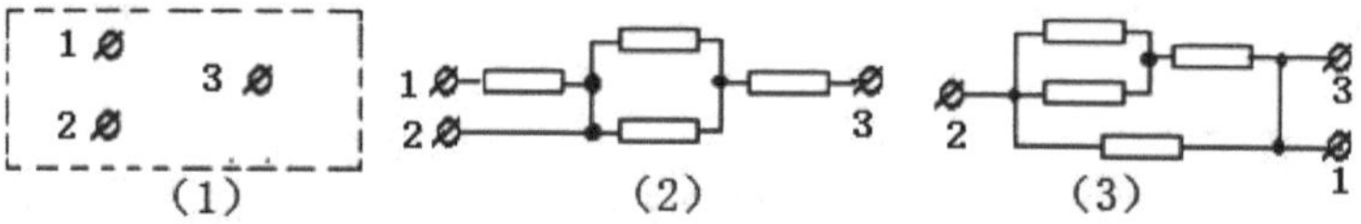

图4.2-8

(1)在虚线框中画出黑箱中的电阻连接方式；

(2)如果将1、3接线柱用导线连接起来，1、2接线柱之间的电阻为______Ω。

【解析】(1)因为1、2接线柱之间的电阻与2、3接线柱之间的电阻之和等于1、3接线柱之间的电阻，所以2为中间的结点，又因为2、3接线柱之间的电阻与1、2接线柱之间的电阻的差等于1、2接线柱之间的电阻的一半，故2、3之间有两个电阻并联，后再与第三个电阻串联，每个电阻均为1 Ω，连接方式如图4.2-8(2)所示。

(2)将1、3用导线相连后，等效电路如图4.2-8(3)所示，1、2之间的等效电阻$R=0.6\ \Omega$。

【问题2】高考题有些就是课本实验的改进实验，我们必须认真地去完成课本中的实验。

比如课本中“测绘小灯泡的伏安特性曲线”的实验，同学们有没有实践？下述实验过程：(1)电表的选择；(2)电流表、电压表的接法；(3)画出实验电路；(4)按要求将有关器材连成实验电路；(5)通过实验所得数据，正确作出小灯泡的伏安特性曲线；(6)分析小灯泡的伏安特性曲线并得出结论。靠看视频、背结论，不动手那是难以掌

握这个实验过程的。

【例6】(2016年高考新课标全国Ⅱ卷)某同学利用如图4.2–9(1)所示电路测量量程为0~2.5 V的电压表的内阻(内阻为数千欧姆),可供选择的器材有:电阻箱R(最大阻值99 999.9 Ω),滑动变阻器R_1(最大阻值50 Ω),滑动变阻器R_2(最大阻值5 kΩ),直流电源E(电动势3 V),开关1个,导线若干。

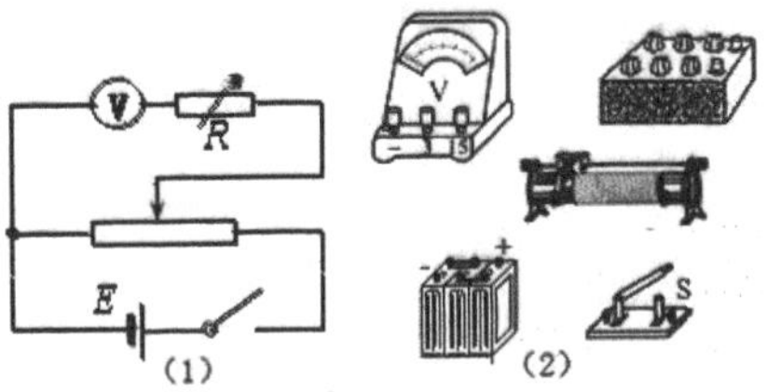

图4.2–9

实验步骤:

①按电路原理图4.2–9(1)连接线路;

②将电阻箱阻值调节为0,滑动变阻器的滑片移到与图4.2–9(1)中最左端所对应的位置,闭合开关S;

③调节滑动变阻器,使电压表满偏;

④保持滑动变阻器滑片的位置不变,调节电阻箱阻值,使电压表的示数为2.00 V,记下电阻箱的阻值。

回答下列问题:

(1)实验中应选择滑动变阻器_______(填“R_1”或“R_2”)。

(2)根据图4.2–9(1)所示电路将图4.2–9(2)中实物图连线。

(3)实验步骤④中记录的电阻箱阻值为630.0 Ω,若认为调节电阻箱时滑动变阻器上的分压不变,计算可得电压表的内阻为____Ω(结果保留到个位)。

(4)如果此电压表是由一个表头和电阻串联构成的,可推断该表头的满刻度电流为_____(填正确答案标号)。

A.100 μA　　B.250 μA　　C.500 μA　　D.1 mA

【解析】(1)该实验利用了半偏法测电压表内阻,实验原理为接入电阻箱时电路的总电阻减小不太大,故采用滑动变阻器为小电阻,选R_1可减小实验误差。

如图4.2–9(1)所示,利用半偏法测电压表内阻,电阻箱R=0时,设滑动变阻器电阻为R_0滑动片左边电阻为$R_{0左}$,与电压表组成并联电阻$R_{并}=\dfrac{R_V R_{0左}}{R_V+R_{0左}}$;电阻箱为某一阻值,与电压表及$R$组成并联电阻$R'_{并}=\dfrac{(R_V+R)R_{0左}}{(R_V+R)+R_{0左}}$。当取$R_V>>R_0$时,即同时满足$R_V>>R_{0左}$和$(R_V+R)>>R_{0左}$,则有$R_{并}\approx R_{0左}$,$R'_{并}\approx R_{0左}$,表明接入电阻箱时电路的总电阻没有多大影响。因此,采用滑动变阻器为小电阻,应选R_1。

(2)滑动变阻器为分压式,连接实物电路如图4.2–10所示。

(3)电压表的内阻 R_V 和 R 串联，分压为 2.00 V 和 0.50 V，则 $R_V = 4R = 4 \times 630.0\ \Omega = 2\,520.0\ \Omega$。

(4)电压表的满偏电流

$$I_g = \frac{U_g}{R_V} = \frac{2.5\ \text{V}}{2\,520.0\ \Omega} = 1 \times 10^{-3}\ \text{A} = 1\ \text{mA}$$，故选D。

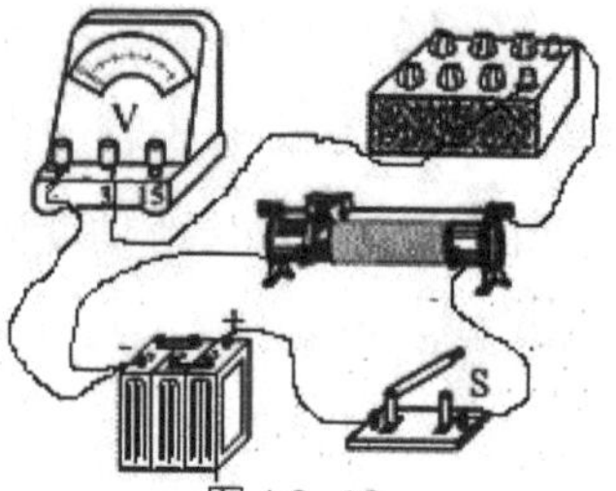

图4.2-10

【创新思维】此题考查测量电压表内阻以及电表的改装问题。实验是在课本中“半偏法”的基础上略加改编而成的，考查考生对实验原理的理解及迁移运用能力，解题关键是要掌握实验原理及实验步骤；在变阻器选择上，要从减小系统误差的角度进行分析，实物图连线也是经常做的题目，比较简单。

【问题3】考题有的来自学生实验中的纠结之处，或将同学们通过摸索采用的“殊途同归之法”予以提升而成。

【例7】(2018年高考新课标全国Ⅱ卷)某同学组装一个多用电表。可用的器材有：微安表头(量程0~100 μA，内阻900 Ω)，电阻箱 R_1(阻值范围0~999.9Ω)，电阻箱 R_2(阻值范围0~99 999.9Ω)，导线若干。要求利用所给器材先组装一个量程为0~1 mA的直流电流表，在此基础上再将它改装成量程为0~3 V的直流电压表。组装好的多用电表有电流1 mA和电压3 V两挡。回答下列问题：

(1)如图4.2-11(1)所示，在虚线框内画出电路图并标出 R_1 和 R_2，其中*为公共接线柱，a 和 b 分别是电流挡和电压挡的接线柱________。

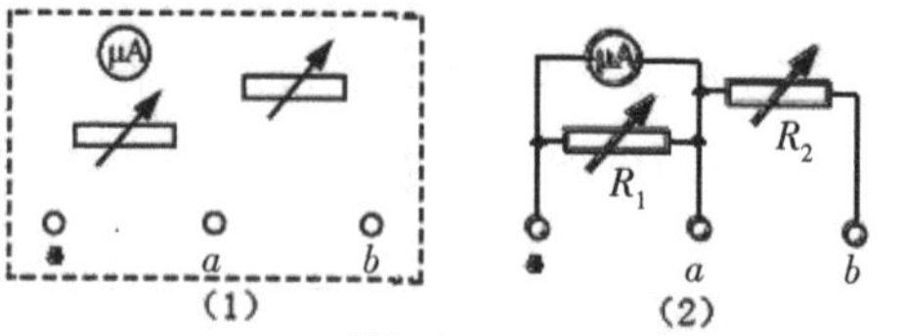

图4.2-11

(2)电阻箱的阻值 R_1 =________Ω；R_2=________Ω(保留到个位)。

【解析】(1)改装电流表需要并联一个电阻箱 R_1 调成比较小的电阻，构成大量程的电流表。再将改装后的电流表与另一电阻箱 R_2 串联，R_2 的阻值比较大，构成大量程的电压表，设计电路图如图4.2-11(2)所示。

(2)要改装一个量程为1 mA的直流电流表，需要在微安表两端并联一个电阻 R_1，由 $I_gR_g = (I - I_g)R_1$ 得

$$R_1 = \frac{I_gR_g}{I - I_g} = \frac{100 \times 10^{-6}\ \text{A} \times 900\ \Omega}{1 \times 10^{-3}\ \text{A} - 100 \times 10^{-6}\ \text{A}} = 100\ \Omega$$

因此，选用电阻箱 R_1 并联。改装后电流表的内阻

$$R_A = \frac{R_1 R_g}{R_1 + R_g} = \frac{100\ \Omega \times 900\ \Omega}{100\ \Omega + 900\ \Omega} = 90\ \Omega$$

要改装成量程为0~3 V电压表，$U_g = I_g R_g$，又由串联电路的电压分配关系 $\frac{U - U_A}{R_2} = \frac{U_g}{R_A}$，需要串联一个电阻

$$R_2 = (\frac{U}{U_g} - 1)R_A = (\frac{3\ \text{V}}{100 \times 10^{-6} \times 900\ \text{V}} - 1) \times 90\ \Omega = 2\,910\ \Omega$$

三、从考题注重发散思维的考查看动手探究实验的重要性

【问题1】应用等效法进行实验操作。

【例8】（2016年高考新课标全国Ⅰ卷）现要组装一个由热敏电阻控制的报警系统，要求当热敏电阻的温度达到或超过60 ℃时，系统报警。提供的器材有：热敏电阻，报警器（内阻很小，流过的电流超过 I_c 时就会报警），电阻箱（最大阻值为999.9 Ω），直流电源（输出电压为 U，内阻不计），滑动变阻器 R_2（最大阻值为1 000 Ω），滑动变阻器 R_2（最大阻值为2 000 Ω），单刀双掷开关一个，导线若干。

在室温下对系统进行调节。已知 U 约为18 V，I_c 约为10 mA；流过报警器的电流超过20 mA时，报警器可能损坏；该热敏电阻的阻值随温度升高而减小，在60 ℃时阻值为650.0 Ω。

（1）完成待调节的报警系统原理电路图4.2-12（1）的连线。

（2）在电路中应选用滑动变阻器__________（填“R_1”或“R_2”）。

（3）按照下列步骤调节此报警系统：

①电路接通前，需将电阻箱调到一固定的阻值，根据实验要求，这一阻值为________Ω；滑动变阻器的滑片应置于________（填“a”或“b”）端附近，不能置于另一端的原因是__________。

②将开关向__________（填“c”或“d”）端闭合，缓慢移动滑动变阻器的滑片，直至____________________。

（4）保持滑动变阻器滑片的位置不变，将开关向另一端闭合，报警系统即可正常使用。

【解析】（1）热敏电阻工作温度达到50 ℃时，报警器报警。故需利用替代法通过调节电阻箱，当温度为60 ℃时热敏电阻的阻值达到650.0 Ω，使报警器正常报警，由不完

整电路可知，滑动变阻器采用限流式接法，电路连线如图4.2-12(2)所示。

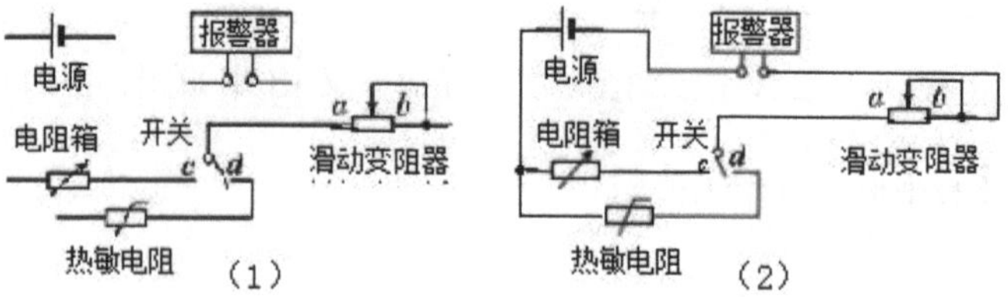

图4.2-12

(2)在室温下对系统进行调节，已知U约为18 V，I_c约为10 mA；流过报警器的电流超过20 mA时，报警器可能损坏，可知外电阻的取值范围大约是

$$\frac{18\ \text{V}}{20\times10^{-3}\ \text{A}}=900\ \Omega\leqslant R\leqslant\frac{18\ \text{V}}{10\times10^{-3}\ \text{A}}=1\ 800\ \Omega$$

报警器阻值为650.0 Ω，所以滑动变阻器取值范围为250～1 150 Ω，因此，滑动变阻器应选R_2。

(3)调节步骤：

①本题采用的是等效替代法，先用变阻箱替代热敏电阻，所以变阻箱的阻值要调节到热敏电阻的临界值，即在60 ℃时阻值为650.0 Ω；为防止接通电源后流过报警器的电流超过20 mA，报警器可能损坏，滑动变阻器的滑片应置于“b”端；不能置于另一端的原因是失去滑动变阻器的保护，电路电流$I=\frac{18\ \text{V}}{650.0\ \Omega}>20.0\ \text{mA}$，报警器会损坏。

②先将开关向“c”端闭合，把变阻箱的电阻接入电路，将滑动变阻器的电阻调至报警器开始报警状态，保持滑动变阻器的阻值不变，将开关转向“d”端接到热敏电阻上，当热敏电阻的阻值是650.0 Ω时，也就是温度达到60 ℃，报警器开始报警，调试完成。

【创新思维】本题使用了等效替代法，先用电阻箱的阻值代替热敏电阻来调节电路，再接入热敏电阻时，就可以直接工作。平时缺乏动手实验的训练，热敏电阻、报警器从未见过，不太容易感知，更想不到采用这种灵活、方便、安全的操作方法。

【问题2】用发散思维打开思路，进行实验操作。

【例9】(2016年高考北京卷)某兴趣小组探究用不同方法测定干电池的电动势和内阻，他们提出的实验方案中有如下四种器材组合。为使实验结果尽可能准确，最不可取的一组器材是(　　)

A.一个安培表、一个伏特表和一个滑动变阻器

B.一个伏特表和多个定值电阻

C.一个安培表和一个电阻箱

D.两个安培表和一个滑动变阻器

【解析】A中根据闭合回路欧姆定律可得$E = U + Ir$,可测量多组数据列式求解,A正确;B中根据欧姆定律可得$E = \frac{U}{R}(r + R)$,测量多组数据可求解,B正确;C中根据欧姆定律可得$E = I(R + r)$,可测量多组数据列式求解,C正确;D中两个安培表和一个滑动变阻器,由于不知道滑动变阻器电阻,故无法测量,D错误。

【创新思维】选修3-1　第二章“实验10:测定电池的电动势和内阻”,是高考的重点,也是难点。考题在实验原理的基础上,创设新情景,发散变换为如下三种实验方法:

方法1:用电压表、电流表、可变电阻(如滑动变阻器)连接如图4.2-13(1)所示电路测量,可以得到几组U、I的值,通过解方程组,由原理公式$E=U+Ir$,求出E、r的值。

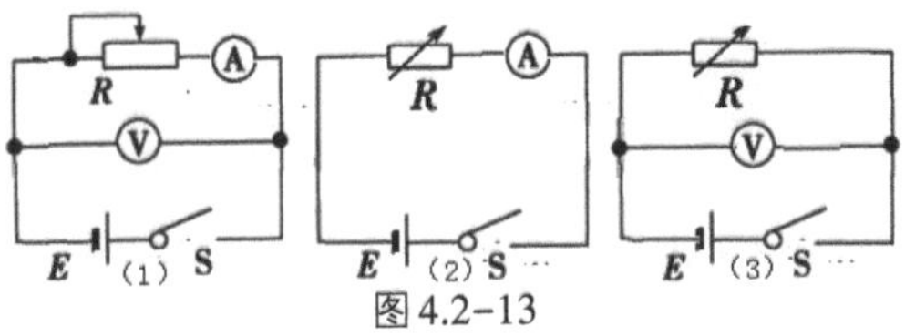

图4.2-13

方法2:用电流表、电阻箱连接如图4.2-13(2)所示电路测量,可以得到几组的值I、R,通过解方程组,由原理公式$E = IR + Ir$,求出E、r的值。

方法3:用电压表、电阻箱连接如图1.8-13(3)所示电路测量,可以得到几组U、R的值,通过解方程组,由原理公式$E = U + \frac{U}{R}r$,求出E、r的值。

“测定电池的电动势和内阻”实验,同学们不仅可以得到灵活运用闭合电路欧姆定律的训练,加深对电动势这一概念的理解,还可再一次熟悉用图像处理数据的方法,并得到电学实验中许多操作技能的训练。这一切都必须亲手做实验,不经历实验过程,连一个水果电池都未经手,思维发散怎么会流畅?上述效果怎么能达到?

四、从考题注重设计性思维的考查看动手探究实验的重要性

设计型实验已成为高考物理实验的新热点,引导学生将已掌握的物理知识和实验技能创造性地应用到新的实验情景中,根据题给条件自行选定实验原理,自行设计实验方案去探究物理现象、探索物理规律或测定物理量的值,从而考查学生对基础知识的掌握情况,以及分析和解决实际问题的能力。

设计型实验题基本源于课本,变于课本,高于课本。同学们不动手地学“实验”,

结果只能是事倍功半，甚至劳而无功。

【例10】（2018年高考新课标全国I卷）某实验小组利用如图4.2-14（1）所示的电路，探究25℃~80℃范围内某热敏电阻的温度特性，所用器材有：置于温控室（图中虚线区域）中的热敏电阻R_T，其标称值（25℃时的阻值）为900.0 Ω；电源E（6 V，内阻可忽略），电压表Ⓥ（量程0~150 mV）；定值电阻R_0（阻值20.0 Ω），滑动变阻器R_1（最大阻值为1 000 Ω）；电阻箱R_2（阻值范围0—999.9 Ω）；单刀开关S_1；单刀双掷开关S_2。实验时，先按图4.2-16（1）连接好电路，再将温控室的温度t升至80.0℃，将S_2与1端接通，闭合S_1，调节R_1的滑片位置，使电压表读数为某一值U_0；保持R_1的滑片位置不变，将R_2置于最大值，将S_2与2端接通，调节R_2，使电压表读数仍为U_0；断开S_1，记下此时R_2的读数，逐步降低温控室的温度t，得到相应温度下R_2的阻值，直至温度降到25.0 ℃，实验得到的R_2-t数据见表4.2-1。

表4.2-1　实验数据表

t/℃	25.0	30.0	40.0	50.0	60.0	70.0	80.0
R_2/Ω	900.0	680.0	500.0	390.0	320.0	270.0	240.0

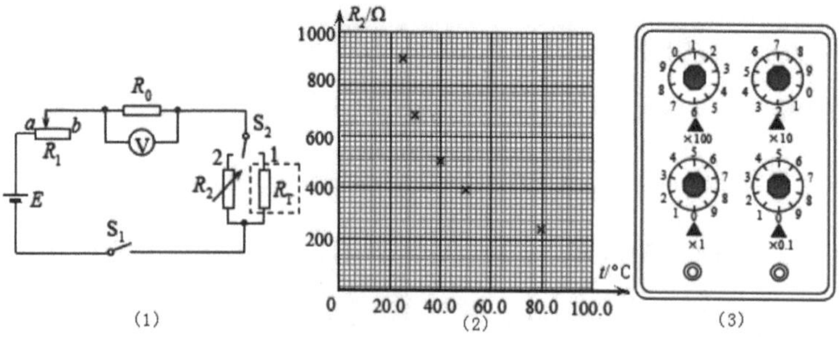

图4.2-14

回答下列问题：

（1）闭合S_1前，图4.2-14（1）中R_1的滑片应移动到_____填“a”或“b”）端；

（2）在图4.2-14（2）的坐标纸上补齐数据表中所给数据点，并作出R_2-t曲线；

（3）由图4.2-14（2）可得到R_2在25℃~80℃范围内的温度特性，当t=44.0℃时，可得R_T=____Ω；

（4）将R_T握于手心，手心温度下R_2的相应读数如图4.2-16（3）所示，该读数为____Ω，则手心温度为______℃。

【解析】本题主要考查研究小灯泡的伏安特性实验、利用伏安特性曲线计算实际功率及其相关的知识点，意在考查学生对小灯泡伏安特性曲线的理解和灵活运用相关知识解决实际问题的能力。

(1)图4.2–14(1)电路中滑动变阻器采用限流式接法，在闭合S_1前，R_1应该调节到接入电路部分的电阻值最大，使电路中电流最小，即图4.2–14(1)中的R_1的滑片应移到b端。

(2)将t=60 ℃和t=70 ℃对应的两组数据对应画在坐标图上，然后用平滑曲线过尽可能多的数据点画出R_2–t图像，如图4.2–15所示。

(3)根据题叙实验过程可知，测量的R_2数据等于对应的热敏电阻R_T的电阻值。由画出的R_2–t图像可知，当t=44.0 ℃时，对应的R_T=450 Ω。

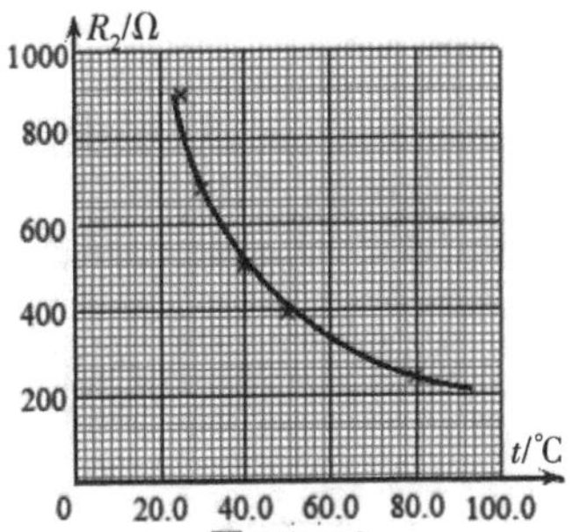

图4.2–15

(4)电阻箱不估读，其读数为

$$R = 6\times100\,\Omega + 2\times10\,\Omega + 0\times1\,\Omega + 0\times0.1\,\Omega = 620.0\,\Omega$$

由画出的R_2–t图像可知，当$R_T = 620.0\,\Omega$时，则手心温度$t = 33.0$ ℃。

【创新思维】解答此题常见错误主要有：一是没有掌握滑动变阻器的分压式接法和限流式接法在开关闭合前滑动头的位置；二是没有认真阅读题述的实验过程，导致不能把电阻箱R的读数与热敏电阻阻值联系起来。毫无疑问，重视动手实验的操作，该题的常见错误自然会减少甚至不会发生。

【例11】(2019年高考全国Ⅲ卷)某同学欲将内阻为98.5 Ω、量程为0~100 μA的电流表改装成欧姆表并进行刻度和校准，要求改装后欧姆表的15 kΩ刻度正好对应电流表表盘的50 μA刻度。可选用的器材还有：定值电阻R_0(阻值14 kΩ)，滑动变阻器R_1(最大阻值1 500 Ω)，滑动变阻器R_2(最大阻值500 Ω)，电阻箱(0 ~ 99 999.9 Ω)，干电池(E = 1.5 V，r = 1.5 Ω)，红、黑表笔和导线若干。

(1)欧姆表设计。将图4.2–16(1)中的实物连线组成欧姆表。欧姆表改装好后，滑动变阻器R接入电路的电阻应为________Ω；滑动变阻器选________(填“R_1”或“R_2”)。

(2)刻度欧姆表表盘。通过计算，对整个表盘进行电阻刻度，如图4.2–16(2)所示。表盘上a、b处的电流刻度分别为25和75，则a、b处的电阻刻度分别为________、________。

(3)校准。红、黑表笔短接，调节滑动变阻器，使欧姆表指针指向________kΩ处；将红、黑表笔与电阻箱连接，记录多组电阻箱接入电路的电阻值及欧姆表上对应的测量值，完成校准数据测量。若校准某刻度时，电阻箱旋钮位置如图4.2–16(3)所示，则电阻箱接入的阻值为__________Ω。

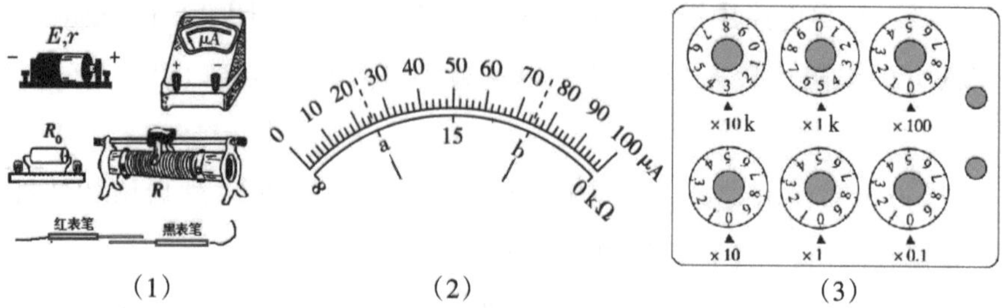

图4.2-16

【解析】(1)欧姆表的内部结构需要按照电流的走向连接实物图：电流从电源的正极出发，从电流表的正接线柱流入，负接线柱流出，通过滑动变阻器，而在欧姆表外部，电流从黑表笔流出，从红表笔流入，故连线如图4.2-17所示。

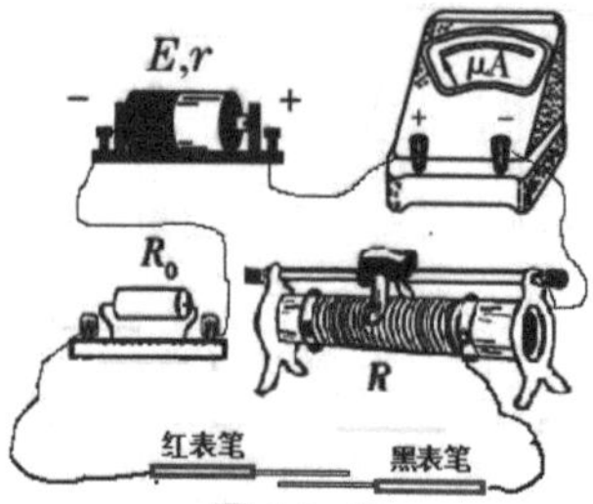

图4.2-17

根据欧姆表的改装原理，当电流计满偏时，则有

$I_g=\dfrac{E}{R_g+r+R_0+R}$，得

$R=\dfrac{E}{I_g}-R_g-r-R_0=\dfrac{1.5\ \text{V}}{0.1\times10^{-3}\ \text{A}}-98.5\ \Omega-1.5\ \Omega-14\ \Omega\times10^3\ \Omega=900\ \Omega$

则为了滑动变阻器的安全，则滑动变阻器选择R_1。

(2)在a处有$\dfrac{1}{4}I_g=\dfrac{E}{R_g+r+R_0+R+R_{xa}}$，得

$$R_{xa}=\frac{4E}{I_g}-R_g-r-R_0-R$$
$$=\frac{4\times1.5\ \text{V}}{0.1\times10^{-3}\ \text{A}}-98.5\ \Omega-1.5\ \Omega-14\ \Omega\times10^3\ \Omega-900\ \Omega$$
$$=45\times10^3\ \Omega=45\ \text{k}\Omega$$

在b处，$\dfrac{3}{4}I_g=\dfrac{E}{R_g+r+R_0+R+R_{xb}}$

同理解得$R_{xb}=5\ \text{k}\Omega$。

(3)红黑表笔短接，调节滑动变阻器，使欧姆表指针指到0处，由图4.2-16(3)可知，电阻箱接入的电阻为$R=35\,000.0\ \Omega$。

(注：35 kΩ、35 000 Ω、35 000.00 Ω均错)

【创新思维】(1)实验题源：高中物理人教版选修3-1“恒定电流”第8节“多用电表的原理”例题和第9节“实验练习使用多用电表”中“测量定值电阻”。

(2)从欧姆表的设计过程，落实了“引导学生从‘解题’向‘解决问题’转变”的考核创新理念。解决问题的途径是多通道的，应让考生发散应对。如选择滑动变阻器中的计算，还有两条途径：

①由题意可知，欧姆表的中值电阻是 15 kΩ，中值电阻与欧姆表的内阻相等，$R_{中} = R'_g = R_g + r + R_0 + R = 15 \times 10^3\ \Omega$，所以滑动变阻器$R$接入电路的电阻 $R = 15 \times 10^3\ \Omega - 98.5\ \Omega - 1.5\ \Omega - 14 \times 10^3\ \Omega = 900\ \Omega$；

②$\frac{1}{2}I_g = \frac{E}{R_g + r + R_0 + R + R_x}$

$$R = \frac{2E}{I_g} - R_g - r - R_0 - R_x$$

$$= \frac{2 \times 1.5\ \text{V}}{0.1 \times 10^{-3}\ \text{A}} - 98.5\ \Omega - 1.5\ \Omega - 14 \times 10^3\ \Omega - 15 \times 10^3$$

$$= 900\ \Omega$$

(3)体现高等院校对选拔学生实验设计能力以及创新能力的考核需要。

用学过的原理去设计一个实验来测定某一物理量，用学生实验中用过的方法去设计实验完成其他物理量的测量，这些基于课本中注重设计型实验内容的提升试题，引导学生平时做实验，必须动眼又动口、动脑又动手。

【例 12】(2020 年高考全国Ⅱ卷)某同学要研究一小灯泡 L(3.6 V，0.30 A)的伏安特性。所用器材有：电流表 A_1(量程 0~200 mA，内阻 R_{g1}= 10.02 Ω)、电流表 A_2(量程 500 mA，内阻 R_{g2}=1.0 Ω)、定值电阻 R_0(阻值 R_0=10.0Ω)、滑动变阻器 R_1(最大阻值 10 Ω)电源 E(电动势 4.5 V，内阻很小)、开关 S 和若干导线。该同学设计的电路如图 4.2-18 所示。

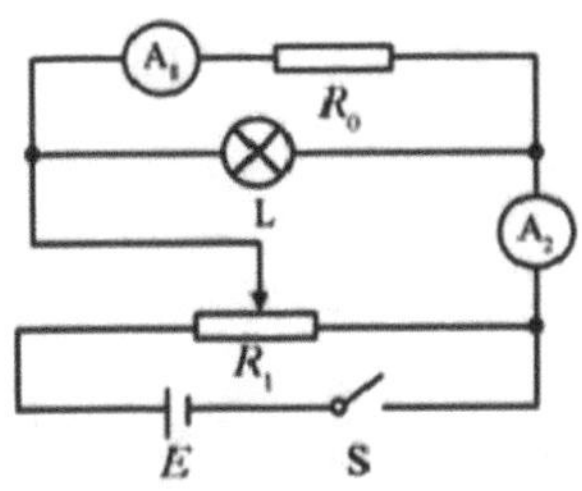

图 4.2-18

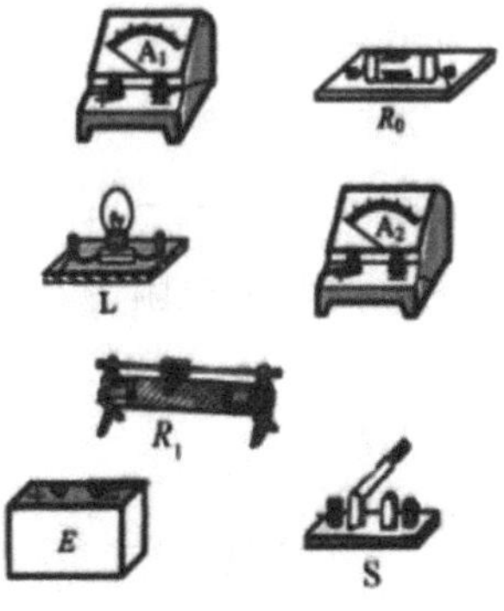

图 4.2-19

(1)根据图 4.2-18，在图 4.2-19 的实物图中连线。

(2)若 I_1、I_2 分别为流过电流表 A_1 和 A_2 的电流，利用 I_1、I_2、R_{g1} 和 R_0 写出：小灯泡两

端的电压 U=________，流过小灯泡的电流 I=________。为保证小灯泡的安全，I_1不能超过__________mA。

(3)实验时，调节滑动变阻器，使开关闭合后两电流表的示数为零，逐次改变滑动变阻器滑片位置并读取相应的I_1和I_2。所得实验数据在表4.2-2中给出。

根据实验数据可算得，当I_1=173 mA时，灯丝电阻R=_____Ω(保留1位小数)。

(4)如果用另一个电阻替代定值电阻R_0，其他不变，为了能够测量完整的伏安特性曲线，所用电阻的阻值不能小于_____ Ω(保留一位小数)。

【解析】

表4.2-2

I_1/mA	32	55	85	125	144	173
I_2/mA	171	229	299	379	424	470

(1)根据电路图连接实物图如图4.2-20所示。

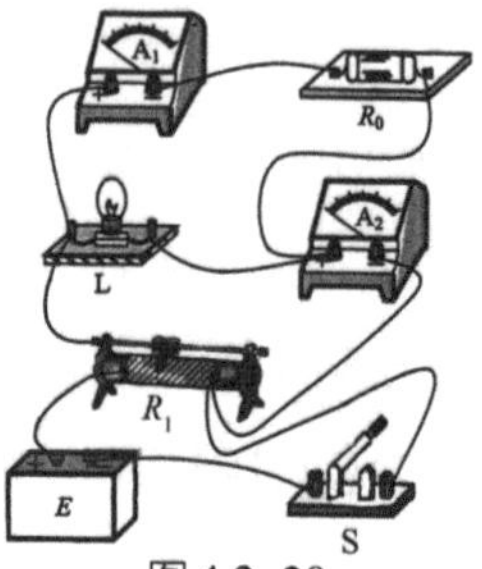

图4.2-20

(2)①根据电路图可知灯泡两端的电压为电流表A_1和R的总电压，故根据欧姆定律有$U = I_1(R_{g1} + R_0)$①；

②根据并联电路特点可知，流过小灯泡的电流为$I = I_2 - I_1$②；

③因为小灯泡的额定电压为$U_{额} = 3.6\ \text{V}$，故根据题目中已知数据代入①中可得$I_1 = \frac{U_{额}}{R_{g1} + R_o} = \frac{3.6\ \text{V}}{10.0\ \Omega + 10.0\ \Omega} = 0.18\ \text{A} = 180\ \text{mA}$，即为了保证小灯泡的安全，$I_1$不能超过180 mA。

(3)根据表中数据可知，当I_1=173 mA时，I_2=470 mA；根据前面的分析代入数据可知，此时灯泡两端的电压为

$$U = I_1(R_{g1} + R_0) = 0.173\ \text{A} \times (10.0\ \Omega + 10.0\ \Omega) = 3.46\ \text{V}$$

流过小灯泡的电流为$I = I_2 - I_1 = 470\ \text{mA} - 173\ \text{mA} = 297\ \text{mA} = 0.297\ \text{A}$，故根据欧姆定律可知，此时小灯泡的电阻为

$$R = \frac{U}{I} = \frac{I_1(R_{g1} + R_0)}{I_2 - I_1} = \frac{0.173\ \text{A}(10.0\ \Omega + 10.0\ \Omega)}{0.297\ \text{A}} = 11.6\ \Omega$$

(4)要测量完整的伏安特性曲线，则灯泡两端的电压至少要达到3.6 V，而电流表A不能超过其量程200 mA，此时结合①有$U_{额} \leqslant I_1(R_{g1} + R)$

$$\therefore R \geqslant \frac{U_{额}}{I_1} - R_{g1} = \frac{3.6}{0.2} - 10.0 = 8.0\ \Omega$$

即要完整地测量小灯泡伏安特性曲线，所用电阻的阻值不能小于8.0 Ω。

【创新思维】该题源于人教版高中物理选修3–1第二章“恒定电流”第3节“欧姆定律”实验“测绘小灯泡的伏安特性曲线”。课本图4.2–4为实验电路图（如图4.2–21所示）。本试题对该实验进行了创新，用电流表A和电阻R_0改装成电压表，替代原电路中的电压表，创设更为真实的实验情境，设计一些实际问题，让学生分析解答，从“解实验题”到“解决实验中出现的问题”。

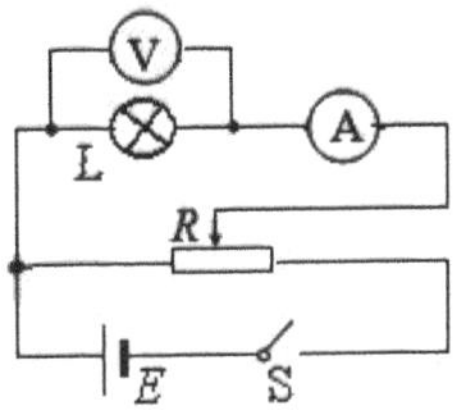

图4.2–21

五、结语

从以上近年高考实验题的剖析不难看出，实验题中的实物连线，器材的选择，实验步骤排序、纠错、补漏，实验误差的排除、错误的纠正等，这些都是实际操作的全真模拟，是基础题。不进实验室，没有亲自动手接触器材，没有实际操作过这些实验，怎么能理论与实践相结合去做好实验题？

近年高考实验题显示，物理实验对于能力部分的要求不断提高。实验并不单纯是实验动手，物理实验能力的高低往往与学生的物理知识、思维方法的储备密切相关。要从根本上提高物理实验能力，还需要认真听取老师在实验室评讲实验，条件不具备的要创造条件，自制教具、借助仪器或仿真模拟实验。我们不只是提高实验的技能，还需在此基础上继续提升解决实验问题的创新能力和物理学科核心素养。

4.3　研学高考题创新

高考把对能力的考核放在首要位置，将大纲五种能力（理解能力、推理能力、分析综合能力、应用数学方法处理物理问题能力和实验能力等）整合为创新能力，试题注重对考生创新思维的考查，近年高考充分反映了这一点。新课标强调从生活走向物理，从物理走向社会，密切科学、技术与社会之间的联系，改变学科本位和机械式学习方式，试题创新思维的含量逐年增大，这是基于学生核心素养培养目标的一项举措。那么，面对高考题的创新，我们又怎么跟进呢？

一、回归课本

从近几年的高考试题我们不难发现高考命题的一个重要规律：高考试题在课本中都能找到试题源，即试题原型或相关内容。高考命题一个不变的原则就是“源于课本，又高于课本”。因此，我们必须重视课本知识，挖掘其更深层次的内容，变化、深化、优化课本例题、习题，充分发挥课本上的典型例题、习题的作用。

例如，2019年北京高考理综卷物理学科命题，客观题有半数源于课本（13、14、15、17题），主观题的21、22和23（1）题均源于课本。这些试题或源于课本中的正文，或源于课本中的习题，且所有素材在课本中均有不同程度的涉及。

【例1】（2017年高考全国Ⅰ卷）扫描隧道显微镜（STM）可用来探测样品表面原子尺寸上的形貌，为了有效隔离外界振动对STM的扰动，在圆底盘周边沿其径向对称地安装若干对紫铜薄板，并施加磁场来快速衰减其微小振动，如图4.3-1所示。无扰动时，按下列四种方案对紫铜薄板施加恒磁场（如图4.3-2所示）；出现扰动后，对于紫铜薄板上下及其左右振动的衰减最有效的方案是（　　）

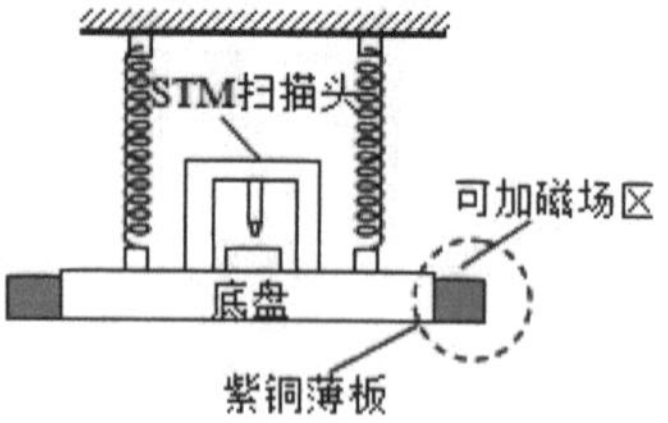

图4.3-1

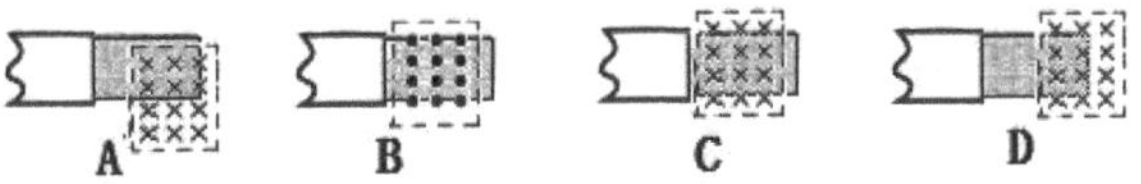

图4.3-2

【解析】紫铜薄板上下振动时，通过薄板的磁通量会发生变化，薄板上产生感应电流，方向可由楞次定律判断，相应的安培力总是阻碍薄板振动。B、C、D选项中均不会引起磁通量变化，而A选项，无论紫铜薄板上下及其左右振动，均会引起磁通量变化，电磁阻尼的效果最好，故选A。

【创新思维】该题题干中，扫描隧道显微镜（STM）是大学物理学习范畴，命题者把它作为背景材料，将高中物理涡流中的电磁阻尼知识与之巧妙无缝衔接，精心设计成这一道题景新颖、设计精妙的创新性考题。

人教版高中物理选修3-2 P27“思考与讨论”，还有P27图4.7-5以及P28图4.3-11，都涉及电磁感应的实际应用——电磁阻尼的分析。人教版高中物理必修1绪论中P3图0-7、选修3-5的封面都出现关于扫描隧道显微镜（STM）的图片。

【例2】（2019年高考北京卷）雨滴落到地面的速度通常仅为几米每秒，这与雨滴下落过程中受到空气阻力有关。雨滴间无相互作用且雨滴质量不变，重力加速度为g。

（1）质量为m的雨滴由静止开始，下落高度h时速度为v，求这一过程中克服空气阻力所做的功W。

（2）将雨滴看作半径为r的球体，设其竖直落向地面的过程中所受空气阻力$f=kr^2v^2$，其中v是雨滴的速度，k是比例系数。

a.设雨滴的密度为ρ，推导雨滴下落趋近的最大速度v_m与半径r的关系式；

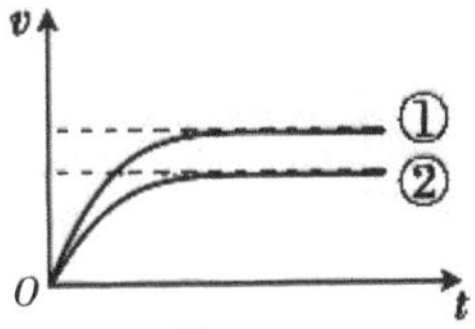

图4.3-3

b.如图4.3-3所示，画出了半径为r_1、r_2（$r_1>r_2$）的雨滴在空气中无初速度下落的$v-t$图线，其中________对应半径为r_1的雨滴（选填①②）；若不计空气阻力，请在图中画出雨滴无初速度下落的$v-t$图像。

（3）由于大量气体分子在各方向运动的概率相等，其对静止雨滴的作用力为零。将雨滴简化为垂直于运动方向面积为S的圆盘，证明：圆盘以速度v下落时受到的空气阻力$f\propto v^2$（提示：设单位体积内空气分子数为n，空气分子质量为m_0）。

【解析】（1）根据动能定理$mgh-W=\frac{1}{2}mv^2$，可得$W=mgh-\frac{1}{2}mv^2$。

(2)a.根据牛顿第二定律$mg - f = ma$,得$a = g - \frac{kr^2v^2}{m}$

当加速度为零时,雨滴趋近于最大速度v_m,雨滴质量$m = \frac{4}{3}\pi r^3\rho$

由a=0可得,雨滴最大速度$v_m = \sqrt{\frac{4\pi\rho g}{3k}r}$。

b.填"①",如果不计阻力,那么雨滴就是做自由落体运动,在图像中,只有初始速度为零时的加速度才是g,所以不计阻力的加速直线与曲线相切,如图4.3-4中斜线所示。

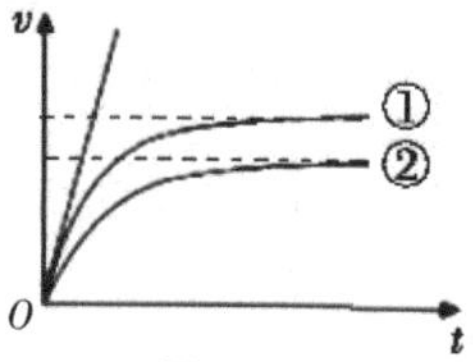

图4.3-4

(3)根据题设条件:大量气体分子在各方向运动的概率相等,其对静止雨滴的作用力为零。以下只考虑雨滴下落的定向运动,简化的圆盘模型如图4.3-5所示。设空气分子与圆盘碰撞前后相对速度大小不变,在Δt时间内,与圆盘碰撞的空气分子质量为$\Delta m = Sv\Delta tnm_0$。

以F表示圆盘对气体分子的作用力,根据动量定理,有

$F\Delta t \propto \Delta m \cdot v$,得$F \propto nm_0Sv^2$。

由牛顿第三定律,可知圆盘所受空气阻力$f \propto v^2$。采用不同的碰撞模型,也可得到相同结论。

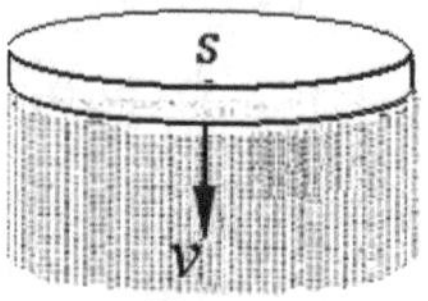

图4.3-5

【创新思维】以"雨滴下落"为背景素材设计问题,考查了考生的模型建构能力、科学推理论证能力以及宏微观结合的思想方法。试题先后涉及两种模型,分别是第(2)问将雨滴简化为球体模型求其下落的终极速度,第(3)问将雨滴简化为圆盘模型,证明其下落过程中的阻力与速度平方成正比。试题将宏观的空气阻力与微观视角的空气分子与圆盘碰撞相结合,很好地体现了宏观与微观相结合的思想方法。

人教版高中物理必修1 P35栏目"说一说",v-t图像描述的是加速度逐渐减小的加速运动;人教版高中物理必修1 P60"科学漫步"栏目,课本涉及流体阻力、流速与阻力的关系、雨滴下落阻力问题等,无不表明该题命题素材完全源于课本。

二、题景新颖

不断变换命题手法,让命题新鲜、题景新颖。考生面对考题,显然从未见过,考生必经通过阅读、分析、推理、演绎才能探索出解题思路。这样,试卷的难度大大提高,有利于高校选拔合格人才。

以江苏高考图像题型选择题为例来看看题景如何演变，此类题分为识图题或作图题两类，识图题画出图像，要求考生识别、理解，作图题要求考生选择正确的图像，此类题只要把题干作为作图题去做即可。

【例3】（2010年高考江苏卷）空间有一沿x轴对称分布的电场，其电场强度E随x变化的图像如图4.3-6(1)所示。下列说法正确的是(　　)

A.O点的电势最低　　B.x_2点的电势最高

C.x_1和$-x_1$两点的电势相等　　D.x_1和x_3两点的电势相等

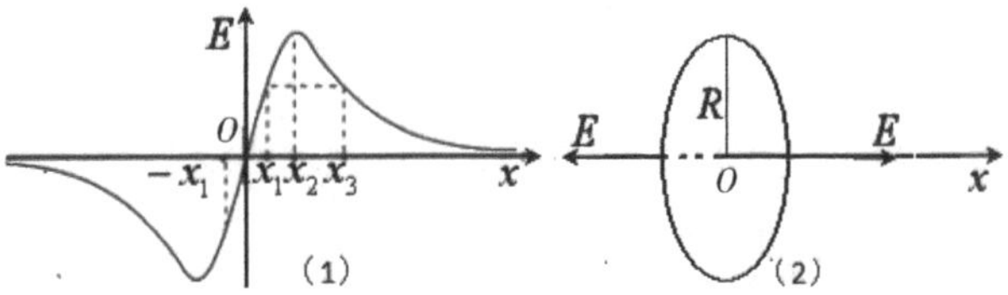

图4.3-6

【解析】题叙的是一个均匀带电圆环形成的电场，图示是沿垂直环面轴线上的电场分布图像(如图4.3-6(2)所示)。在圆环中心，场强为零；在无穷远处，场强也为零，因此在圆环轴线上，存在一点场强最大。场强必然是随着到圆心距离的增加先增大后减小的非单调函数。另外，场强E为正，则场强方向为沿x轴的正方向，场强E为负，则场强方向为沿x轴的负方向，于是可画出沿x轴对称分布的电场线，并以O点为中心指向正、负方向。那么沿电场线电势降落最快，故O点电势最高，A错误，B错误。场强是变量，可用微元法得电势差与场强关系$U=E\Delta x$，可用$E-x$图像面积表示电势差，得x_1、$-x_1$两对称点的电势相等，即$\phi_{x1}=\phi_{-x1}$，则C正确；x_1和x_3两点场强大小相等，电势不相等，D错。故选C。

【创新思维】本题描述电场的方式新颖，能否分析出本题素材是均匀带电圆环的电场是解题关键。这就需要从科学思维方法的高度，拓展电场相关知识的内在联系，推理电场对称性特征，得出结论。$E-x$图像表达的电场是一种创新，下面再例举随后几年江苏关于图像的高考题，请同学们比较体会。

【例4】（2012年高考江苏卷）将一只皮球竖直向上抛出，皮球运动时受到空气阻力的大小与速度的大小成正比，如图4.3-7所示。下列描绘皮球在上升过程中加速度大小a与时间t关系的图像，可能正确的是(　　)

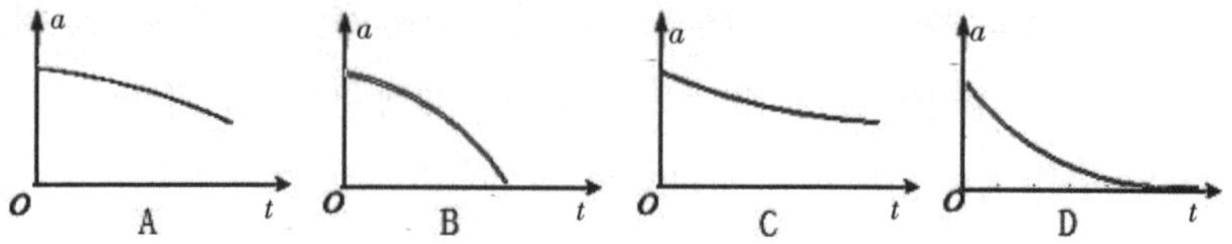

图4.3-7

【解析】由题意可知，空气阻力$f = Nv$（N为比例系数），皮球加速度

$$a = g + \frac{f}{m} = g + \frac{Nv}{m},$$

图像斜率$k = \frac{\Delta a}{\Delta t} = \frac{N}{m} \cdot \frac{\Delta v}{\Delta t}$，于是$k \propto a$，$a$逐渐减小，$k$逐渐减小，排除A、B选项。

由题意可知，皮球为上升过程，上升达最大高度$a = g$，显然a不可能为0，故选C。

【创新思维】本题考查a-t图像，这类图像一般接触不多，考生比较生疏，很难找到a、t的函数关系。我们能不能定性比较四幅图像a的变化规律呢？一看图像斜率的变化趋势，二看图像在横坐标上的截距，问题就迎刃而解了。

【例5】（2018年高考江苏卷）从地面竖直向上抛出一只小球，小球运动一段时间后落回地面。忽略空气阻力，该过程中，如图4.3-8所示，小球的动能E_k与时间t的关系图像是（　　）

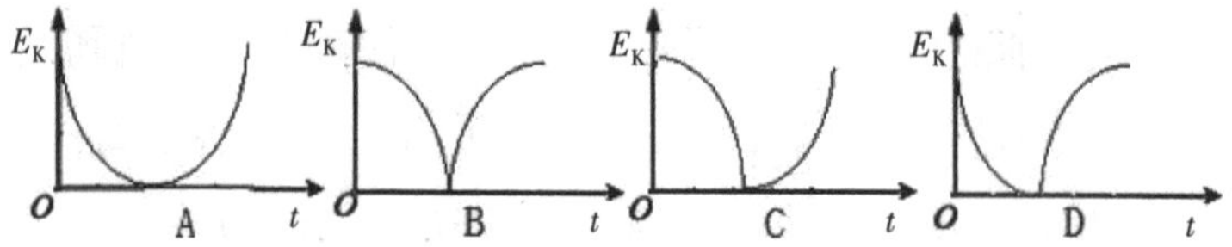

图4.3-8

【解析】本题考查动能的概念和E_k-t图像，意在考查考生的推理能力和分析能力。小球做竖直上抛运动时，速度$v = v_0 - gt$，根据动能$E_k = \frac{1}{2}mv^2$，得$E_k = \frac{1}{2}m(v_0 - gt)^2$，故A正确。

【例6】（2019年高考江苏卷）一匀强电场的方向竖直向上，t=0时刻，一带电粒子以一定初速度水平射入该电场，电场力对粒子做功的功率为P，不计粒子重力，如图4.3-9所示则P-t关系图像是（　　）

【解析】由于带电粒子在电场中做类平抛运动，在电场力方向上做匀加速直线运动，加速度为qE/m，经过时间t，电场力方向速度为$(qE/m)t$，功率为$P = Fv = qE \times \frac{qE}{m}t$，所以$P$与$t$成正比，故A正确。

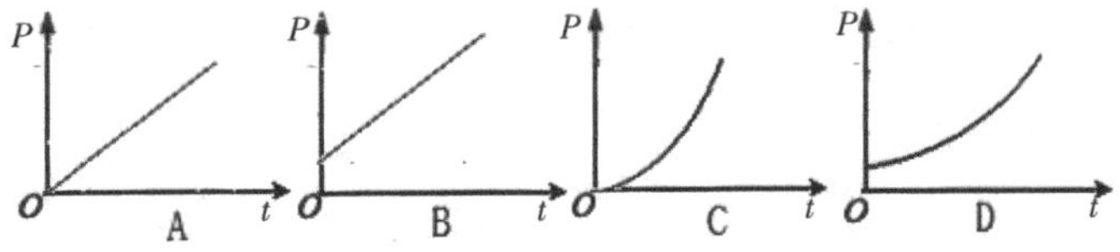

图4.3-9

【创新思维】图像问题不论遇上什么新颖的面孔，我们只要抓住图像的本质就迎刃而解了。就是说，分析图像的斜率、截距、面积、交点等的物理意义，从图像过渡到真实的物理情景，运用相应物理规律破解问题。另外，在图像问题的解答中，要逐渐培养自己的发散思维能力，并善于总结、成功迁移。

三、陈题出"新"

不断变换命题手法，让其命题新鲜，陈题出"新"。

陈题的来源在哪里？一类是来自课本中的原题或原题变形。源于课本，高于课本；另一类来自历届高考题、竞赛题或模拟题变形。如伏安法测电阻是高中电学实验的一个重要内容，是高考的热点。从1978年恢复高考以来，全国卷中"测量电阻"实验题占电学实验题2/3，考查的要点和形式千变万化，请看下例。

【例7】(1997年高考全国卷)某电压表的内阻在20千欧～50千欧之间，现要测量其内阻，实验室提供下列可选用的器材：待测电压表V(量程0~3 V)、电流表A_1(量程0~200 μA)、电流表A_2(量程0~5 mA)、电流表A_3(量程0~0.6 A)、滑动变阻器R(最大阻值1 kΩ)、电源ε(电动势4 V)、电键K。

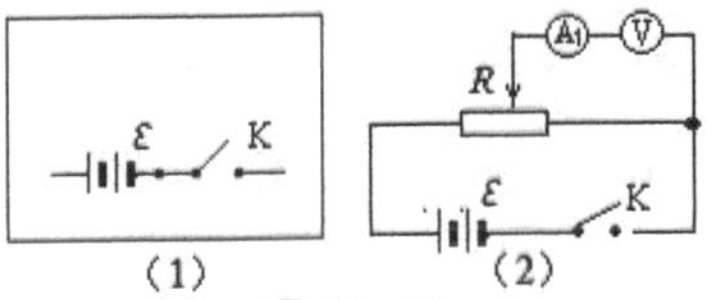

图4.3-10

(1)所提供的电流表中，应选用__________(填写字母代号)。

(2)为了尽量减小误差，要求测多组数据。如图4.3-10(1)所示，试在方框中画出符合要求的实验电路图(其中电源和电键及连线已画出)。

【解析】(1)根据欧姆定律可求出通过待测电压表的最大电流为

$$I_{max}=\frac{U}{R_x}=\frac{3}{20}\text{mA}=150\ \mu\text{A}$$，故电流表应选A_1。

(2)根据欧姆定律可知，应将待测电压表V与电流表A_1串联成为测量电路；由于滑动变阻器的总电阻远小于待测电压表的内阻，所以变阻器应采用分压式接法，电路图如图4.3-10(2)所示。考题在电流表量程满足测量精度条件下，采用电压表和电流表串联的形式直接测量电压表的内阻，再看下面几道例题。

【例8】(2006年高考全国Ⅰ卷)现要测量某一电压表的内阻,给定的器材有:待测电压表(量程0~2 V,内阻约为4 kΩ);电流表mA(量程0~1.2 mA,内阻约500 Ω);直流电源E(电动势约2.4 V,内阻不计);固定电阻3个:R_1=4 000 Ω,R_2=10 000 Ω,R_3=15 000 Ω;电键S及导线若干。要求测量时两电表指针偏转均超过其量程的一半。

(1)试从3个固定电阻中选用1个,与其他器材一起组成测量电路,并在如图4.3-11(1)虚线框内画出测量电路的原理图。(要求电路中各器材用题中给定的符号标出)

(2)电路接通后,若电压表读数为U,电流表读数为I,则电压表内阻R_V=________。

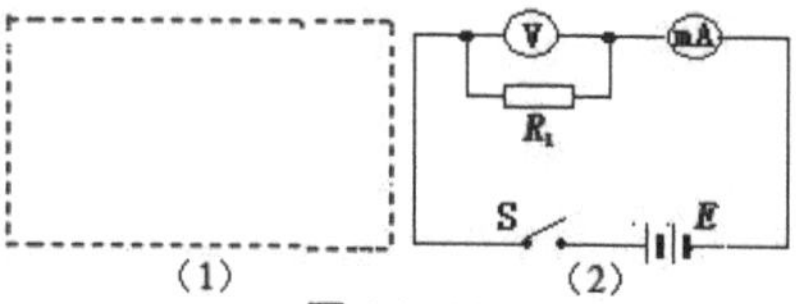

图4.3-11

【解析】(1)要测量电压表的内阻,需将电压表连入电路中,由于其内阻太大,为满足题目要求,需给电压表并联一电阻,根据并联特点,选择的固定电阻的阻值应与伏特表阻值差不多,这样伏特表和电流表的偏转均超过其量程的一半,读数精确性比较大,所以选择R_1。电路如图4.3-11(2)所示。

(2)设电压表内阻为R_1,由串并联电阻特点及题给条件可得

$$\frac{U}{R_v}+\frac{U}{R_1}=I,\text{则}R_V=\frac{R_1U}{R_1I-U}。$$

【创新思维】该题对电压表内阻的测量原理图,实质为伏安法测电阻的原理图,然而不同的是待测电阻为电压表的内阻。课本中伏安法是对普通电阻、电源内阻的测量,而高考题扩充到对电流表、电压表内阻的测量,甚至发散到热敏电阻、特殊元件二极管的电阻。电阻测量考题的创新还表现为实验方法拓展,如从伏安法到伏阻法、安阻法、伏伏法、安安法等,此外还衍生到半偏法、电桥法、替代法等。

【例9】(2017年高考全国Ⅱ卷)某同学利用如图4.3-12(1)所示的电路测量一微安表(量程为0~100 μA,内阻大约为2 500 Ω)的内阻。可使用的器材有:两个滑动变阻器R_1、R_2(其中一个阻值为20 Ω,另一个阻值为2 000 Ω);电阻箱R_Z(最大阻值为99 999.9 Ω);电源E(电动势约为1.5 V);单刀双掷开关S_1和S_2,C、D分别为两个滑动变阻器的滑片。

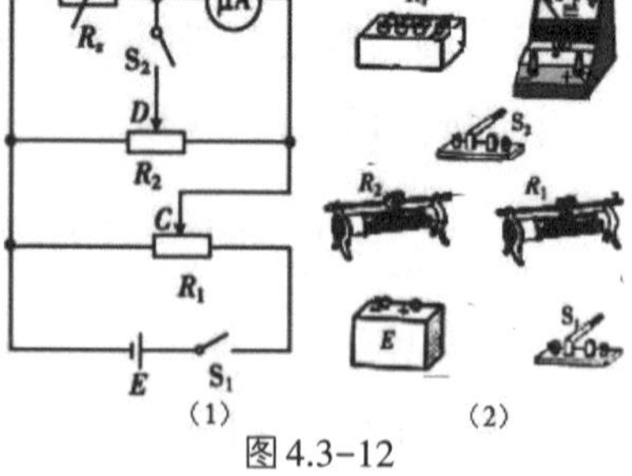

图4.3-12

(1)按原理图将图4.3-12(2)中的实物连线。

(2)完成下列填空:

①R_1的阻值为________Ω(填“20”或“2 000”)。

②为了保护微安表,开始时将R_1的滑片C滑到接近图4.3-12(1)中的滑动变阻器

的________端(填“左”或“右”)对应的位置;将R_2的滑片D置于中间位置附近。

③将电阻箱置于阻值$R_Z = 2\,500.0\ \Omega$,接通S_1。将R_1的滑片置于适当位置,再反复调节R_2的滑片D的位置、最终使得接通S_2前后,微安表的示数保持不变,这说明S_2接通前B与D所在位置的电势________(填“相等”或“不相等”)。

④将电阻箱R_Z和微安表位置对调,其他条件保持不变,发现将电阻箱阻值置于$R_Z' = 2\,601.0\ \Omega$时,在接通S_2前后,微安表的示数也保持不变。待测微安表的内阻为________Ω(结果保留到个位)。

(3)写出一条提高测量微安表内阻精度的建议。

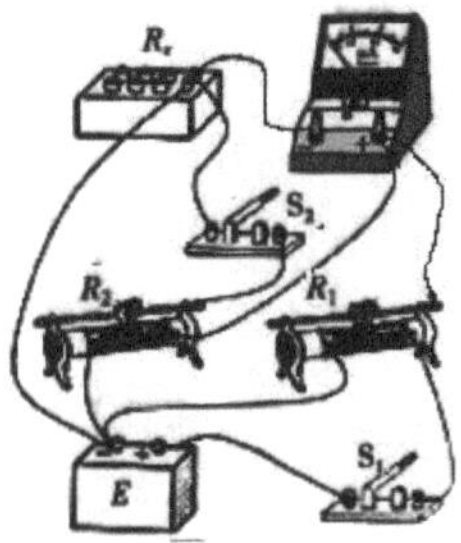

图4.3-13

【解析】(1)实物连线如图4.3-13所示:

(2)①滑动变阻器R_1要接成分压电路,则要选择最大阻值较小的滑动变阻器,即20 Ω的;

②为了保护微安表,开始时将R_1的滑片C滑到接近图4.3-12(1)中滑动变阻器的左端,确保滑动变阻器R_1的输出电压为零;

③将电阻箱阻值置于$R_Z = 2\,500.0\ \Omega$时,接通S_1;将R_1的滑片置于适当位置,再反复调节R_2的滑片D的位置;最终使得接通S_2前后,微安表的示数保持不变,这说明S_2接通前后在BD中无电流流过,可知B与D所在位置的电势相等;设滑片D两侧电阻分别为R_{21}和R_{22},则$\frac{R_{21}}{R_{22}} = \frac{R_Z}{R_{\mu A}}$①。

④将电阻箱和微安表位置对调,其他条件不变,发现将电阻箱阻值置于$R_Z' = 2\,601.0\ \Omega$时,在接通S_2前后,微安表的示数也保持不变。说明B与D所在位置的电势相等,同理$\frac{R_{21}}{R_{22}} = \frac{R_{\mu A}}{R_Z'}$②。

联立①②两式解得待测微安表的内阻为$R_{\mu A} = \sqrt{R_Z \cdot R_Z'} = \sqrt{2\,500\ \Omega \times 2\,601\ \Omega} = 2\,550\ \Omega$________$\Omega$(结果保留到个位)。

(3)为了提高测量精度,调节R_1上的分压,尽可能使微安表接近满量程,这样可以在S_2闭合前后判断微安表的示数变化时更加准确。

【创新思维】此题实质上是“电桥电路”测量电阻的一种方法,搞清电桥平衡的条件:对角线电阻乘积相等,即可轻易解出待测电阻值;知道分压电路中滑动变阻器选择的原则及实物连线的注意事项。

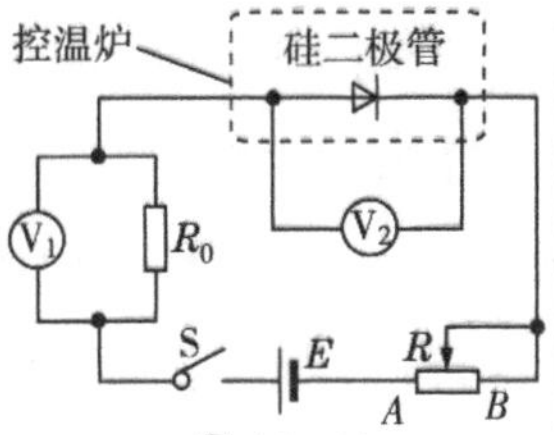

图4.3-14

【例10】(2019年高考全国Ⅱ卷)某小组利用图4.3-14所

示的电路，研究硅二极管在恒定电流条件下的正向电压U与温度t的关系。图中V_1和V_2为理想电压表，R为滑动变阻器，R_0为定值电阻（阻值100 Ω），S为开关，E为电源。实验中二极管置于控温炉内，控温炉内的温度t由温度计（图中未画出）测出。图4.3-15所示是该小组在恒定电流为50.0 μA时得到的某硅二极管U–I关系曲线。

回答下列问题：

（1）实验中，为保证流过二极管的电流为50.0 μA，应调节滑动变阻器R，使电压表V_1的示数为U_1=__________mV；根据图4.3-15可知，当控温炉内的温度t升高时，硅二极管正向电阻________（填“变大”或“变小”），电压表V_1示数________（填“增大”或“减小”），此时应将R的滑片向______（填“A”或“B”）端移动，以使V_1示数仍为U_1。

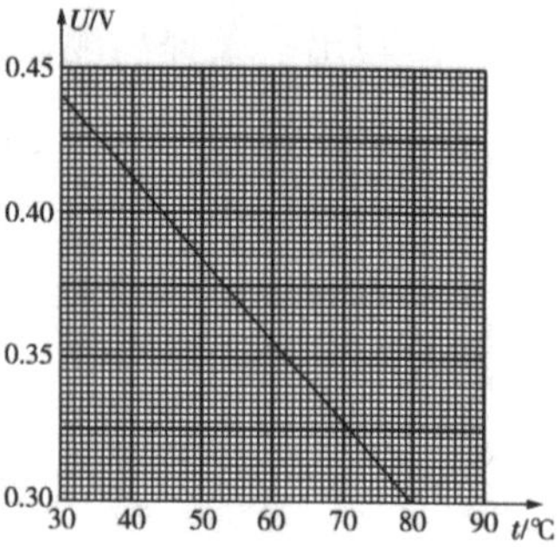

图4.3-15

（2）由图4.3-15可以看出U与t呈线性关系，硅二极管可以作为测温传感器，该硅二极管的测温灵敏度为$\left|\frac{\Delta U}{\Delta t}\right|$=______$\times10^{-3}$V/℃（保留2位有效数字）。

【解析】（1）$U_1=IR_0=100\ \Omega\times50.0\times10^{-6}\ \text{A}=5.00\times10^{-3}\ \text{V}=5.00\ \text{mV}$。由$R=U/I$，$I$不变，温度升高，$U$减小，故$R$减小；由于$R$变小，总电阻减小，电流增大；$R_0$两端电压增大，即$V_1$表示数变大，只有增大电阻才能使电流减小，故滑动变阻器向右，即向B端调节。

（2）由图可知，$\frac{\Delta U}{\Delta t}=\frac{0.44\ \text{V}-0.30\ \text{V}}{80\ ℃-30\ ℃}=2.8\times10^{-3}\ \text{V/℃}$。

【创新思维】该题是对伏安法测电阻原始实验的创新，实验研究硅二极管在恒定电流条件下的正向电压U与温度t的关系，要确保电流恒定，温度变化硅二极管的电阻也变化，这就需要调节滑动变阻器使电流恒定，随之需将电压表V与定值电阻R_0等效视为电流表。

该题与2018年高考新课标Ⅰ卷第23题相似，陈题是用替代法测量热敏电阻的阻值，并绘制其阻值随温度变化的图像以确定热敏电阻的温度特性，进而制成温度传感器。其实，这就是新题直接改编自陈题，近年来这类情况较为多见。因此，我们在练习高考题时需要研学，细细体会试题设计的思路和方法，不仅会提高解答高考题的能力，更会提升物理学科素养的水平。

【例11】（2020年高考新课标Ⅰ卷）某同学用伏安法测量一阻值为几十欧姆的电阻R_x，所用电压表的内阻为1 kΩ，电流表内阻为0.5 Ω。该同学采用两种测量方案，一种是将电压表跨接在如图4.3-16所示电路

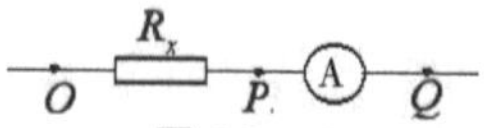

图4.3-16

的O、P两点之间，另一种是跨接在O、Q两点之间。测量得到如图4.3-17所示的两条U-I图线，其中U与I分别为电压表和电流表的示数。回答下列问题：

(1)如图4.3-17所示中标记为Ⅱ的图线是采用电压表跨接在__________（填"O、P"或"O、Q"）两点的方案测量得到的。

(2)根据所用实验器材和如图4.3-17所示可判断，由图线__________（填"Ⅰ"或"Ⅱ"）____________________得到的结果更接近待测电阻的真实值，结果为__________Ω(保留1位小数)。

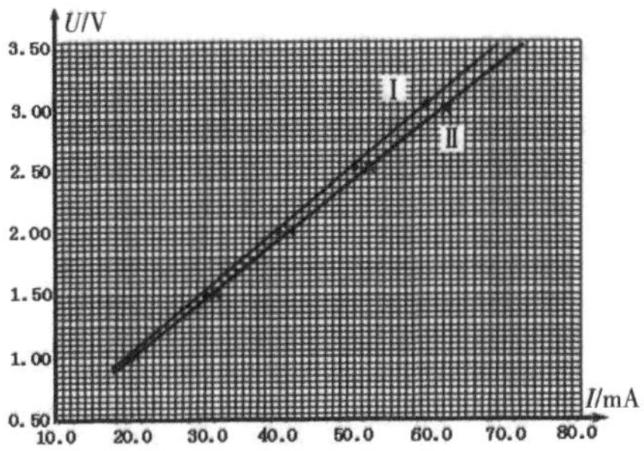

图4.3-17

(3)考虑到实验中电表内阻的影响，需要对(2)中得到的结果进行修正，修正后待测电阻的阻值为__________Ω(保留1位小数)。

【解析】(1)若将电压表接在O、P之间(电流表外接法)，根据欧姆定律可知

$$I=\frac{U}{R_V}+\frac{U}{R_x},\text{则 }U=\frac{R_xR_V}{R_x+R_V}\cdot I$$

根据一次函数关系可知对应斜率即所测得的电阻为

$$R_{测(外)}=\frac{R_xR_V}{R_x+R_V}=\frac{R_V}{R_x+R_V}R_x\quad①$$

若将电压表接在O、Q之间(电流表内接法)，电流表分压为

$U_A=IR_A$

根据欧姆定律可知$R_x=\dfrac{U-IR_A}{I}$，解得$U=I(R_x+R_A)$。

根据一次函数可知对应斜率为$(R+R_A)$，即所测得的电阻为

$R_{测(内)}=R_x+R_A$ ②

比较①②式可知，$R_{测(外)}$比R_x小，$R_{测(内)}$比R_x大。

比较U-I图线可知，图线Ⅱ斜率小。

综上可知，Ⅱ图线是(电流表外接法)采用电压表跨接在O、P之间。

(2)两种接法误差的比较。

$$\text{外接法：}\Delta_{外}=\left|R_{测(外)}-R_x\right|=\left|\frac{R_V}{R_x+R_V}R_x-R_x\right|=\frac{{R_x}^2}{R_x+R_V}\quad③$$

$$\text{内接法：}\Delta_{内}=\left|R_{测(内)}-R_x\right|=\left|R_x+R_A-R_x\right|=R_A\quad④$$

通过图像斜率大致估算待测电阻为50 Ω左右，题给$R_V=1\,000\ \Omega$，$R_A=0.5\ \Omega$。

代入数值到③④得$\Delta_{外} \approx 2.5\,\Omega$，$\Delta_{内} = 0.5\,\Omega$，可见$\Delta_{内}<\Delta_{外}$。于是，图线Ⅰ误差小，其结果更接近待测电阻的真实值。结果根据图像可得$R_x = \dfrac{\Delta U}{\Delta I} = \dfrac{3\text{ V} - 1\text{ V}}{(59.6 - 20) \times 10^{-3}\text{ A}} = 50.5\,\Omega$。

(3)考虑电流表内阻，则修正后待测电阻$R_x' = R_x - r_A = 50.5 - 0.5 = 50.0\,\Omega$。

【创新思维】(1)该题考查伏安法测电阻实验的原理和误差分析，是基础知识，试题情景源于课本。(2)考查高于课本，追求核心素养：利用欧姆定律探求两种接法造成的误差，并求出真实阻值；不仅从题干，还能从U–I图线中摄取隐含条件进行分析、推理。(3)同学们在学习“伏安法测电阻”实验的过程中，把理论分析与熟记实验结论结合起来，即“大内小外”：阻值大的电阻测定适合选用电流表内接法，阻值小的电阻测定适合选用电流表外接法，且$R_{测(内)} = R_x + R_A > R_x$，测量值大于真实值；$R_{测(外)} = \dfrac{R_x R_A}{R_x + R_A} < R_x$，测量值小于真实值。这样就能快速解答该题。

四、条件更“隐”

挖掘题中隐含条件是解题的难点，通常隐含条件不是十分隐蔽，如题中的一些关键词：表现极值的关键用语，如最大最小、刚好、至少等，则隐含着相应的极值；表现理想化的用语，如轻质杠杆、光滑斜面等。紧扣关键词，隐含条件自然容易挖掘。还有隐含在物理学常识中，如中学生的体重约为50 kg，一个鸡蛋的质量约50克等，从生活常识中适当弥补一些解题所需的条件。

高考题将已知条件隐蔽得越来越深，主要隐含在物理规律、图线、数学关系、实验技巧中。如弹簧问题、天体运动、能量与动量、力电综合题等高考压轴题，信息容量大、隐含条件多，挖掘难度大大增加。平时通过不断训练、不断总结，力求提高自己创新思维灵活度，那么挖掘隐含条件的能力就越强。

【例 12】如图4.3–18所示为某一游戏的局部简化示意图。D为弹射装置，AB是长为21 m的水平轨道，倾斜直轨道BC固定在竖直放置的半径为R=10 m的圆形支架上，B为圆形的最低点，轨道AB与BC平滑连接且在同一竖直平面内。某次游戏中，无动力小车在弹射装置D的作用下，以v_0=10 m/s的速度滑上轨道AB，并恰好能冲到轨道BC的最高点。已知小车在轨道AB上受到的摩

图4.3–18

擦力为其重量的0.2倍，轨道BC光滑，则小车从A到C的运动时间是（　　）

A. 5 s　　B. 4.8 s　　C. 4.4 s　　D. 3 s

【解析】小车从A到B加速度为$a_1 = \mu g = 0.2 \times 10\ \text{m/s}^2 = 2\ \text{m/s}^2$

$$L_{AB} = v_0 t_1 - \frac{1}{2}a_1 {t_1}^2$$

解得t_1=3 s，t_1'=7 s（舍去）。

从B到C运动时，由机械能守恒定律$mgh = \frac{1}{2}m{v_B}^2$，又${v_B}^2 = {v_0}^2 - 2a_1 L_{AB}$

由以上二式得$h = 0.8\ \text{m}$。

圆弧对应的圆心角$\cos\theta = \frac{R-h}{R} = \frac{10\ \text{m} - 0.8\ \text{m}}{10\ \text{m}} = 0.92$

由半角公式$\sin\frac{\theta}{2} = \sqrt{\frac{1-\cos\theta}{2}} = \sqrt{\frac{1-0.92}{2}} = 0.2$

$$L_{BC} = \frac{h}{\sin\frac{\theta}{2}} = \frac{0.8\ \text{m}}{0.2} = 4\ \text{m}$$

$$t_2 = \frac{L_{BC}}{v_B/2} = \frac{4\ \text{m}}{4/2\ \text{m/s}} = 2\ \text{s}$$

所以，小车 从A 到 C的运动时间$t = 5\ \text{s}$，故选A。

【创新思维】(1)t_1求解比较简单，下面讨论t_2的求法。如果数学功底较好，那么就可以从数学角度，借助一个平面几何模型寻求隐含条件，求出距离和角度，答题时间就会大大减少。

如图4.3-19所示，设BC与水平面的夹角为α，则上滑的加速度$a_2 = g\sin\alpha$，由平面几何知识得$L_{BC} = 2R\sin\alpha$。

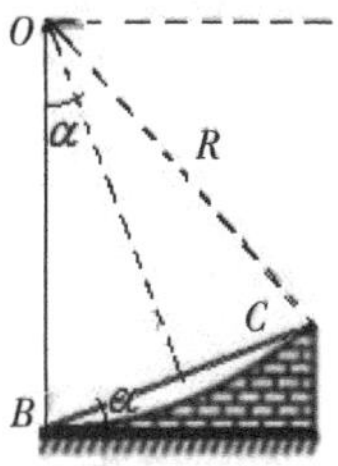

图4.3-19

又由$L_{BC} = \frac{1}{2}a_2 {t_2}^2$，得

$$t_2 = \sqrt{\frac{2L_{BC}}{a_2}} = \sqrt{\frac{2 \cdot 2R\sin\alpha}{g\sin\alpha}} = \sqrt{\frac{4R}{g}} = \sqrt{\frac{4 \times 10\ \text{m}}{10\ \text{m/s}^2}} = 2\ \text{s}$$

(2)我们若注意解题方法的积累，审题时，发散思维会顿生解题灵感，脑海里很快浮现过去做过的一道常见力学证明题，借用该题物理模型，成功寻求隐含条件，迅速答题。该题的物理模型如图4.3-20所示，一个物体分别沿着竖直面内的同一圆周、不同光滑弦静止下滑，到达圆周最低点的时间相等，即等于沿着竖直直径方向自由落下的时间。则

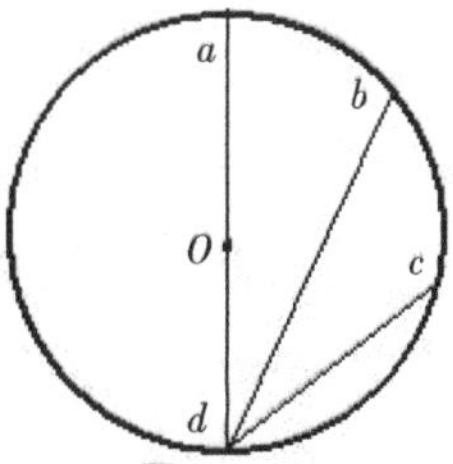

图4.3-20

$$t_2=\sqrt{\frac{4R}{g}}=\sqrt{\frac{4\times 10\ \text{m}}{10\ \text{m/s}^2}}=2\ \text{s}$$

五、概念升华

近几年高考选择题、填空题大量考查基础知识概念，强调物理思想，淡化繁杂的数学运算。

【例13】（2018年高考全国Ⅰ卷）如图4.3-21所示，abc是竖直面内的光滑固定轨道，ab水平，长度为$2R$；bc是半径为R的四分之一的圆弧，与ab相切于b点。一质量为m的小球，始终受到与重力大小相等的水平外力的作用，自a点从静止开始向右运动，重力加速度大小为g。小球从a点开始运动到其轨迹最高点，机械能的增量为（　　）

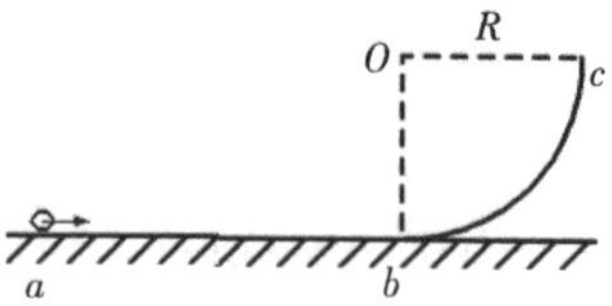

图4.3-21

A. $2mgR$　　B. $4mgR$　　C. $5mgR$　　D. $6mgR$

【解析】设小球到C点的速度大小为v_C，$A\to C$过程中，$F\cdot 3R-mgR=\frac{1}{2}mv_C{}^2$①，又$F=mg$②，解①②得$v_c=2\sqrt{gR}$。

球离开C后，如图4.3-22所示，在水平方向做初速度为零的匀加速直线运动，竖直方向在重力作用力下做竖直上抛运动，加速度大小均为g，竖直方向到其轨迹最高点时所需时间$t=v_c/g=2\sqrt{R/g}$，达到高度$h=v_c{}^2/2g=2R$，水平方向位移$x=\frac{1}{2}at^2=2R$，水平方向速度$v=at=g\cdot 2\sqrt{R/g}=2\sqrt{gR}$。

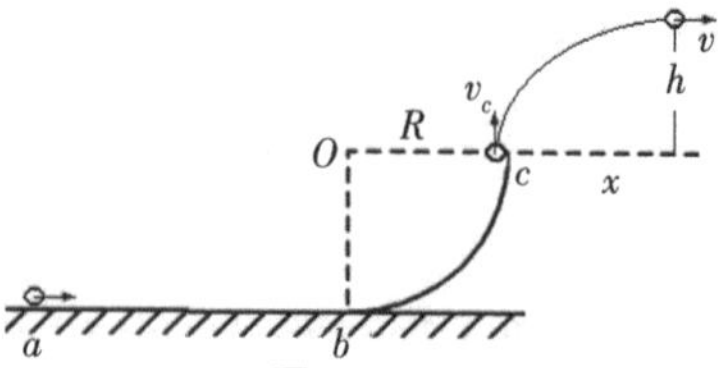

图4.3-22

选地面为零势能面，则小球从A点开始运动到其轨迹最高点，机械能的增量为

$$\Delta E=E-0=\frac{1}{2}mv^2+mg(R+h)=5mgR$$

或者由功能关系$\Delta E=F\cdot 5R=5mgR$，所以选项C正确。

【创新思维】此题将运动的合成与分解、动能定理、功能关系有机结合。小球从C点离开固定轨道的运动，容易产生思维定式，误认为是竖直上抛运动，水平方向仍在力F的作用下，做初速度为零的匀加速直线运动，对此往往概念不清。此题难度较大,能力要求较高。

六、实验题“活”

实验是培养学生创新精神和实践能力的重要载体,也是培养学生核心素养的一个重要落点。从近年高考物理实验题来看,基于核心素养培养的视角加强物理实验考查,已是高考考试内容改革的重要方面。

实验题分两个小题,第一题(试卷22题)往往是基础性实验,主要是仪器的操作使用、读数,器材选择等,素材基本立足于课本和考试大纲,属于要求一般的内容。

第二题(试卷23题)难度较高,命题形式灵活,考查角度多变,设问方式新颖,常为设计性实验题。这类题少数取材于课本中的学生实验,不少实验是考生从未做过的实验,这些实验基于学过的实验理论、方法,又有所拓展、延伸。卷面上已形成“一力”“一电”的实验考查格局,突出考查考生的探究能力和创新意识。

【例14】(2016年高考四川卷)用如图4.3–23所示电路测量电源的电动势和内阻。实验器材:待测电源(电动势约3 V,内阻约2 Ω),保护电阻R_1(阻值10 Ω)和R_2(阻值5 Ω),滑动变阻器R,电流表A,电压表V,开关S,导线若干。实验主要步骤:

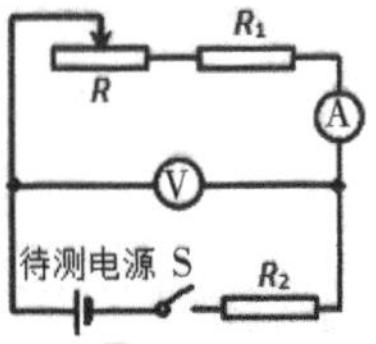

图4.2–23

(1)将滑动变阻器接入电路的阻值调到最大,闭合开关;

(2)逐渐减小滑动变阻器接入电路的阻值,记下电压表的示数U和相应电流表的示数I;

(3)以U为纵坐标,I为横坐标,作$U-I$图线(U、I都用国际单位);

(4)求出$U-I$图线斜率的绝对值k和在横轴上的截距a。

回答下列问题:

(1)电压表最好选用_____;电流表最好选用_____。

A.电压表(0 ~ 3 V,内阻约15 kΩ)　　B.电压表(0 ~ 3 V,内阻约3 kΩ)

C.电流表(0 ~ 200 mA,内阻约2 Ω)　　D.电流表(0 ~ 30 mA,内阻约2 Ω)

(2)滑动变阻器的滑片从左向右滑动,发现电压表示数增大。两导线与滑动变阻器接线柱连接情况是_____。

A.两导线接在滑动变阻器金属杆两端接线柱

B.两导线接在滑动变阻器电阻丝两端接线柱

C.一条导线接在滑动变阻器金属杆左端接线柱,另一条导线接在电阻丝左端接

线柱

D. 一条导线接在滑动变阻器金属杆右端接线柱，另一条导线接在电阻丝右端接线柱

(3)选用k、a、R_1和R_2表示待测电源的电动势E和内阻r的表达式$E=$______，$r=$______，代入数值可得E和r的测量值。

【解析】(1) 测电源的电动势和内阻的原理为闭合电路的欧姆定律，实际测量时电压表的分流作用会引起系统误差，为了减小系统误差，故选择电压表时要尽量用内阻较大的电压表，A 正确；由于通过电流表的最大电流约为

$$I=\frac{E}{R_1+R_2+r}=\frac{3\ \text{V}}{10\ \Omega+5\ \Omega+2\ \Omega}=0.176\ \text{A}=176\ \text{mA}$$

C 正确，故应选 A、C。

(2)滑动变阻器的滑片从左向右滑动，发现电压表示数增大，说明外电路的电阻变大。

①A 选项两导线都接在金属杆两端上，接入电阻为 0，A 错；

②B 选项若两导线都接电阻丝两端，接入电阻为最大阻值，不会变化，B 错；

③C 选项滑动变阻器电阻接入电路部分阻值增大，则两导线与滑动变阻器接线柱连接情况是一条导线接在滑动变阻器金属杆左端接线柱，另一条导线接在电阻丝左端接线柱，C 对；

④D 选项一导线接金属杆右端，一导线接电阻丝右端，则滑片右移阻值减小，D 错。

故应选 C。

(3)由$E=U+I(r+R_2)$，得$U=-I(r+R_2)+E$，对比伏安特性曲线可知，图像斜率大小的绝对值$k=r+R_2$，图像与横轴的截距为电压表短路时的电流$a=\frac{E}{r+R_2}$，因此电源的内阻$r=k-R_2$；令$U=0$，得$a=I_0=\frac{E}{r+R_2}=\frac{E}{k}$，则$E=ka$。

【创新思维】该题源于课本，高于课本，其表现：

(1)加了两个保护电阻，改进了课本上“测量电源的电动势和内阻”的实验；

(2)仪器的选择要考虑电压表的分流作用产生的实验误差因素，选择电压表时要尽量用内阻较大的电压表，就是为了减小误差；

(3)将等效电源引入考题，把电池和相连接的电阻R_2整体视为一个新电源，这时新电源的电动势E就是新电源的开路电压，新电源的内阻r就是新电源两端(将电动

势短路而保留电源内阻)电路的总电阻,即$r+R_2$。

【例15】(2019年高考全国Ⅲ卷)甲乙两位同学设计了利用数码相机的连拍功能测重力加速度的实验。实验中,甲同学负责释放金属小球,乙同学负责在小球自由下落的时候拍照。已知相机每间隔0.1 s拍1幅照片。

(1)若要从拍得的照片中获取必要的信息,在此实验中还必须使用的器材是_______(填正确答案标号)。

A.米尺　　B.秒表　　C.光电门　　D.天平

(2)简述你选择的器材在本实验中的使用方法。答:__________________。

(3)实验中两同学由连续3幅照片上小球的位置a、b和c,得到ab=24.5 cm、ac=58.7 cm,则该地的重力加速度大小为g=____________m/s²。(保留2位有效数字)

【解析】(1)题给每幅照片相隔的时间T=0.1 s,由匀变速直线运动重要推论式$\Delta h = gT^2$,得$g = \dfrac{\Delta h}{T^2}$。显然测重力加速度必须测定高度差$\Delta h$,因此,使用的器材中必须使用测量长度的米尺,选A。

(2)为了减小Δh的误差,让读数尽量准确,需要将米尺竖直放置,使小球下落时尽量靠近米尺。

(3)根据逐差法可得$\Delta h = gT^2$,则

$$g = \frac{h_{bc} - h_{ab}}{T^2} = \frac{(h_{ac} - h_{ab}) - h_{ab}}{T^2} = \frac{h_{ac} - 2h_{ab}}{T^2} = \frac{(58.7\ \text{m} - 2 \times 24.5\ \text{m})}{(0.1\ \text{s})^2} = 9.7\ \text{m/s}^2$$

【创新思维】这道题的原型是课本中用频闪照相、打点计时器来测定加速度,现在用数码相机的连拍功能替代传统手段。实验的创新之处是利用生活用品用于探究匀变速直线运动规律,解决测定重力加速度的实际问题。题目源于课本,高于课本。考题重在考查考生的物理学科素养——科学探究和科学思维,我们应当引起足够的重视。

【例16】(2020年高考全国Ⅱ卷)一细绳跨过悬挂的定滑轮,两端分别系有小球A和B,如图4.3-24所示。一实验小组用此装置测量小球B运动的加速度。令两小球静止,细绳拉紧,然后释放小球,测得小球B释放时的高度h_0=0.590 m,下降一段距离后的高度h=0.100 m;由h_0下降至h所用的时间T=0.730 s。由此求得小球B加速度的大小为a=______m/s²。(保留3位有效数字)

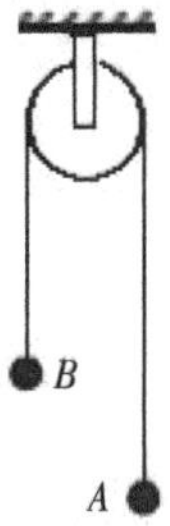

图4.3-24

从实验室提供的数据得知,小球A、B的质量分别为100.0 g和150.0 g,当地重力加

速度大小为g=9.80 m/s²。根据牛顿第二定律计算可得小球B加速度的大小为a'=___________m/s²。(保留3位有效数字)

可以看出a'和a有明显差异,除实验中的误差外,写出一条可能产生这一结果的原因:__________________________________。

【解析】小球B下降过程中做匀加速直线运动,下降高度

$\Delta h = h_0 - h = \frac{1}{2}aT^2$,代入数据解得$h$=1.84 m。

对两球分别进行受力分析,运用牛顿第二定律列式得

$$T - m_A g = m_A a_A = m_A a'$$

$$m_B g - T = m_B a_B = m_B a'$$

联立以上二式得

$$a' = \frac{(m_B - m_A)}{(m_A + m_B)}g = \frac{150\ \text{kg} - 100\ \text{kg}}{150\ \text{kg} + 100\ \text{kg}} \times 9.8\ \text{m/s}^2 = 1.96\ \text{m/s}^2$$

理论值a'和实验值a有明显差异的原因可能是在实际的操作中滑轮与轴之间不光滑,或者滑轮的质量不可忽略。

【创新思维】本题是一道实验填空题,难度不大,可给定实验装置,要求考生综合一系列物理概念和规律,构建物理模型达到实验目的,这是一种创新。

【例17】(2019年高考全国I卷)某同学要将一量程为250 μA的微安表改装为量程为0~20 mA的电流表。该同学测得微安表内阻为1 200 Ω,经计算后将一阻值为R的电阻与该微安表连接,进行改装。然后利用一标准毫安表,根据图4.3-25(1)所示电路对改装后的电表进行检测(虚线框内是改装后的电表)。

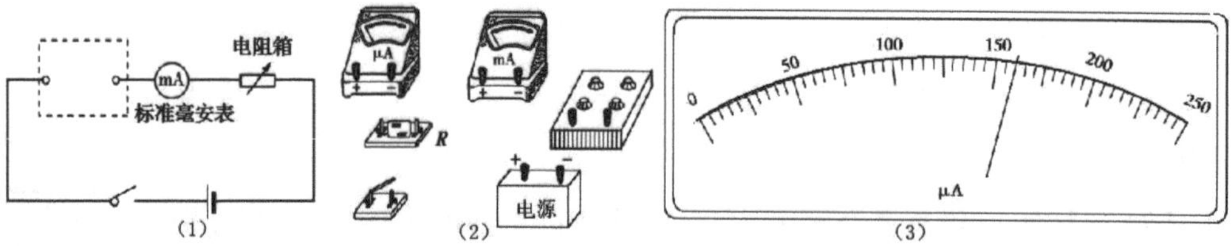

图4.3-25

(1)根据图4.3-25(1)和题给条件,将4.3-25(2)中的实物电路连接。

(2)当标准毫安表的示数为16.0 mA时,微安表的指针位置如图4.3-25(3)所示,由此可以推测出改装的电表量程不是预期值,而是__________。(填正确答案标号)

A.18 mA　　B.21 mA　　C.25 mA　　D.28 mA

(3)产生上述问题的原因可能是__________。(填正确答案标号)

A. 微安表内阻测量错误，实际内阻大于1 200 Ω

B. 微安表内阻测量错误，实际内阻小于1 200 Ω

C. R值计算错误，接入的电阻偏小

D. R值计算错误，接入的电阻偏大

(4)要达到预期目的，无论测得的内阻值是否正确，都不必重新测量，只需要将阻值为R的电阻换为一个阻值为kR的电阻即可，其中k=________。

【解析】(1)电表改装时，微安表应与定值电阻R并联接入虚线框内，则实物电路连接如图4.3-26所示。

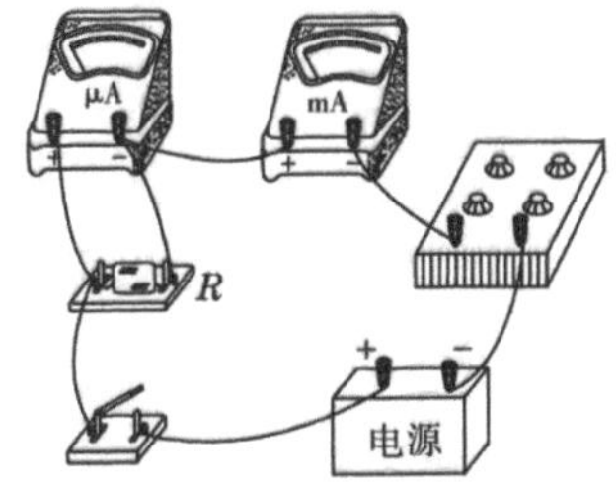

图4.3-26

(2)由标准毫安表与改装表的读数可知，改装后的电流表实际量程被扩大的倍数为

$n=\frac{16\ \mathrm{mA}}{160\times10^{-3}\ \mathrm{mA}}=100$倍。故当原微安表表盘达到满偏时，实际量程为

$250\times10^{-3}\ \mathrm{mA}\times100=25\ \mathrm{mA}$，故本小题选C。

(3)将微安表改装为电流表需要并联一个电阻，如图4.3-25所示，由(2)可知，改装后的电流表实际量程大于理论值，即

$I_gR_g=(I-I_g)R$，得$I=\left(1+\frac{R_g}{R}\right)I_g$

改装后的量程偏大的原因可能是原微安表内阻测量值偏小，即电表实际内阻R_g真实值大于1 200 Ω；或者因为定值电阻R的计算有误，计算值偏大，实际接入定值电阻R阻值偏小。故本小题选A、C。

(4)由于接入电阻R时，改装后的表实际量程为0~25 mA，故满足$I_gR_g=(25-I_g)R$；要想达到预期目的，即将微安表改装为量程为0~20 mA电流表，应满足$I_gR_g=(20-I_g)kR$，其中$I_g=250\ \mu\mathrm{A}=0.25\ \mathrm{mA}$，联立解得$k\approx1.25$或$k=\frac{99}{79}$。

【创新思维】这道题的题源是人教版高中物理选修3-1 P51第二章“恒定电流”第四节“串联电路和并联电路”例题2。这道题的特点：(1)命题素材贴近实验真实情景；(2)难度逐问上升，不同程度的考生各得其所；(3)多角度、多方位地对考生的实验探究能力进行考查。

4.4 从机械能的一轮复习谈“回归课本”

“源于课本，又高于课本”是高考命题一个不变的原则。因此，考试大纲经常提醒我们，不要远离课本，应当回归课本，透视教材。试题涉及的知识离不开课本，甚至有些试题在课本中还能找到题源。毫无疑问，我们必须重视课本，夯实基础。

一轮复习，应当回归课本，按章节“地毯式”复习，务必要加强“双基”训练；要在理解的基础上掌握物理学的基本概念和规律，特别是对于那些自己觉得比较抽象和陌生的知识点；掌握知识点的内涵和外延，明确知识点之间的内在联系，形成系统的知识网络。做题多练选择题，因为选择题相比较而言涉及的知识点比较单一，对及时巩固相关的知识点很有帮助，而且不费时间，效率比较高。

一轮复习，通过做题、测验、考试，找出知识薄弱之处“对症下药”，回归课本把遗漏的基础知识快速巩固，这样补缺、补差奏效快。

作为教师，应当把课本各章节内容由点到线、由线成网进行梳理，一旦学生心中有了主线贯穿的知识网络，解题时定会纲举目张。

一、知识精要

(一)功和功率

1.功

功是力的空间积累效应，它和位移相对应。从做功的两个必要因素判断力对物体是否做功，即物体是否受到力的作用，物体在力的方向上有无位移。

(1)功的两种计算方法。

①按照定义求功。在高中阶段，功等于恒力和沿该力方向上位移的乘积，即 $W=Fl\cos\theta$，这里只适用恒力做功。应当明确，公式中的位移是指力的作用点的位移，当力的作用点的位移与物体的位移相同时，则可认为公式中位移就是物体的位移。同时，位移的计算，是相对同一个公共惯性参考系的。下面通过三个实例加深对位移的

理解。

【实例1】如图4.4-1(1)所示，小物块A位于光滑的斜面体上，斜面体位于光滑的地面上，从地面上看，小物块沿斜面下滑的过程中，斜面对小物块的作用力是否做功呢？

很多人认为，斜面对小物块的作用力垂直于接触面，做功为零。其实，因斜面体放在光滑的水平地面上，当A下滑时，斜面体在A的压力下将向右加速运动，A的运动是A相对斜面的下滑和随斜面向右运动的合运动，此时物块相对地面的位移就不仅是沿着斜面向下，而是如图4.4-1(2)所示的l。因此，斜面对小物块的弹力做功为$W_F = F_N \cdot l\cos\theta$。

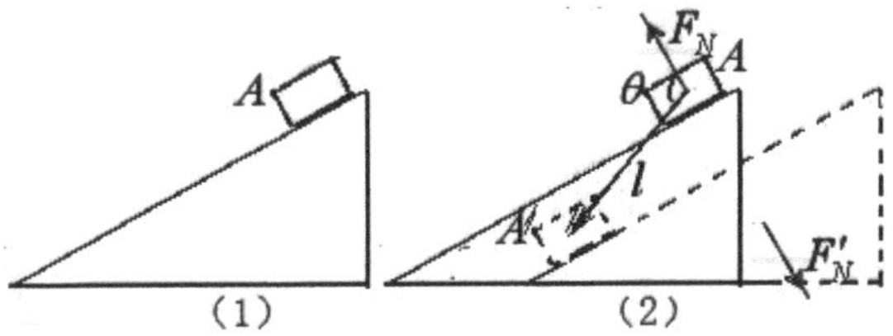

图4.4-1

【实例2】如图4.4-2所示，用20 N的牵引力F通过轻滑轮拉物体，物体前进了1 m，求牵引力F做的功时，有些同学拉物体前进了1 m，误认为是做功的位移，其实牵引力F的作用点做功的位移$l = 2s = 2$ m，所以牵引力F做的功$W_F = Fl = 20\ \text{N} \times 2\ \text{m} = 40$ J。

【实例3】如图4.4-3(1)所示，质量为m的物体放在光滑的水平面上，绳经滑轮与水平方向成θ角，用大小为F的力拉物体，将物体由A点拉至A'点，物体前进的距离为s，此时牵引力F作用点的位移$l = BB'$。如图4.4-3(2)所示，$l = 2s\cos\dfrac{\theta}{2}$。外力对物体所做功为：$W = Fl\cos\dfrac{\theta}{2} = F \cdot 2s\cos^2\dfrac{\theta}{2} = F \cdot 2s\dfrac{1+\cos\theta}{2} = Fs(1+\cos\theta)$

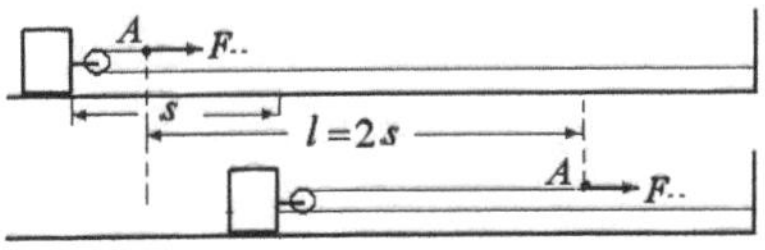

图4.4-2

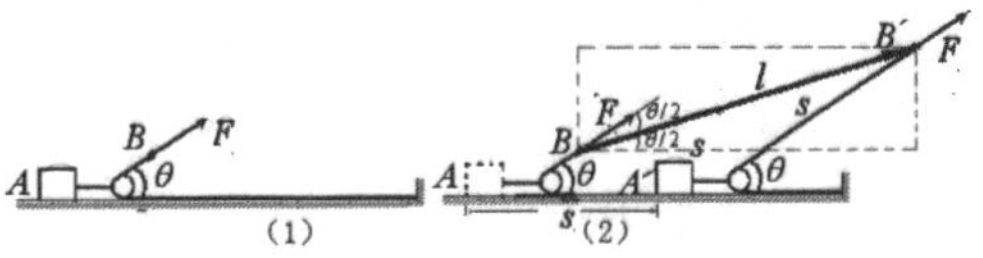

图4.4-3

②根据功和能的关系判断力对物体是否做功，即物体的能量是否发生变化。用动能定理$W = \Delta E_k$或功能关系求功。当F为变力时，高中阶段往往考虑用这种方法求功。如果知道某一过程中能量转化的数值，那么也就知道了该过程中对应的功的数值。

(2)判断正负功的方法。

①从力和位移的夹角大小判断：$0\leqslant\alpha<90^\circ$，做正功；$90^\circ<\alpha\leqslant180^\circ$，做负功；$\alpha=90^\circ$，不做功。

②从力和速度的夹角大小判断：$0\leqslant\theta<90^\circ$，做正功；$90^\circ<\theta\leqslant180^\circ$，做负功；$\theta=90^\circ$，不做功。

③根据功能关系判断：物体的能量增加，外力做正功；物体的能量减少，外力做负功。

(3)变力做功的计算，需要通过化“变”为“恒”或等效替代的思想求解，主要方法有：

①微元法：就是将变力做功的空间(位移)无限划分为相等的小段，在每个小段里变力便可看作恒力，每个小段里的功可由公式 $W = Fl\cos\theta$ 计算，整个过程中变力的功就是各小段里“恒力”功的总和，即 $W_{总} = \sum F\Delta l\cos\theta$。

②图像法：画出变力 F 与位移 l 的图像，则 $F-l$ 图线与 l 轴所围的“面积”表示该过程中变力 F 做的功。

③力的平均值法：在力的方向不变，大小与位移呈线性关系的直线运动中，可先求该变力对位移的平均值 $\overline{F} = (F_1 + F_2)/2$，再由 $W = \overline{F}l\cos\alpha$ 计算。

④动能定理或功能关系法：当物体运动过程中始末两个状态的速度已知时，用动能定理 $\sum W = \Delta E_k$ 或功能关系求变力做功是非常方便的。

⑤转换研究对象法：如图4.4-4所示，内壁光滑，半径大小为 R 的圆轨道竖直固定在桌面上，一个质量为 m 的小球静止在轨道底部 A 点。现用小锤沿水平方向快速击打小球，击打后迅速移开，使小球沿轨道在竖直面内运动。当小球回到 A 点时，再次用小锤沿起动方向击打小球，通过两次击打，小球才能运动到圆轨道的最高点。已知小球在运动过程中始终未脱离轨道，在第一次击打过程中小锤对小球做功 W_1，第二次击打过程中小锤对小球做功 W_2。设先、后两次击打过程中小锤对小球做功全部用来增加小球的动能，则 $\dfrac{W_1}{W_2}$ 的值可能是(　　)

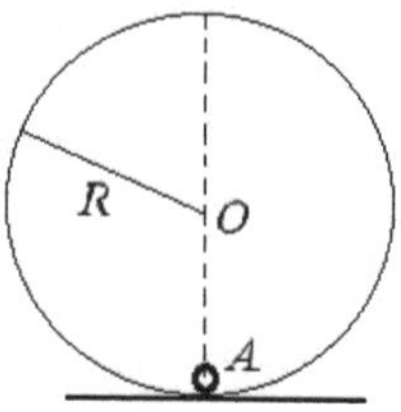

图4.4-4

A.1/2　　B.2/3　　C.3/4　　D.1

【创新思维】第一次击打，小球运动的最高高度为 R，即 $W_1 \leqslant mgR$①。第二次击打，小球才能运动到圆轨道的最高点，而恰好过最高点的条件为 $mg = \dfrac{mv^2}{R}$②，即 $v^2 =$

gR③。进一步讨论小球从静止到达最高点的过程，将两次击打过程转换为一个做功过程，根据动能定理$W_1 + W_2 - mg\cdot 2R = \frac{1}{2}mv^2$④，由③④得$W_1 + W_2 = \frac{5}{2}mgR$⑤，再由①⑤得$\frac{W_1}{W_2} \leqslant \frac{2}{3}$，故选A、B。这就是转换研究对象法。

⑥功率法：当变力的功率P一定时，可用$W=Pt$求功。

2.功率

功率是描述做功快慢的物理量。

(1)功率的定义式：$P = W/t$，所求出的功率是时间t内的平均功率。

(2)功率的计算式：$P = Fv\cos\theta$，其中θ是力与速度间的夹角。该公式有两种用法：

①求某一时刻的瞬时功率。这时F是该时刻的作用力大小，v取瞬时值，对应的P为F在该时刻的瞬时功率。

②当v为某段位移(时间)内的平均速度时，则要求这段位移(时间)内F必须为恒力，对应的P为F在该段时间内的平均功率。

③ 重力的功率可表示为$P_G = mgv_y$，即重力的瞬时功率等于重力和物体在该时刻的竖直方向分速度之积。

④ 机车的两种加速问题。当汽车从静止开始沿水平面加速运动时，有两种不同的加速过程，但分析时采用的基本公式都是$P = Fv$和$F - F_f = ma$。

a.恒定功率的加速。由公式$P = Fv$和$F - F_f = ma$知，由于P恒定，随着v的增大，F必将减小，a也必将减小，机车做加速度不断减小的加速运动，直到$F = F_f$，$a=0$，这时v达到最大值$v_m = \frac{P_m}{F} = \frac{P_m}{F_f}$。

可见恒定功率的加速一定不是匀加速，这种加速过程发动机做功只能用$W=Pt$计算，不能用$W=Fs$计算(因为F为变力)。动态过程如图4.4-5所示。

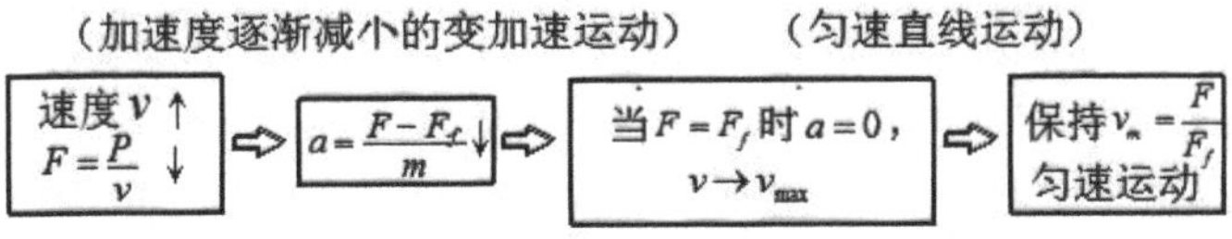

图4.4-5

b.恒定牵引力的加速。由公式$P = Fv$和$F - F_f = ma$知，由于F恒定，所以a恒定，机车做匀加速运动，而随着v的增大，P也将不断增大，直到P达到额定功率P_m，功率不能再增大了。这时匀加速运动结束，其最大速度为 $v_m' = \frac{P_m}{F} < \frac{P_m}{F_f} = v_m$，此后机车要想继续加速就只能做恒定功率的变加速运动了。可见恒定牵引力加速时功率一定不恒定。这种加速过程发动机做功只能用 $W = Fs$ 计算，不能用 $W=P\cdot t$ 计算（因为 P 为变功率）。

（5）机车两种启动模型的比较（$P-t$ 图、$v-t$ 图和 $F-t$ 图）：

①以恒定功率启动，如图4.4-6所示。

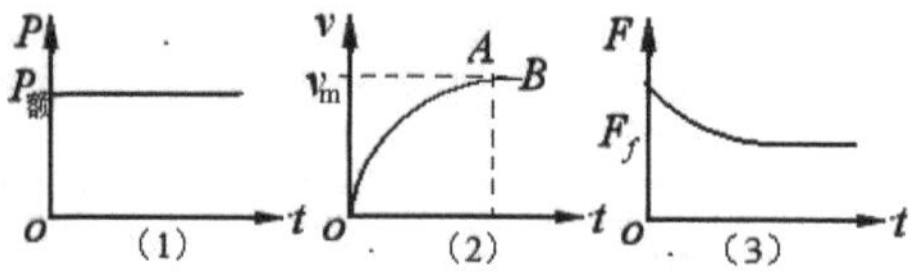

图4.4-6

②以恒定加速度启动，如图4.4-7所示。

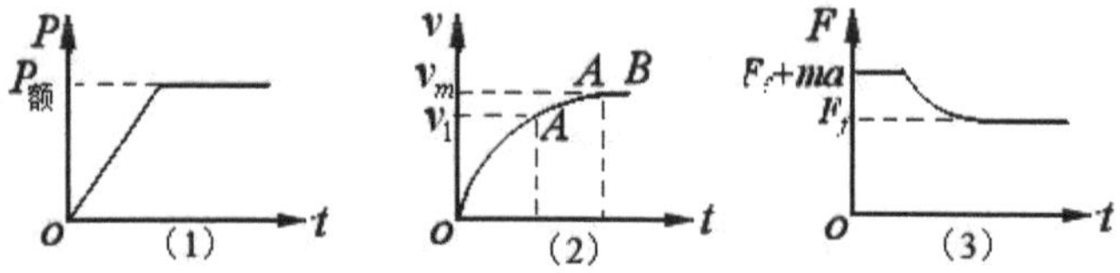

图4.4-7

注意：无论哪种启动方式，机车最终的最大速度都应满足 $v_m = P/F_f$，且以这个速度做匀速直线运动。

（二）动能定理

（1）内容：所有外力对物体做的总功（合外力做的功）等于物体动能的变化。

（2）表达式：$W_{总} = E_{k2} - E_{k1} = \frac{1}{2}mv_2^{\ 2} - \frac{1}{2}mv_1^{\ 2}$。

（3）理解：①动能定理中所说的“外力”，是指物体受到的所有力，包括重力。

②研究对象可以是单一物体，或者是可以看作单一物体的系统。位移和速度必须是相对于同一个参考系的，一般以地面为参考系。

③动能定理是求解物体位移或速率的简便公式，动能定理适用范围：直线运动、曲线运动、恒力做功、变力做功、同时做功、分段做功等各种情况。当题目涉及位移和速度而不涉及时间时可优先考虑使用动能定理求解；处理曲线运动中的速率问题时也可以优先考虑动能定理。

④动能定理既适用于一个持续的过程，也适用于几个分段过程的全过程。若过

程包含了几个运动性质不同的分过程,既可分段考虑,也可整个过程考虑。

⑤动能定理公式中等号的意义:等号表明合力做功与物体动能的变化间的三个关系。数量关系:合外力所做的功与物体动能的变化具有等量代换关系,可以通过计算物体动能的变化,求合力的功,进而求得某一力的功;单位关系:均为国际单位“焦耳”;因果关系:合外力做的功是引起物体动能变化的原因。

⑥一个物体的动能变化ΔE_k与合外力对物体所做功W具有等量代换关系:①若$\Delta E_k>0$,表示物体的动能增加,其增加量等于合外力对物体所做的正功;②若$\Delta E_k<0$,表示物体的动能减少,其减少量等于合外力对物体所做负功的绝对值;③若$\Delta E_k=0$,表示合外力对物体所做的功等于零,反之亦然。

(三)机械能守恒定律

1.对机械能守恒条件的理解

在只有重力(或弹力)做功的情形下,物体的动能和重力势能(或弹性势能)发生相互转化,机械能的总量不变,即机械能守恒。对单个物体:只有重力做功,其他力不做功或做功的代数和为零;对系统:不仅要看外力做功,还要看内力做功。因为内力做功也可引起系统机械能的变化。

2.机械能是否守恒的判断方法

(1)利用机械能的定义判断(直接判断):机械能包括动能、重力势能和弹性势能,判断机械能是否守恒可以看物体或系统机械能的总和是否变化。

(2)用做功判断:若物体或系统只有重力(或弹簧的弹力)做功,虽受其他力,但其他力不做功,则机械能守恒。

(3)用能量转化来判断:若物体系统中只有动能和势能的相互转化而无机械能与其他形式的能的转化,则物体系统机械能守恒。

(4)对多个物体组成的系统,除考虑是否只有重力做功外,还要考虑系统内力做功,如有滑动摩擦力做功时,因有摩擦力做功产生热量,系统机械能将有损失。

3.机械能守恒定律三种表达形式的理解

(1)守恒形式:$E_2 = E_1$或$E_{k1} + E_{p1} = E_{k2} + E_{p2}$,表示系统初状态的机械能等于其末状态的机械能。当系统除地球外,只有单个物体,且初、末状态的高度已知时,用这种表达形式较方便。运用时,应选好零势能面。

(2)增量(或转化)形式:$\Delta E_p = -\Delta E_k$,表示系统减少(或增加)的势能等于增加(或减少)的总动能。一般用于始末状态的高度未知,但高度变化已知的情况。应用时,无须选择零势能面。

(3)转移形式:$\Delta E_{A增} = \Delta E_{B减}$,表示若系统由$A$、$B$两部分组成,则$A$部分物体机械能的增加量与$B$部分物体机械能的减少量相等。

以上三种形式中,守恒形式最基础,易于理解和掌握,但应用时始末状态的动能、势能要分析全,防止遗漏。应用增量或转移形式列方程较简洁,是学生应该重点掌握的,但在分析势能变化时易出差错,需要提醒。

4.应用机械能守恒定律注意点

(1)必须准确地选择系统,在此基础上分析内力和外力的做功情况;

(2)必须由守恒条件判断系统机械能是否守恒;

(3)必须准确地选择过程,确定初、末状态;

(4)写守恒等式时应注意状态的同一性。

(四)功能关系、能量守恒定律

1.对功能关系的理解

(1)一对静摩擦力所做的总功等于零。在静摩擦力做功的过程中,只有机械能从一个物体转移到另一个物体(静摩擦力起着传递机械能的作用),没有机械能转化为其他形式的能。

(2)一对滑动摩擦力对物体系统所做的总功总是负值,其绝对值等于滑动摩擦力与相对位移的乘积(与参考系的选择无关,其中某个摩擦力做功大小与参考系的选择有关),恰等于系统损失的机械能。这部分机械能转化成了系统的内能,即$W_{F_f} = F_f \cdot s = Q$。

2.能量守恒定律

(1)内容:能量既不会消灭,也不会创生,它只会从一种形式的能转化为其他形式的能,或者从一个物体转移到另一个物体,而在转化和转移的过程中,能量的总量恒定不变。

(2)表达式$E_1 = E_2$,$\Delta E_{减} = \Delta E_{增}$。

(3)对定律的理解。

①系统内某种形式的能减少,一定存在其他形式的能增加,且减少量和增加量一定相等;

②系统内某物体的能量减少,一定存在其他物体的能增加,且减少量和增加量一定相等。

二、范例精析

(一)功和功率

【例1】用水平拉力拉着滑块沿半径为R的水平圆轨道运动一周,如图4.4-8(1)所示,已知物块的质量为m,物块与轨道间的动摩擦因数为μ。求此过程中摩擦力所做的功。

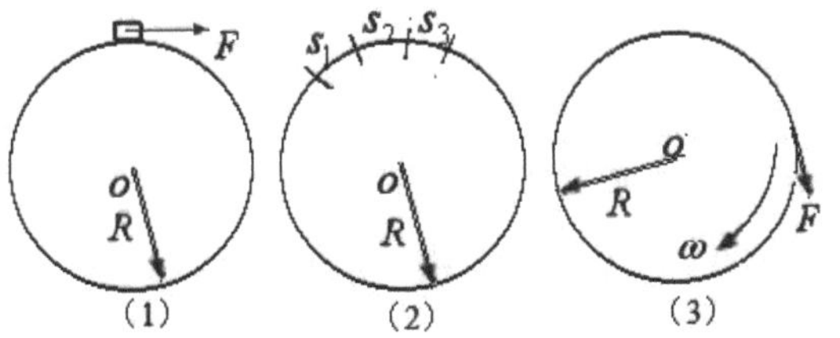

图4.4-8

【解析】如图4.4-8(2)所示,把圆轨道分成无穷多个微元段s_1、s_2、s_3、s_4、…、s_n,摩擦力在每一段上可认为是恒力,则每一段上摩擦力做的功分别为

$$W_1 = -\mu mgs_1$$

$$W_2 = -\mu mgs_2$$

$$W_3 = -\mu mgs_3$$

$$\cdots$$

$$W_n = -\mu mgs_n$$

摩擦力在一周内所做的功

$$W = W_1 + W_2 + W_3 + \cdots + W_n = -\mu mg(s_1 + s_2 + s_3 + \cdots s_n) = -2\pi\mu mgR$$

【创新思维】

(1)对于变力做功,一般不能用功的公式直接进行计算,但有时可以根据变力的特点变通使用功的公式。如力的大小不变而方向总与运动方向相同或相反时,可用$W = Fs\cos\theta$计算该力的功,但式子中的s不是物体运动的位移,这里我们可以把圆周分成无数微元段,如图4.4-8(2)所示,每一小段可近似成直线,从而摩擦力在每一小段上的方向可认为不变,求出每一小段上摩擦力做的功,再累加得出结果。

(2)对于此题,若不加分析而套用功的公式,误认为位移s=0,得到W=0,这是错误的。必须注意本题中的F是变力。

(3)发散思维：如图4.4–8(3)所示，某个力F=10 N作用于半径R=1 m的转盘的边缘上，力F的大小保持不变，但方向任何时刻与作用点处的切线方向保持一致，则转动半圆，这个力F做功多少？

【例2】如图4.4–9(1)所示，静止于光滑水平面上坐标原点处的小物块，在水平拉力F作用下，沿x轴方向运动，拉力F随物块所在位置坐标x的变化关系如图4.4–9(2)所示，图线为半圆。则小物块运动到x_0处时F做的总功为(　　)

A.0　　　　B.$\frac{1}{2}F_m x_0$

C.$\frac{\pi}{4}F_m x_0$　　　　D.$\frac{\pi}{4}x_0^2$

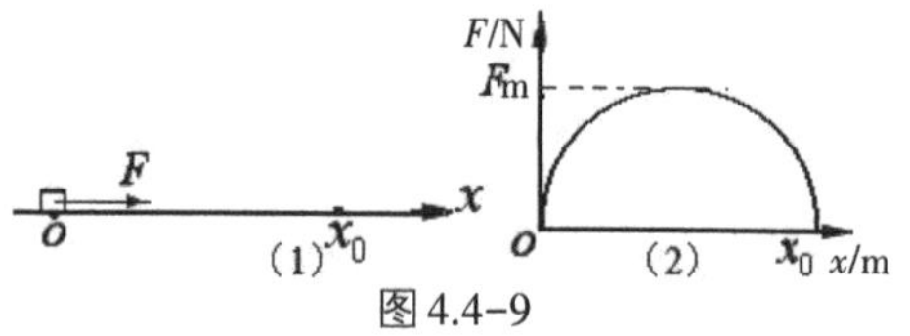

图4.4–9

【解析】根据动能定理，小物块运动到x_0处时的动能为这段时间内力F所做的功，物块在变力作用下，不能直接用功的公式来计算，但此题可用求F–x图像包围的“面积”的方法来解决，变力F所做的总功的大小在数值上等于半圆的“面积”大小。由于图线为半圆，又因在数值上$F_m=\frac{1}{2}\cdot x_0$，故

$$W=\frac{1}{2}\cdot\pi\left(\frac{x_0}{2}\right)^2=\frac{1}{2}\cdot\pi\cdot F_m\cdot\frac{x_0}{2}=\frac{\pi}{4}F_m x_0$$

C项正确。

【例3】如图4.4–10所示是汽车的牵引力F和车速v的倒数$1/v$的关系图线；若汽车的质量为2×10^3 kg，由静止开始沿平直公路行驶，阻力恒定，最大速度为30 m/s，则以下说法正确的是(　　)

A.汽车运动过程中受到的阻力为6×10^3 N

B.汽车的额定功率为6×10^4 W

C.汽车先做匀加速运动，然后再做匀速直线运动

D.汽车做匀加速运动的时间是10 s

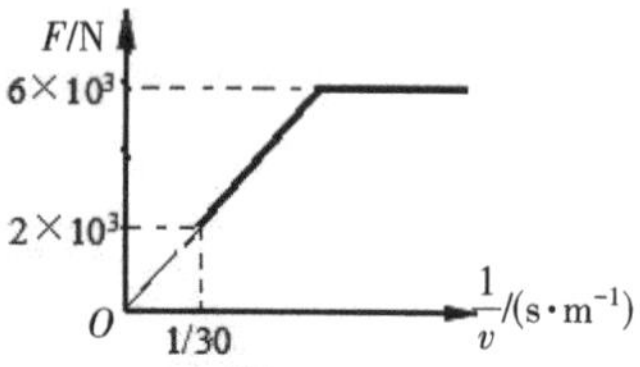

图4.4–10

【解析】当汽车达到最大速度30 m/s时，牵引力为2×10^3 N，可知汽车受到的阻力为2×10^3 N，汽车的额定功率为$P=Fv_m=2\times10^3\ \text{N}\times30\ \text{m/s}=6\times10^4$ W，选项A错误，B正确；因F–$1/v$图线开始是直线，则斜率为$Fv=P$为定值，可知汽车以恒定功率启动，开始做变加速运动，后来做匀速运动，选项C、D错误；故选B。

【创新思维】此题考查学生对物理图线的理解；要能从图像中读出有用的信息，知道图线的函数关系及斜率的物理意义；知道机车启动的两种基本方式。

(二)动能定理

1.用动能定理求解变力的功

【例4】如图4.4-11所示，质量为m的物体静止在水平光滑的平台上，系在物体上的绳子跨过光滑的定滑轮，由地面上的人以速度v_0向右匀速拉动，设人从地面上平台的边缘开始向右行至绳与水平方向夹角为45°处，在此过程中人所做的功为(　　)

A.$\frac{mv_0^2}{2}$　　B.$\frac{\sqrt{2}mv_0^2}{2}$　　C.$\frac{mv_0^2}{4}$　　D.mv_0^2

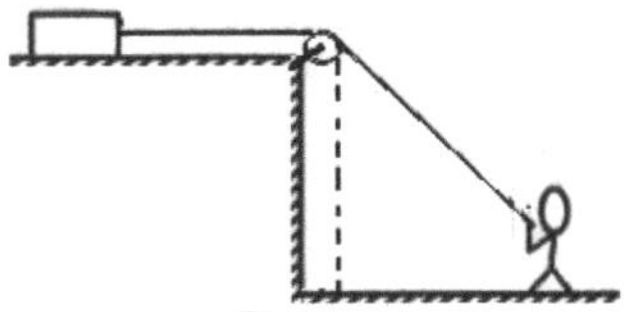

图4.4-11

【解析】此题关键是求出物体运动速度，人从地面上平台的边缘开始向右行至绳与水平方向夹角为45°处，沿绳方向的速度$v=v_0\cos 45°=\frac{\sqrt{2}}{2}v_0$，故质量为$m$的物体速度等于$\frac{\sqrt{2}}{2}v_0$，对物体由动能定理可知，在此过程中人所做的功为$\frac{m{v_0}^2}{4}$，选项C正确。

【创新思维】应用动能定理求变力做功时应注意的问题：

(1)所求的变力的功不一定为总功，故所求的变力的功不一定等于ΔE_k。

(2)合外力对物体所做的功对应物体动能的变化，而不是对应物体的动能。

(3)若有多个力做功时，必须明确各力做功的正负，待求的变力的功若为负功，可以设克服该力做功为W，则表达式中应用$-W$；也可以设变力的功为W，则字母W本身含有负号。

2.动能定理与图像结合的问题

【例5】摩天大楼中一部直通高层的客运电梯，行程超过百米。电梯的简化模型如图4.4-12(1)所示。考虑安全、舒适、省时等因素，电梯的加速度a是随时间t变化的。已知电梯在t=0时由静止开始上升，$a-t$图像如图4.4-11(2)所示。电梯总质量$m=2.0\times10^3$ kg。忽略一切阻力，重力加速度g取10 m/s²。

(1)求电梯在上升过程中受到的最大拉力F_1和最小拉力F_2。

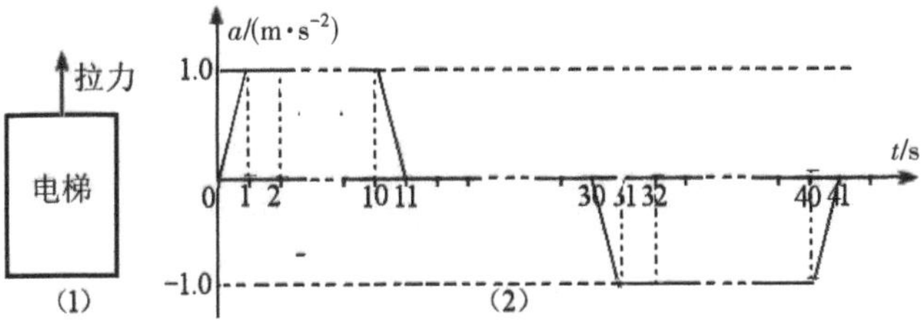

图4.4-12

(2)类比是一种常用的研究方法,对于直线运动,教科书中讲解了由$v-t$图像求位移的方法。请你借鉴此方法,对比加速度和速度的定义,根据如图4.4-12(2)所示$a-t$图像,求电梯在第1 s内的速度改变量Δv_1和第2 s末的速率v_2。

(3)求电梯以最大速率上升时,拉力做功的功率P;再求在0 ~ 11 s时间内,拉力和重力对电梯所做的总功W。

【解析】(1)由牛顿第二定律有$F-mg=ma$,由$a-t$图像可知,F_1和F_2对应的加速度是$a_1=1.0\ \mathrm{m/s^2}$,$a_2=-1.0\ \mathrm{m/s^2}$。上升过程中受到:

最大拉力$F_1 = m(g + a_1) = 2.0 \times 10^3\ \mathrm{kg} \times (10 + 1)\mathrm{m/s^2} = 2.2 \times 10^4\ \mathrm{N}$

最小拉力$F_2 = m(g + a_2) = 2.0 \times 10^3\ \mathrm{kg} \times (10 - 1)\mathrm{m/s^2} = 1.8 \times 10^4\ \mathrm{N}$

(2)类比可得,所求速度变化量等于第1 s内$a-t$图像下的面积,$\Delta v_1=0.50\ \mathrm{m/s}$,同理可得,$\Delta v_2=v_2-v_0=1.5\ \mathrm{m/s}$,$v_0=0$,第2 s末的速率$v_2=1.5\ \mathrm{m/s}$。

(3)由$a-t$图像可知,11 ~ 30 s内速率最大。其值等于0 ~ 11 s内$a-t$图像下的面积,有$v_m=10\ \mathrm{m/s}$,此时电梯做匀速运动,拉力F等于重力mg,所求功率

$$P = Fv_m = mgv_m = 2.0 \times 10^3\ \mathrm{kg} \times 10\ \mathrm{m/s^2} \times 10\ \mathrm{m/s} = 2.0 \times 10^5\ \mathrm{W}$$

由动能定理,总功

$$W = E_{k2} - E_{k1} = \frac{1}{2}mv_m{}^2 - 0 = 1.0 \times 10^5\ \mathrm{J}$$

【创新思维】通过比较思维,运用速度图像的类比,理解$a - t$加速度图像"面积"的物理意义,从而根据加速度图像分析电梯的运动情况。

3.利用动能定理求解多过程问题

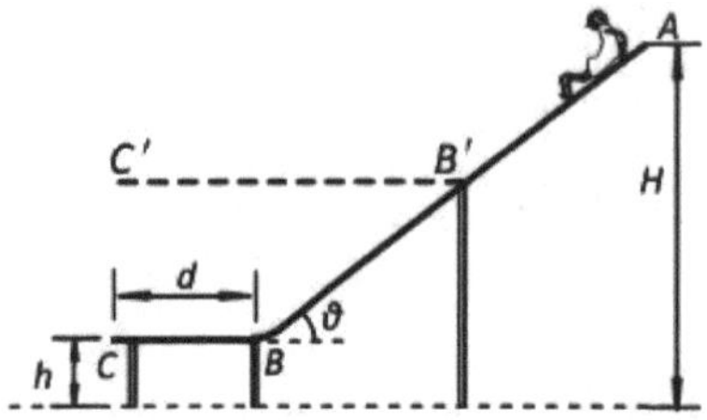

图4.4-13

【例6】水上滑梯可简化成如图4.4-13所示的模型:倾角为$\theta=37°$的斜滑道AB和水平滑道BC平滑连接,起点A距水面的高度$H=7.0\ \mathrm{m}$,BC长$d=2.0\ \mathrm{m}$,端点C距水面的高度$h=1.0\ \mathrm{m}$。一质量$m=50\ \mathrm{kg}$的运动员从滑道起点A点无初速地自由滑下,运动员与AB、BC间的动摩擦因数均为$\mu = 0.10$,取重力加速度$g=10\ \mathrm{m/s^2}$,$\cos 37°=0.8$,$\sin 37°=0.6$,运动员在运动过程中可视为质点。

(1)求运动员沿AB下滑时加速度的大小a;

(2)求运动员从A滑到C的过程中克服摩擦力所做的功W和到达C点时速度的大小v;

(3)保持水平滑道端点在同一竖直线上,调节水平滑道高度h和长度d到图中

$B'C'$位置时，运动员从滑梯平抛到水面的水平位移最大，求此时滑道$B'C'$距水面的高度h'。

【解析】(1)运动员沿AB下滑时，受力情况如图4.4-14所示，$F_f = \mu F_N = \mu mg\cos\theta$

根据牛顿第二定律：$mg\sin\theta - \mu mg\cos\theta = ma$，得运动员沿$AB$下滑时加速度的大小为$a = g\sin\alpha - g\cos\alpha = 5.2\ \mathrm{m/s^2}$

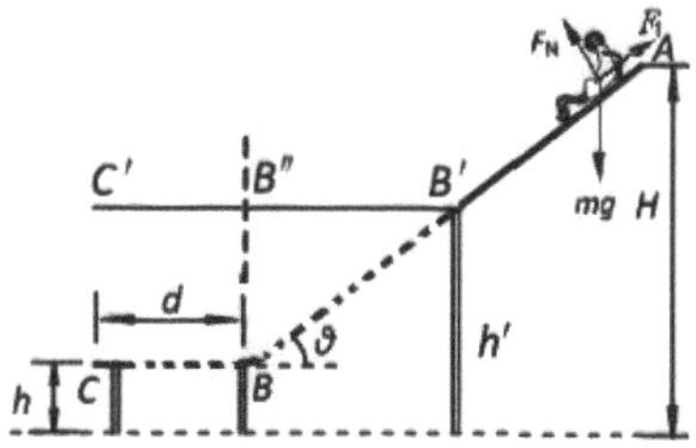

图4.4-14

(2)运动员从A滑到C的过程中，克服摩擦力做功为

$$W = \mu mg\cos\theta\left(\frac{H-h}{\sin\theta}\right) + \mu mgd = \mu mg[d + (H-h)\cot\theta]$$
$$= 0.10 \times 50\ \mathrm{kg} \times 10\ \mathrm{m/s^2} \times 0.2\ \mathrm{m} = 10\ \mathrm{J}$$

由动能定理有$mg(H-h) - W = \frac{1}{2}mv^2 - 0$

得运动员滑到C点时速度的大小$v = 10\ \mathrm{m/s}$。

(3)在从C点滑出至落到水面的过程中，运动员做平抛运动的时间为t，

$$h' = \frac{1}{2}gt^2, t = \sqrt{\frac{2h'}{g}}$$

下滑过程中，后途经$B'B''$和先前途经$B'B$运动员克服摩擦做的功相等，因此运动员从A滑到C'的整个过程中，克服摩擦力做功保持不变，仍为W=500 J。

根据动能定理得$mg(H-h') - W = \frac{1}{2}mv'^2 - 0$

$$v' = \sqrt{2g(H-h') - 2W/m} = \sqrt{2g(H-h') - 2 \times 500\ \mathrm{J}/50\ \mathrm{kg}} = \sqrt{2g(H-1-h')}$$

运动员水平方向的位移$x = v't = \sqrt{2g(H-1-h')} \cdot \sqrt{\frac{2h'}{g}} = \sqrt{4(H-1-h')h'}$

当$H - 1 - h' = h'$时，即$h' = (H-1)/2 = 3\ \mathrm{m}$，水平位移$x$最大。

【创新思维】注意在已知初速度和受力情况又不涉及运动过程的时候，可以选择动能定理去解题，方便，简洁。

(三)机械能守恒定律

【例7】如图4.4-15(1)所示，在距水平地面高为0.4 m处，水平固定一根长直光滑杆，在杆上P点固定一定滑轮，滑轮可绕水平轴无摩擦转动，在P点的右侧，杆上套有一质量m=2 kg的小球A。半径R=0.3 m的光滑半圆形细轨道竖直固定在地面上，其圆

心O在P点的正下方，在轨道上套有一质量m=2 kg的小球B。用一条不可伸长的柔软细绳，通过定滑轮将两个小球连接起来，杆和半圆形轨道在同一竖直面内，两小球均可看作质点，且不计滑轮大小的影响。现给小球A一个水平向右的恒力F=50 N($g=10\ \mathrm{m/s^2}$)，则(　　)

A.把小球B从地面拉到P的正下方时F做功为20 J

B.小球B运动到C处时的速度大小为0

C.小球B被拉到与小球A速度大小相等，$\sin\angle OPB'=\dfrac{3}{4}$

D.把小球B从地面拉到P的正下方时小球B的机械能增加了6 J

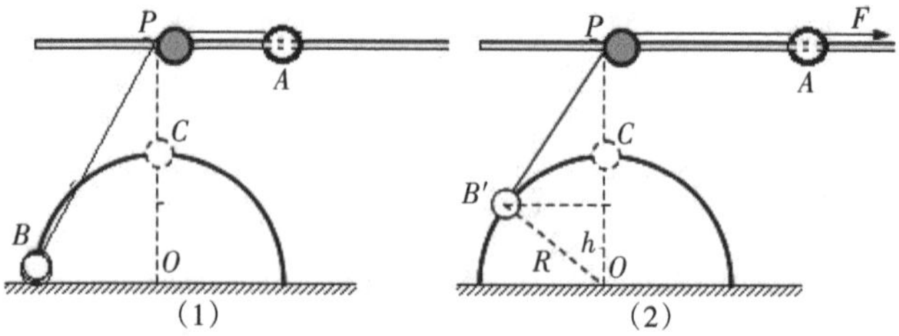

图4.4-15

【**解析**】对于F的做功过程，由几何知识得到力F作用点的位移

$x=PB-PC=\sqrt{(0.4\ \mathrm{m})^2+(0.3\ \mathrm{m})^2}-(0.4\ \mathrm{m}-0.3\ \mathrm{m})=0.4\ \mathrm{m}$，则力$F$做的功

$W=Fx=50\ \mathrm{N}\times0.4\ \mathrm{m}=20\ \mathrm{J}$，故A正确。

由于B球到达C处时，已经无沿着绳子方向的分速度，则球A此时的速度为零，以两球及绳子组成的系统，其能量变化过程由功能关系可得$W=\dfrac{1}{2}mv^2+mgR$，代入数值运算得$v=\sqrt{14}\ \mathrm{m/s}$，故B错误。

当绳子与轨道相切时两球速度相等，如图4.4-15(2)所示，由三角形知识得$\sin\angle OPB'=\dfrac{R}{OP}=\dfrac{3}{4}$，故C正确。设最低点势能为0，小球$B$从地面拉到$P$的正下方时小球$B$的机械能增加，$\Delta E=\Delta E_k+\Delta E_p=\dfrac{1}{2}mv^2+mgR=20\ \mathrm{J}$，D错误。故选A、C。

【**创新思维**】本题属于连接体问题，关键是分析两物体之间的速度与高度关系，并运用几何知识和功能关系来研究，注意分析B球到达最高点时，已经无沿着绳子方向的分速度，因此A球速度为零。可是B球沿着水平方向速度不为零，这里往往容易疏忽。

(四)功能关系 能量守恒定律

1.功能关系的应用

【例8】如图4.4-16所示,AB为半径R=0.8 m的1/4光滑圆弧轨道,下端B恰与平板小车右端平滑对接。小车质量M=3 kg,车长l = 2.06 m。现有一质量m=1 kg的小滑块,由轨道顶端无初速释放,滑到B端后冲上小车。已知地面光滑,滑块与小车上表面间的动摩擦因数μ=0.3,当车运动了t_0=1.5 s时,车被地面装置锁定(g=10 m/s^2)。试求:

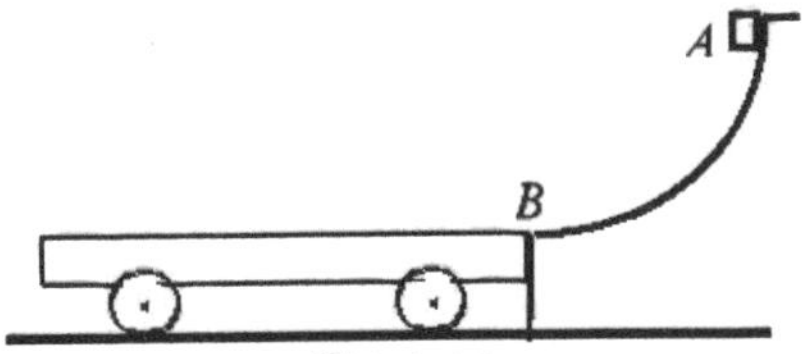

图4.4-16

(1)滑块到达B端时,轨道对它支持力的大小;

(2)车被锁定时,车右端距轨道B端的距离;

(3)从车开始运动到被锁定的过程中,滑块与平板车构成的系统损失的机械能;

(4)滑块滑离车左端时的动能。

【解析】(1)滑块从A滑下过程,由机械能守恒定律得$mgR = \frac{1}{2}mv^2$ ①

滑块经B端时,由牛顿第二定律得$F_N - mg = m\frac{v^2}{R}$ ②

联立①②式,代入数值得$F_N = 3mg = 3 \times 1\ \text{kg} \times 10\ \text{N} = 30\ \text{N}$ ③

(2)当滑块滑上小车后,由牛顿第二定律,

对滑块有$-\mu mg = ma_1$, $\therefore a_1 = -3\ \text{m/s}^2$ ④

对小车有$\mu mg = ma_2$, $\therefore a_2 = 1\ \text{m/s}^2$ ⑤

设经时间t两者达到共同速度,则有$v + a_1t = a_2t$ ⑥

又由①得$v = \sqrt{2gR} = \sqrt{2 \times 10\ \text{m/s}^2 \times 0.8\ \text{m}} = 4\ \text{m/s}$ ⑦

由④⑤⑥⑦解得t=1 s。由于1 s<1.5 s,此时小车还未被锁定,两者的共同速度$v' = 1\ \text{m/s}$,两者以共同速度运动时间为$t' = 0.5\ \text{s}$。故车被锁定时,车右端距轨道B端的距离$x = \frac{1}{2}a_2t^2 + v't' = \frac{1}{2} \times 1\ \text{m/s}^2 \times (1\ \text{s})^2 + 1\ \text{m/s} \times 0.5\ \text{s} = 1\ \text{m}$。

(3)从车开始运动到被锁定的过程中,滑块相对小车滑动的距离

$$\Delta x = \frac{v + v'}{2}\cdot t - \frac{1}{2}a_2t^2 = \frac{4\ \text{m/s} + 1\ \text{m/s}}{2} \times 1\ \text{s} - \frac{1}{2} \times 1\ \text{m/s}^2 \times (1\ \text{s})^2 = 2\ \text{m}$$

故系统损失的机械能即产生的内能

$$Q = \mu mg\Delta x = 0.3 \times 1\ \text{kg} \times 10\ \text{m/s}^2 \times 2\ \text{m} = 6\ \text{J}$$

或$\Delta E = \frac{1}{2}mv^2 - \frac{1}{2}(M + m)v'^2$

$= \frac{1}{2} \times 1\ \text{kg} \times (4\ \text{m/s})^2 - \frac{1}{2} \times (3\ \text{kg} + 1\ \text{kg}) \times (1\ \text{m/s})^2 = 6\ \text{J}$

(4)对小滑块在车被锁定后相对车滑动过程，由动能定理得

$-\mu mg(l - \Delta x) = E_k - \frac{1}{2}mv'^2$

代入数值得$E_k = 0.32$ J。

【创新思维】求解相对滑动物体能量问题的方法：

(1)正确分析物体的运动过程，做好受力情况分析。

(2)利用运动学公式，结合牛顿第二定律分析物体的速度关系及位移关系。

(3)公式$Q = F_f \cdot l_{相对}$中$l_{相对}$为两接触物体间的相对位移，若物体在接触面上做往复运动时，则$l_{相对}$为总的相对路程。

2.摩擦力做功的特点

(1)静摩擦力做功。

①可对物体做正功，也可做负功，还可不做功，关键是看物体在静摩擦力方向上有位移时，静摩擦力就要对物体做功。

②在静摩擦力做功的过程中，只有机械能的相互转移(静摩擦力起着传递机械能的作用)，而没有机械能转化为其他形式的能。

③相互摩擦的系统内，一对静摩擦力所做功的代数和总为零。

(2)滑动摩擦力做功。

①既可对物体做正功，也可对物体做负功，还可以对物体不做功。

②一对滑动摩擦力做功的过程中，能量的转化有两种情况：一是相互摩擦的物体之间机械能的转移；二是机械能转化为内能，即摩擦生热。

③在只有一对相互作用的滑动摩擦力做功的过程中，它们做的功可用滑动摩擦力F_f的大小与两物体相对位移$x_{相对}$的乘积来表示，即$W = F_f x_{相对}$。滑动摩擦力、空气摩擦阻力等在曲线运动或往返运动时，则等于力和路程(不是位移)的乘积。

【例9】如图4.4-17所示，表面粗糙的小车足够长，小车放在光滑的水平地面上，一木块以一定速度由小车左端滑上小车，当小车与木块相对静止时，木块相对小车的位移为d，小车相对地面的位移为x，木块与小车间的滑动摩擦力为F_f，求：

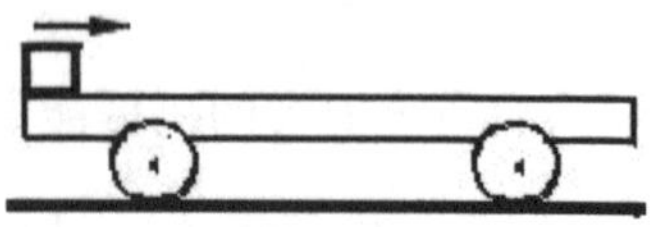
图4.4-17

(1)滑动摩擦力对木块做的功；

(2)滑动摩擦力对小车做的功；

(3)两滑动摩擦力做功之和；

(4)系统机械能的变化量及系统产生的热量。

【解析】如图4.4-18所示，

(1)由题意知木块位移$x_{木}=x+d$，故滑动摩擦力对木块做的功$W_{木}=-F_f(d+x)$

(2)滑动摩擦力对小车做的功

$$W_{车}=F_f\cdot x$$

(3)两滑动摩擦力做功之和

$$W=W_{木}+W_{车}=-F_fd$$

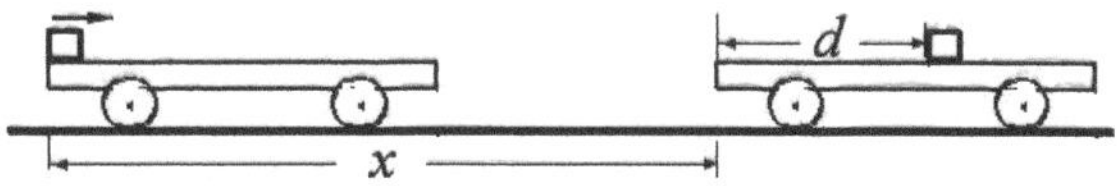

图4.4-18

(4)由动能定理知：小车动能的增量为$\Delta E_{k车}=F_f\cdot x$

木块动能的增量为$\Delta E_{k木}=-F_f(x+d)$

系统机械能的变化量即为小车、木块动能增量之和

$$\Delta E=\Delta E_{k车}+\Delta E_{k木}=-F_fd$$

由能量守恒知，系统损失的机械能等于系统产生的热量$Q=|\Delta E|=F_fd$。

3.物体在传送带上运动过程中功能关系和能的转化问题

(1)传送带由于传送物体而多消耗的电能，通常一部分为系统所增加的能量，即传送的物体增加的机械能$\Delta E_{机}=\Delta E_p+\Delta E_k$。

(2)传送带由于传送物体而多消耗的电能，通常另一部分转化为物体和传送带由于摩擦产生的内能$Q=F_f\cdot x_{相对}$。

(3)能量守恒定律的运用：传送带多消耗的电能等于系统增加的能量及内能，即$E=\Delta E_p+\Delta E_k+Q_{摩擦}$。

【例10】如图4.4-19所示，传送带始终保持v=3 m/s的速度顺时针运动，一个质量为m=1.0 kg、初速度为零的小物体放在传送带的左端，若物体与传送带之间的动摩擦因数μ=0.15，传送带左右两端距离为x=4.5 m(g=10 m/s²)。

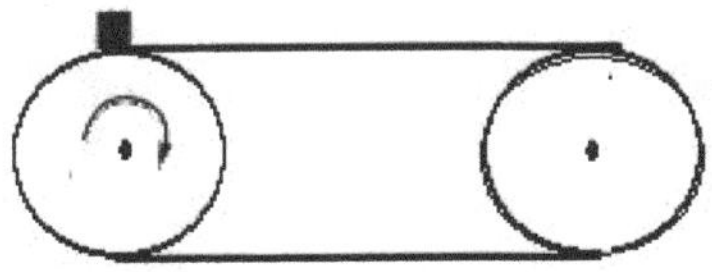
图4.4-19

(1)求物体从左端到右端的时间；

(2)求物体从左端到右端的过程中产生的内能；

(3)设皮带轮由电动机带动，求为了使物体从传送带左端运动到右端而多消耗的电能。

【解析】(1)滑动摩擦力产生的加速度为$a=\mu g=0.15\times10\ \text{m/s}^2=1.5\ \text{m/s}^2$

所以速度达到3 m/s的时间为$t_1=\dfrac{v}{a}=\dfrac{3\ \text{m/s}}{1.5\ \text{m/s}^2}=2\ \text{s}$

2 s内物体发生的位移$x_1 = \frac{1}{2}at_1^2 = 3\ \text{m} < 4.5\ \text{m}$

所以物体先加速后匀速运动到达另一端。

$t_2 = \frac{x - x_1}{v} = 0.5\ \text{s}$，总时间为$t = t_1 + t_2 = 2.5\ \text{s}$。

(2)物体与传送带之间的相对位移为$\Delta x = vt_1 - x_1 = 3\ \text{m}$，所以产生的热量为

$$Q = \mu mg\Delta x = 0.15 \times 1\ \text{kg} \times 10\ \text{m/s}^2 \times 3\ \text{m} = 4.5\ \text{J}$$

(3)解法1：物体在传送带上滑行时皮带受到向左的摩擦力和电动机的牵引力做匀速直线运动，故摩擦力对传送带做功与电动机做的功(电动机多消耗的电能)大小相等。根据能量转化的关系可知，电动机由于传送货物多消耗的电能等于传送带克服摩擦力做功，故$\Delta E_{电} = \mu mgvt_1 = 0.15 \times 1\ \text{kg} \times 10\ \text{m/s}^2 \times 3\ \text{m/s} \times 2\ \text{s} = 9\ \text{J}$。

解法2：根据能量转化的关系可知，电动机多消耗的电能等于物体的动能的增加量与摩擦生热产生的内能之和，故有

$$\Delta E_{电} = Q + \frac{1}{2}mv^2 = 4.5\ \text{J} + \frac{1}{2} \times 1\ \text{kg} \times (3\ \text{m/s})^2 = 9\ \text{J}$$

4.5 从电磁感应“专题复习”看二轮复习

二轮复习是在第一轮复习的基础上，透视教材，将整个高中物理的知识系统化、网络化；突出主干重点知识，突破疑点、难点，关注热点、变化点。

(1)复习以专题模块复习为主，常分为如下专题：直线运动与牛顿定律应用解题，曲线运动与万有引力应用解题，动量与机械能综合应用(一)，动量与机械能综合应用(二)，高考中的摩擦力问题，高考中的弹簧问题，高考中的传送带问题，带电粒子在电磁场中的运动(并列场)，带电粒子在电磁场中的运动(叠加场)，电路中能的转化和守恒，电磁感应高考复习全覆盖，高中物理力学实验精讲，高中物理电学实验精讲；选考模块：热学，机械振动与机械波，光，电磁波，相对论简介，近代物理初步(波粒二象性原子和原子核)。

(2)知识网络的体系化。在一轮复习的基础上，以更高的角度梳理、重组知识，使之有机地连成线、铺成面、织成网，将此网状知识融在解题中，进一步强化基础知识的复习和基本技能的训练。

(3)加强运用创新思维规范解题，不断总结审题规律，归纳破题思路。

(4)实验复习。①针对第一轮复习中存在的问题，进一步巩固实验基础知识和提高基本的实验操作能力。

②目标瞄准中档题。通过典型实验题训练和总结，以达到提高多角度、多途径分析和解决实验题的能力。

一、知识精要

电磁感应是电磁学的重要基础，更是高考物理试题的热点和难点。电磁感应试题应用楞次定律、法拉第电磁感应定律，联系电场、磁场、恒定电流、力学等知识。因此，这类题往往可以成为学科内的大综合题，难度大、分值高、区分度大，在高考中经常作为压轴题。

二、范例精析

(一)回路磁通量变化类型：$E=\frac{\Delta\phi}{\Delta t}$

【问题1】线圈面积S不变，磁感应强度均匀变化：$E=n\frac{\Delta\phi}{\Delta t}=n\frac{\Delta B\cdot S}{\Delta t}=n\frac{\Delta B}{\Delta t}\cdot S$。

【例1】固定的n=10匝线圈，其面积为S=100 cm²，电阻为R=0.1Ω，环中磁场变化规律如图4.5-1所示，且磁场方向垂直环面向里，在t_1到t_2时间内，环中感应电流的方向如何？通过金属环的电量为多少？

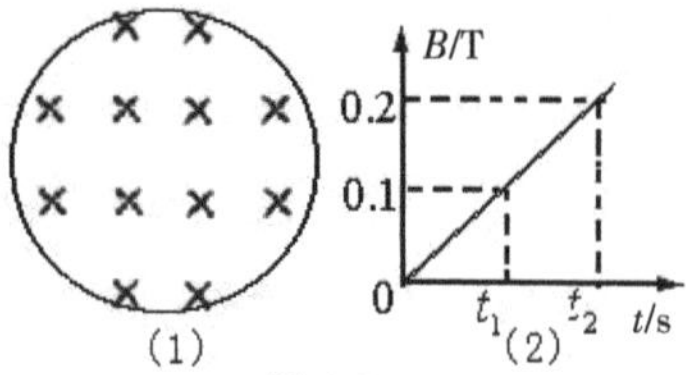

图4.5-1

【解析】(1)由楞次定律，可以判断金属环中感应电流方向为逆时针方向。

(2)由图可知：磁感应强度的变化率为

$$\frac{\Delta B}{\Delta t}=\frac{B_2-B_1}{t_2-t_1}$$

线圈中的磁通量的变化率$\frac{\Delta\phi}{\Delta t}=\frac{\Delta B}{\Delta t}\cdot S=\frac{B_2-B_1}{t_2-t_1}\cdot S$

环中形成感应电流$I=\frac{nE}{R}=\frac{n\Delta\phi/\Delta t}{R}=\frac{n\Delta\phi}{R\Delta t}$

通过金属环的电量$Q=I\Delta t$

解得$Q=\frac{n(B_2-B_1)S}{R}=\frac{10\times(0.2\text{ T}-0.1\text{ T})\times10^{-2}\text{ m}^2}{0.1\ \Omega}=0.1\text{ C}$。

【创新思维】由楞次定律可判断感应电流的方向，感应电量可如下推导：

$$Q=I\Delta t=\frac{nE}{R}\Delta t=\frac{n\Delta\phi}{\Delta tR}\Delta t=\frac{n\Delta\phi}{R}$$

可见，感应电量仅由电路电阻和磁通量变化量决定，与发生磁通量变化的时间无关。

【问题2】磁感应强度B不变，线圈面积变化：$E=n\frac{B\Delta S}{\Delta t}=nB\frac{\Delta S}{\Delta t}$。

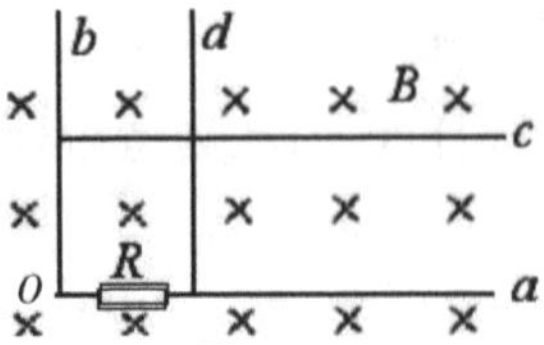

图4.5-2

【例2】(2006年高考全国Ⅰ卷)如图4.5-2所示，在匀强磁场中固定放置一根串接一电阻R的直角形金属导轨aOb(在纸面内)，磁场方向垂直纸面朝里，另有两根金属导轨c、d分

别平行于 Oa、Ob 放置。保持导轨之间接触良好，金属导轨的电阻不计。现经历以下四个过程：①以速率 v 移动 d，使它与 Ob 的距离增大一倍；②再以速率 v 移动 c，使它与 Oa 的距离减小一半；③然后再以速率 $2v$ 移动 c，使它回到原处；④最后以速率 $2v$ 移动 d，使它也回到原处。设上述四个过程中通过电阻 R 的电量的大小依次为 Q_1、Q_2、Q_3 和 Q_4，则（　　）

A. $Q_1=Q_2=Q_3=Q_4$　　　　B. $Q_1=Q_2=2Q_3=2Q_4$

C. $2Q_1=2Q_2=Q_3=Q_4$　　　　D. $Q_1\neq Q_2=Q_3\neq Q_4$

【解析】设开始导轨 d 与 Ob 的距离为 x_1，导轨 c 与 Oa 的距离为 x_2，由法拉第电磁感应定律知，移动 c 或 d 时产生的感应电动势 $E=\frac{\Delta\phi}{\Delta t}=\frac{B\Delta S}{\Delta t}$，通过导体 R 的电量 $Q=I\Delta t=\frac{E}{R}\Delta t=\frac{B\Delta S}{R}$。

由上式可知，通过导体 R 的电量与导体 d 或 c 移动的速度无关，由于 B 与 R 为定值，其电量取决于所围成面积的变化（如图 4.5-3 所示）。

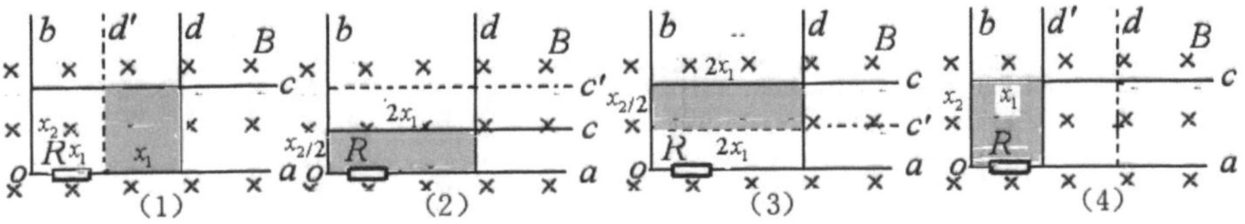

图 4.5-3

（1）若导轨 d 与 Ob 距离增大一倍，即由 x_1 变为 $2x_1$，则所围成的面积增大了 $\Delta S_1=x_1\cdot x_2$；

（2）若导轨 c 再与 Oa 距离减小一半，即由 x_2 变为 $\frac{x_2}{2}$，则所围成的面积又减小了 $\Delta S_2=\frac{x_2}{2}\cdot 2x_1=x_1\cdot x_2$；

（3）若导轨 c 再回到原处，此过程面积的变化为 $\Delta S_3=\Delta S_2=\frac{x_2}{2}\cdot 2x_1=x_1\cdot x_2$；

（4）最后导轨 d 又回到原处，此过程面积的变化为 $\Delta S_4=x_1\cdot x_2$。

由于 $\Delta S_1=\Delta S_2=\Delta S_3=\Delta S_4$，通过电阻 R 的电量是相等的，$Q_1=Q_2=Q_3=Q_4$，则选 A。

【创新思维】本题考查综合分析能力，难度较大。解题要求熟练掌握法拉第电磁感应定律，明确电量只取决于磁通量的变化。若借图像分析，难度大为降低。

【问题 3】B、S 均不变，线圈绕过线圈平面内的某一轴转动时，计算式为

$$E=n\frac{BS\cos\phi_2-BS\cos\phi_1}{\Delta t}=nBS\frac{\cos\phi_2-\cos\phi_1}{\Delta t}$$

（二）导体切割磁感线类型（滑杆类问题）

基本公式：$E = Blv$，v与B成θ角时，$E = BLv\sin\theta$。v为平均或瞬时值时，对应的是平均电动势或瞬时感应电动势。

【问题1】单导体棒的滑杆问题。

1.单导体棒在含电源闭合电路上的滑杆问题

【例3】如图4.5-4所示水平放置的光滑导轨MN、PQ上放有长为l、电阻为R、质量为m的金属棒ab，导轨左端接有内阻不计、电动势为E的电源组成回路，整个装置放在竖直向上的匀强磁场B中，导轨电阻不计且足够长，并与电键S串联。当闭合电键后，求金属棒可达到的最大速度。

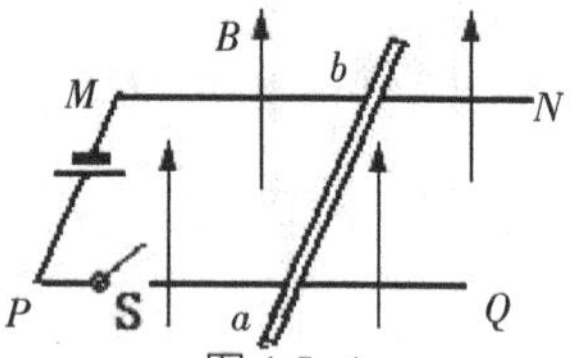

图4.5-4

【解析】闭合电键后，金属棒在安培力的作用下向右运动。当棒的速度为v时，产生的感应电动势与电源电动势反向，从而导致电路中电流减小，安培力减小，棒的加速度减小，即棒做的是一个加速度越来越小的加速运动。当加速度为零时，棒的速度达到最大值，棒产生的感应电动势与电源电动势大小相等，回路中电流为零，此后棒将以这个最大速度做匀速运动。棒速度最大时，由$Blv_m = E$，得$v_m = E/(Bl)$。

【创新思维】本题的稳定状态是金属棒最后的匀速运动；稳定条件是金属棒的加速度为零、安培力为零。此时，棒的感应电动势与电源电动势大小相等、方向相反。

2.单导体棒在外力作用下从静止开始运动的滑杆问题

【例4】（1992年高考全国卷）如图4.5-5（1）所示，导线框$abcd$固定在竖直平面内，bc段的电阻为R，其他电阻均可忽略。ef是一电阻可忽略的水平放置的导体杆，杆长为l，质量为m，杆的两端分别与ab和cd保持良好接触，又能沿它们无摩擦地滑动。整个装置放在磁感应强度为B的匀强磁场中，磁场方向与框面垂直。现用一恒力F竖直向上拉ef，当ef匀速上升时，其速度的大小为多少？

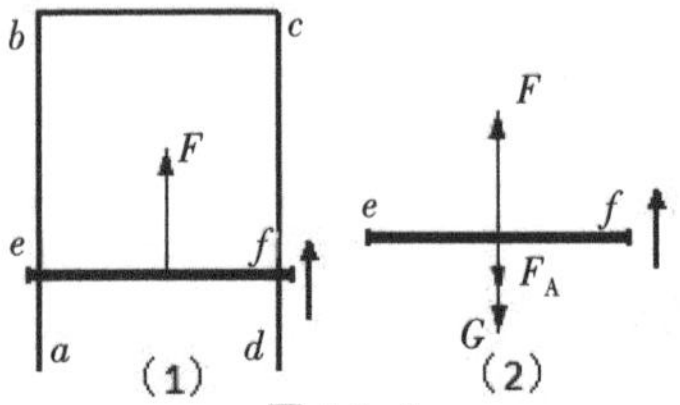

图4.5-5

【解析】解法1：从力学角度分析。如图4.5-5（2）所示，当杆ef向上运动时，杆中产生感应电动势。若杆向上运动的速度为v，感应电动势为

$E = Blv$　①

回路中的电流$I = E/R$②

不论磁场的方向如何，安培力的方向总是向下。杆的平衡方程为

$F = BIl + mg$ ③

解①②③式得 $v = \dfrac{R(F - mg)}{B^2l^2}$。

解法2：从能量角度分析。当导体棒 ef 以最大速度匀速运动以后，拉力做功消耗的能量 W_F 等于棒重力势能的增加 ΔE_P 和 bc 部分产生的热量 Q 之和。设棒匀速运动的时间为 t，则有

$Fvt = mgvt + Q$ ④

$Q = I^2Rt = [(Blv)/R]^2Rt$ ⑤

由④⑤式得 $v = \dfrac{R(F - mg)}{B^2l^2}$。

3.在外力作用下具有初速度的单导体棒的滑杆问题

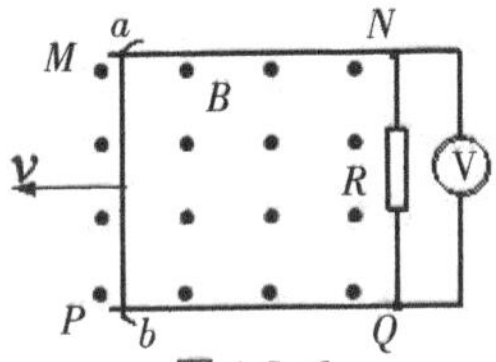

图4.5-6

【例5】(2004年高考江苏卷)如图4.5-6所示，U形导线框 $MNQP$ 水平放置在磁感应强度 B=0.2 T的匀强磁场中，磁感线方向与导线框所在平面垂直，导线 MN 和 PQ 足够长，间距为0.5 m，横跨在导线框上的导体棒 ab 的电阻 r=1.0 Ω，接在 NQ 间的电阻 R=4.0 Ω，电压表为理想电表，其余电阻不计。若导体棒在水平外力作用下以速度 v=2.0 m/s向左做匀速直线运动，不计导体棒与导线框间的摩擦。

(1)通过电阻 R 的电流方向如何？

(2)电压表的示数为多少？

(3)若某一时刻撤去水平外力，则从该时刻起，在导体棒运动1.0 m的过程中，通过导体棒的电荷量为多少？

【解析】(1)由右手定则，导体棒中电流方向 $b \to a$，则通过电阻 R 的电流方向 $N \to Q$。

(2)感应电动势 $E = Blv$①

设电路中的电流为 I，由闭合电路欧姆定律得 $I = \dfrac{E}{R + r}$②

又电压表的示数等于电阻 R 两端的电压值 $U = IR$③

综合①②③式，得 $U = \dfrac{BlvR}{R + r}$

代入数值，得 U=0.16 V。

(3)撤去水平外力后，导体棒将在安培力的作用下，做减速运动。设在导体棒运

动 x=1.0 m的过程中，导体棒中产生的感应电动势的平均值为 $\bar{E}$，

由法拉第电磁感应定律，得 $\bar{E} = \frac{Blx}{\Delta t}$④

由闭合电路欧姆定律，得 $I = \frac{\bar{E}}{R + r}$⑤

设通过导体棒的电荷量为 Q，则有 $Q = I\Delta t$⑥

综合④⑤⑥式，得 $Q = \frac{Blx}{R + r}$

代入数值，得 $Q=2.0\times10^{-2}$ C。

4. 导体棒长由"定长"变化为"变长"的滑杆问题

【例6】如图4.5-7所示，顶角 $\theta=45^\circ$ 的金属导轨 MON 固定在水平面内，导轨处在方向竖直、磁感应强度为 B 的匀强磁场中。一根与 ON 垂直的导体棒在水平外力作用下以恒定速度 v_0 沿导轨 MON 向右滑动，导体棒的质量为 m，导轨与导体棒单位长度的电阻均为 r。导体棒与导轨接触点的 a 和 b 处，导体棒在滑动过程中始终保持与导轨良好接触。t=0时，导体棒位于顶角 O 处，求：

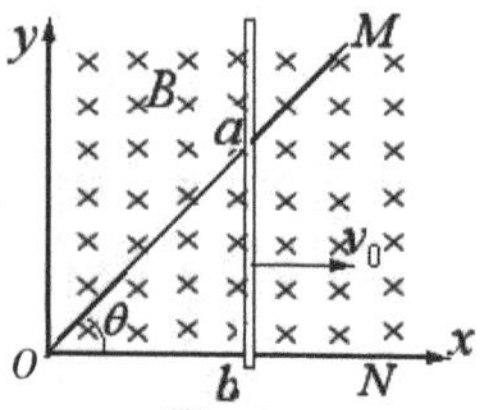

图4.5-7

(1)导体棒做匀速直线运动时水平外力 F 的表达式。

(2)导体棒在 t 时刻消耗的电功率以及导体棒在0 ~ t 时间内产生的焦耳热 Q。

(3)若在 t_0 时刻将外力 F 撤去，导体棒最终在导轨上静止时的坐标 x。

【解析】该题与2006年高考江苏卷19题类似，请读者自行分析。

【例7】(2002年高考全国、广东、广西、河南卷)如图4.5-8所示，半径为 R、单位长度电阻为 λ 的均匀导电圆环固定在水平面上，圆环中心为 O。匀强磁场应垂直水平面向下，磁感强度为 B。平行于直径 MON 的导体杆，沿垂直于杆的方向向右运动。杆的电阻可以忽略不计，杆与圆环接触良好。某时刻，杆的位置如图，$\angle aOb=2\theta$，速度为 v。求此时刻作用在杆上的安培力的大小。

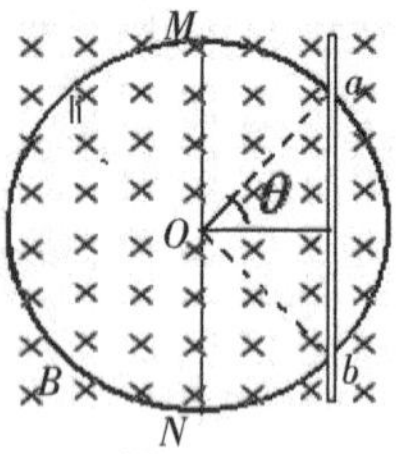

图4.5-8

【解析】此时导体杆切割磁感应线的有效长度 $l = 2R\sin\theta$

相应导体杆产生的感应电动势 $E = Blv = 2BRv\sin\theta$

导体 ab 作为电源，回路总电阻 $r = r_1r_2/(r_1 + r_2)$，其中

$r_1 = 2\pi R\lambda(2\pi - 2\theta)/2\pi = 2R\lambda(\pi - \theta)$，$r_2 = 2\pi R\lambda \cdot 2\theta/2\pi = 2R\lambda\theta$

所以，$r = 2R\lambda(\pi - \theta)\theta/\pi$

流经 ab 的总电流 $I = E/r$

此时刻作用在杆上的安培力$F = BIl = \frac{2\pi vB^2R}{\lambda} \cdot \frac{\sin^2\theta}{\theta(\pi - \theta)}$。

【创新思维】本题把感应电动势、安培力、物体的运动、直流电路等知识巧妙结合在一起，是一道综合性很强的试题，知识容量大，设问灵活。综合考查分析、推理能力和图形转换能力，历来是高考命题的重点和热点。

5.导体棒由“平动”变化为“转动”的滑杆问题

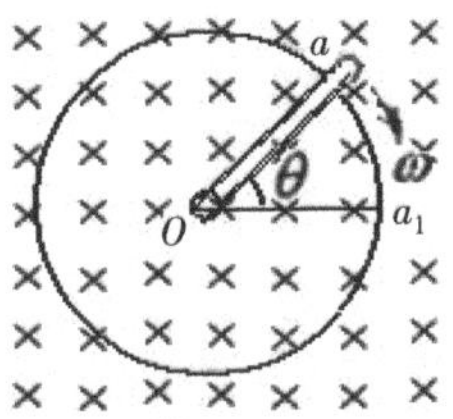

图4.5-9

【例8】如图4.5-9所示，长度为l的金属杆Oa，O端为固定转轴，在磁感应强度为B的匀强磁场中，在垂直于B的平面内按顺时针方向以角速度ω做匀速转动。试求金属棒产生的感应电动势大小。

【解析】解法1：若导体在磁场中绕着导体上的某一点转动时，导体上各点的线速度不同，用$E = Bl\bar{v}$，$\bar{v} = \frac{1}{2}l\omega$计算，得$E = \frac{1}{2}Bl^2\omega$。

解法2：根据法拉第电磁感应定律变成“感应电动势大小等于直线导体在单位时间内切割磁感线的条数”来计算，如图4.5-9所示位置开始计时，经过时间Δt，导体位置由Oa转到Oa_1，转过的角度$\Delta\theta = \omega\Delta t$，则导体扫过的面积$\Delta S = \frac{1}{2}l^2\Delta\theta = \frac{1}{2}l^2\omega\Delta t$，

切割的磁感线条数（即磁通量的变化量）$\Delta\phi = B\Delta S = \frac{1}{2}Bl^2\omega\Delta t$，

单位时间内切割的磁感线条数（即为磁通量的变化率）等于感应电动势的大小，

即$E = \frac{\Delta\phi}{\Delta t} = \frac{\frac{1}{2}Bl^2\omega\Delta t}{\Delta t} = \frac{1}{2}Bl^2\omega$。

6.导体棒由单棒变化为导体框的滑杆问题

【例9】（2007年高考山东卷）用相同导线绕制的边长为L或$2L$的四个闭合导体线框，以相同的速度匀速进入右侧匀强磁场，如图4.5-10所示。在每个线框进入磁场的过程中，M、N两点间的电压分别为U_a、U_b、U_c和U_d。下列判断正确的是（　　）

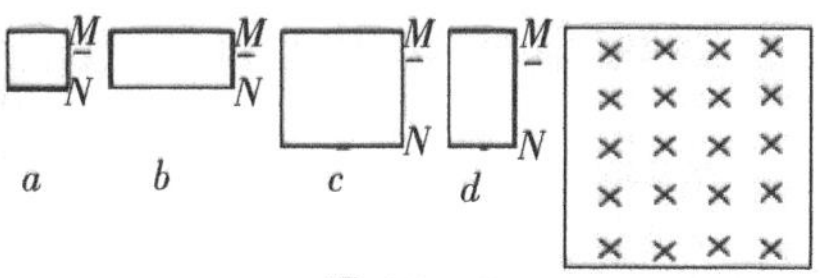

图4.5-10

A.$U_a<U_b<U_c<U_d$　　B.$U_a<U_b<U_d<U_c$

C.$U_a=U_b<U_c=U_d$　　D.$U_b<U_a<U_d<U_c$

【解析】线框进入磁场后切割磁感线，a、b产生的感应电动势是c、d产生的电动势的一半，而不同线框的电阻不同，设a、b、c、d线框的电阻分别为$4r$、$6r$、$8r$、$6r$，则

$U_a = Blv \cdot \frac{3r}{4r} = \frac{3Blv}{4}$，$U_b = Blv \cdot \frac{5r}{6r} = \frac{5Blv}{6}$

$$U_c = B \cdot 2lv \cdot \frac{6r}{8r} = \frac{3Blv}{2}, U_d = B \cdot 2lv \cdot \frac{4r}{6r} = \frac{4Blv}{3}$$

所以选B。

【创新思维】如果导体框形状变化不规则，问题怎么处理？抓住不规则导体棒切割磁感线的有效长度，即垂直切割的等效长度。

7. 导体棒由金属导体变化为导电流体的滑杆问题

磁场中的可导电流体，可以等效为一段切割磁感应线的导体。

【例10】(2001年高考全国卷) 电磁流量计广泛应用于测量可导电流体(如污水)在管中的流量(在单位时间内通过管内横截面的流体的体积)。为了简化，假设流量计是如图4.5-11所示的横截面长方形的一段管道，其中空部分的长、宽、高分别为图中的a、b、c，流量计的两端与输送液体的管道相连接(图中虚线)。如图4.5-11所示流量计的上下两面是金属材料，前后两面是绝缘材料，现于流量计所在处加磁感应强度为B的匀强磁场，磁场方向垂直于前后两面。当导电液体稳定地流经流量计时，在管外将流量计上、下两表面分别与一串接了电阻R的电流表的两端连接，I表示测得的电流值。已知流体的电阻率为ρ，不计电流表的内阻，则可求得流量为(　　)

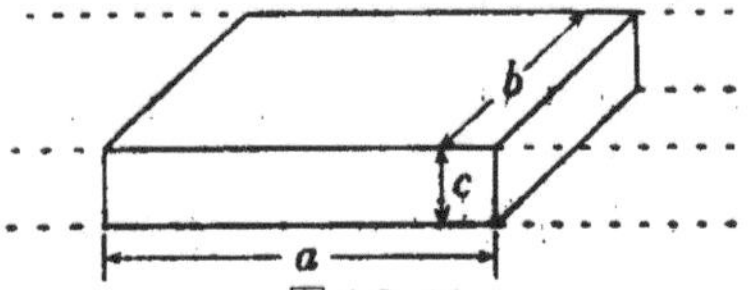

图4.5-11

A. $\frac{I}{B}(bR + \rho\frac{c}{a})$　　B. $\frac{I}{B}(aR + \rho\frac{b}{c})$

C. $\frac{I}{B}(cR + \rho\frac{a}{b})$　　D. $\frac{I}{B}(R + \rho\frac{bc}{a})$

【思路】流体中有长度为c的液体导体切割磁感线相当于电源，感应电动势为$\varepsilon = Bcv$，内阻为$r = \rho \cdot \frac{c}{ab}$，外电路电阻为$R$。由$I = \frac{\varepsilon}{R + r}$和流量$Q=bcv$，可得$Q = \frac{I}{B}(bR+\rho\frac{c}{a})$。选项A正确。

【解析】解法1：从分析电磁流量计工作机理的角度来考虑。

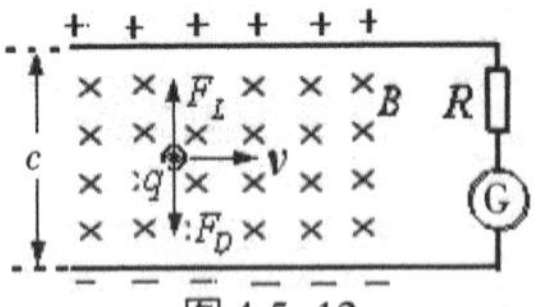

图4.5-12

如图4.5-12所示，设电荷导电液体中的自由电荷电量为q，流速为v。当导电液体流经流量计的匀强磁场区域时，电荷在洛伦兹力的作用下，向上、下两面金属管道壁运动，形成电势差，建立电场，电荷又受到电场力，阻止电荷向上下两壁运动，随着电场的增强，洛伦兹力和电场力大小相等时，达到动态平衡。上下两壁建立恒定电势差，当外电路断路时，两表面间电势差达到最大，对于整个电路而言得到恒

定的电动势，即

电荷受到洛伦兹力 $F_L = qvB$ ①

电荷受到的电场力 $F_D = qE$ ②

$F_L = F_D$ 得 $E = vB$ ③

电源电动势 $\varepsilon = Ec = vBc$ ④

根据电阻定律，电源内阻 $r = \rho\dfrac{c}{ab}$ ⑤

由闭合电路欧姆定律得 $I = \dfrac{\varepsilon}{R + r} = \dfrac{vBc}{R + \rho c/ab}$ ⑥

流速为 $v = \dfrac{I}{Bc}(R + \dfrac{\rho c}{ab})$ ⑦

流量为 $Q = Sv = bc\dfrac{I}{Bc}(R + \dfrac{\rho c}{ab}) = \dfrac{I}{B}(bR + \dfrac{\rho c}{a})$，故选A。

解法2：从将电磁流量计的可导电流体等效为一段切割磁感应线导体的角度来考虑。

如图4.5-13所示，当导电液体稳定地流经流量计时，相当长为 c 的导体切割磁感应线，设导电液体稳定时的流速为 v，即导体的速度。流体的流量

$Q = \dfrac{abc}{t} = vt \cdot \dfrac{bc}{t} = bcv$ ①

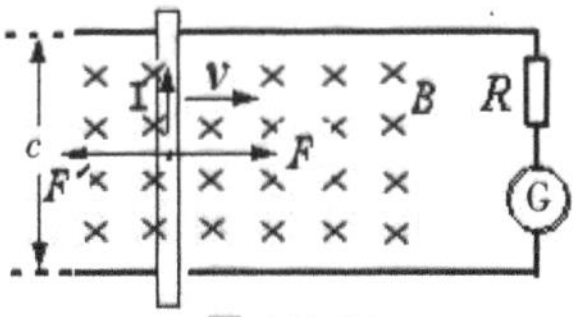

图4.5-13

由法拉第电磁感应定律 $\varepsilon = Bcv$②

又由闭合电路欧姆定律 $I = \dfrac{\varepsilon}{R + r} = \dfrac{vBc}{R + \rho c/ab}$③

式中内阻 $r = \rho\dfrac{c}{ab}$④

由①②③④得 $Q = \dfrac{I}{B}(bR + \rho c/a)$，故选A。

解法3：从能量角度来考虑。

如图4.5-13所示，当导电液体稳定地流经流量计时，相当于在外界压力 F 作用下克服磁场对导电流体的作用力 F'，匀速推动导电流体流动。

则外力大小 $F = F' = BcI$ ①，而导电流体又相当长为 c 的导体做切割磁感应线运动，成为电源，其感应电动势和内阻分别为 $\varepsilon = Bcv$②，$r = \rho\dfrac{c}{ab}$③，

根据能量守恒定律，单位时间内外力所做的功，等于流量计作为电源的闭合电路单位时间内所消耗的电功，$Fv = \dfrac{\varepsilon^2}{R + \rho c/ab}$④，

将①②③代入④，得 $BcI \cdot v = \frac{(Bcv)^2}{R + \rho c/ab}$

则流量 $Q = \frac{I}{B}(bR + \rho c/a)$，故选A。

【创新思维】这是一道理论与实际相结合的题，考查阅读理解、提取信息的能力，考生需要从题中读到流量的概念，知道流量为单位时间内流过管内横截面流体的体积，由此推断出流量等于流速与横截面积的乘积，从而过渡到求流速，进而求流量。

【问题2】双导体棒的滑杆问题。

1. 两棒的初速度不为零，运动方向上又无安培力之外的力作用的问题

【例11】(2004年高考天津卷)如图4.5-14所示，MN、GH为平行导轨，AB、CD为跨在导轨上的两根横杆，导轨和横杆均为导体。有匀强磁场垂直于导轨所在的平面，方向如图，用I表示回路的电流。则(　　)

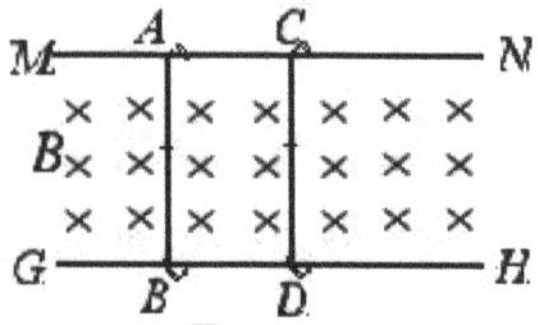

图4.5-14

A. 当AB不动而CD向右滑动时，$I \neq 0$且沿顺时针方向

B. 当AB向左、CD向右滑动且速度大小相等时，$I=0$

C. 当AB、CD都向右滑动且速度大小相等时，$I=0$

D. 当AB、CD都向右滑动，且AB速度大于CD时，$I \neq 0$且沿逆时针方向

【解析】当AB不动而CD向右滑动时，$I \neq 0$，但电流方向为逆时针，A错；当AB向左，CD向右滑动时，两杆产生的感应电动势同向，故$I \neq 0$，B错；当AB和CD都向右滑动且速度大小相等时，则两杆产生的感应电动势等值反向，故$I=0$，C正确；当AB和CD都向右滑动，且AB速度大于CD时，$I \neq 0$，但方向为顺时针，D错误。故选C。

2. 两棒之一具有初速度的运动问题

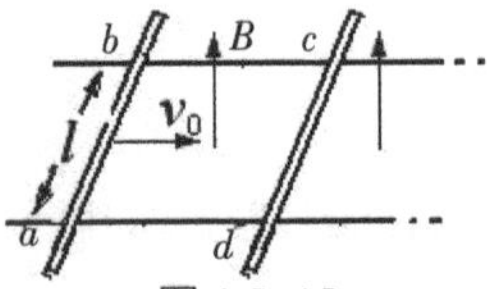

图4.5-15

【例12】(2001年高考春招北京、内蒙古、安徽卷)两根足够长的固定的平行金属导轨位于同一水平面内，两导轨间的距离为l。导轨上面横放着两根导体棒ab和cd，构成矩形回路，如图4.5-15所示，两根导体棒的质量皆为m，电阻皆为R，回路中其余部分的电阻可不计。在整个导轨平面内都有竖直向上的匀强磁场，磁感应强度为B。设两导体棒均可沿导轨无摩擦地滑行，开始时棒cd静止，棒ab有指向棒cd的初速度v_0。若两导体棒在运动中始终不接触，求：

(1)在运动中产生的焦耳热最多是多少？

(2)当ab棒的速度变为初速度的3/4时，cd棒的加速度是多少？

【解析】(1)ab棒向cd棒运动时，回路产生感应电流。ab棒受安培力减速，cd棒受

安培力加速。两棒等速为v，回路不产生感应电流，同做匀速运动。

由动量守恒，有$mv_0 = 2mv$，得$v = \frac{v_0}{2}$

由能量守恒，此过程中产生热量$Q = \frac{1}{2}mv_0{}^2 - \frac{1}{2}(2m)v^2 = \frac{1}{4}mv_0{}^2$

(2)设ab棒的速度变为初速度的3/4时，cd棒的速度为v'，则由动量守恒$mv_0 = m\frac{3}{4}v_0 + mv'$，得$v' = \frac{v_0}{4}$

此时回路中感应电动势$\varepsilon = (\frac{3}{4}v_0 - v')Bl = \frac{v_0}{2}Bl$

感应电流$I = \frac{E}{2R}$

此时cd棒所受的安培力$F = BIl$

cd棒的加速度$a = \frac{F}{m}$

由以上各式得$a = \frac{B^2l^2v_0}{4mR}$。

【创新思维】第一问，两棒组成的系统在运动过程中合外力是不是为0或者内力远大于外力，是确定两棒的末速度、找到运用动量守恒解题的关键，之后分析得到系统动能的减少即转化为回路的焦耳热；第二问，是动生电动势、动量守恒定律、牛顿第二定律及闭合电路欧姆定律综合的力电综合问题，属于难题。

3.初速度为0，运动方向上有安培力之外的恒力作用下的问题

【例13】(2003年高考全国卷)如图4.5-16所示，两根平行的金属导轨，固定在同一水平面上，磁感应强度B=0.50 T的匀强磁场与导轨所在平面垂直，导轨的电阻很小，可忽略不计。导轨间的距离l = 0.20 m。两根质量均为m = 0.10 kg的平行金属杆甲、乙可在导轨上无摩擦地滑动，滑动过程中与导轨保持垂直，每根金属杆的电阻为R = 0.50 Ω。在t=0时刻，两杆都处于静止状态。现有一与导轨平行、大小为0.20 N的恒力F作用于金属杆上，使金属杆在导轨上滑动。若经过t=5.0 s，金属杆甲的加速度为a = 1.37 m/s²，问此时两金属杆的速度各为多少？

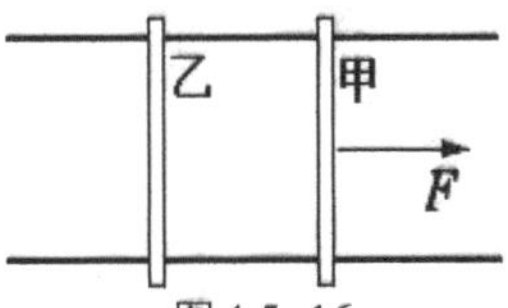

图4.5-16

【解析】设任一时刻t两金属杆甲、乙之间的距离为x，速度分别为v_1和v_2，经过很短的时间Δt，杆甲移动距离$v_1\Delta t$，杆乙移动距离$v_2\Delta t$，回路面积改变量

$$\Delta s = [(x - v_2\Delta t + v_1\Delta t]l - lx = (v_1 - v_2)l\Delta t \quad ①$$

由法拉第电磁感应定律，回路中的感应电动势 $E = \frac{B\Delta S}{\Delta t}$　②

由闭合电路欧姆定律，回路中电流 $I = \frac{E}{2R}$　③

对甲由牛顿第二定律，有 $F - BIl = ma$　④

由于作用于杆甲和杆乙的安培力总是大小相等、方向相反，所以两杆的动量变化量（t=0时为0）等于外力 F 的冲量 $Ft = mv_1 + mv_2$　⑤

联立以上各式解得 $v_1 = \frac{1}{2}\left[\frac{Ft}{m} + (2R)\frac{F - ma}{B^2l^2}\right]$

$v_2 = \frac{1}{2}[(Ft)/m - (2R)(F - ma)/(B^2l^2)]$

代入数据得 v_1 = 8.15 m/s，v_2 = 1.85 m/s。

【创新思维】本题必须先根据楞次定律，判出杆甲在 F 作用下运动时，乙杆也在其后同向运动。

4. 双棒涉及图像问题

【例 14】（2019年高考新课标Ⅱ卷）如图4.5-17所示，两条光滑平行金属导轨固定，所在平面与水平面夹角为 θ，导轨电阻忽略不计。虚线 ab、cd 均与导轨垂直，在 ab 与 cd 之间的区域存在垂直于导轨所在平面的匀强磁场。将两根相同的导体棒 PQ、MN 先后自导轨上同一位置由静止释放，两者始终与导轨垂直且接触良好。已知 PQ 进入磁场时加速度变小恰好为0，从 PQ 进入磁场开始计时，到 MN 离开磁场区域为止，流过 PQ 的电流随时间变化的图像如图4.5-18所示，可能正确的是（　　）

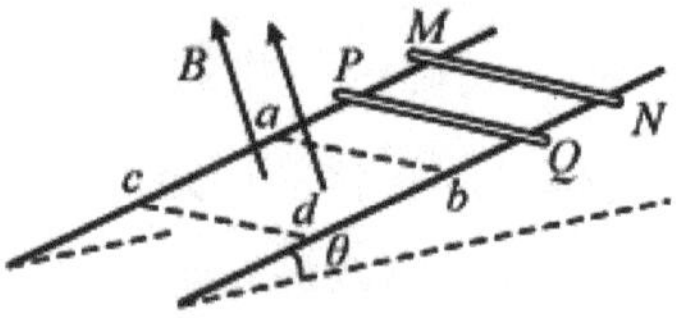

图4.5-17

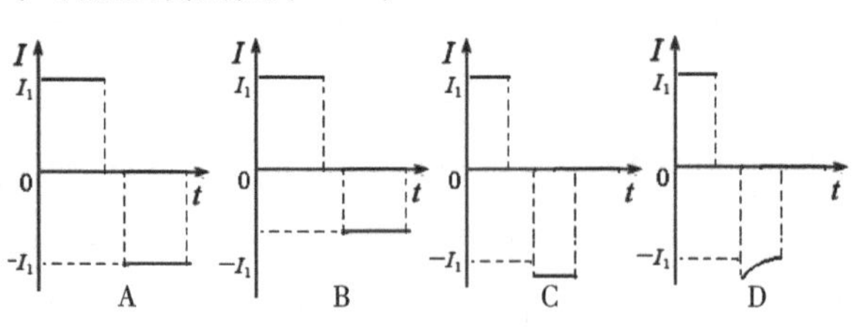

图4.5-18

【解析】刚进入磁场时，加速度为零，则，$mg\sin\theta = BI_1l$，$I_1 = \frac{mg\sin\theta}{Bl}$，即电流恒定；且由题意知，$MN$ 刚进入磁场时与 PQ 刚进入磁场时速度相同。有两种情况：

情况1：若 MN 刚进入磁场时，PQ 已离开磁场区域，则对 MN，由 $mg\sin\theta = BI_2l$，

$I_2=\frac{mg\sin\theta}{Bl}$ 及右手定则知，通过 PQ 的电流大小不变，方向相反，故 I-t 图像中A正确、B错误。

情形2：若 MN 刚进入磁场时，PQ 未离开磁场区域，由于两导体棒速度相等，产生的电动势等大、反向，故电流为 O，但两棒在重力作用下均加速直至 PQ 离开磁场，此时 MN 为电源，$\varepsilon=Blv$，$I'=\frac{E}{R}=\frac{Blv'}{R}$，由于此时 MN 的速度比刚进入磁场时的速度大，相应感应电流 $I'>I_1{}'$，根据牛顿第二定律 $BI'l-mg\sin\theta=ma'$，得 $a=\frac{B^2l^2}{mR}v-g\sin\theta$，$MN$ 做减速运动，电流方向相反且逐渐减小，I-t 图像中C错误、D正确。故选A、D。

5.将双棒切割模型演变成金属框和导体棒相对运动的问题

【例15】（2020年高考新课标Ⅰ卷）（多选）如图4.5-19所示，U形光滑金属框 $abcd$ 置于水平绝缘平台上，ab 和 dc 边平行，和 bc 边垂直。ab、dc 足够长，整个金属框电阻可忽略。一根具有一定电阻的导体棒 MN 置于金属框上，用水平恒力 F 向右拉动金属框，运动过程中，装置始终处于竖直向下的匀强磁场中，MN 与金属框保持良好接触，且与 bc 边保持平行。经过一段时间后（　　）

A.金属框的速度大小趋于恒定值

B.金属框的加速度大小趋于恒定值

C.导体棒所受安培力的大小趋于恒定值

D.导体棒到金属框 be 边的距离趋于恒定值

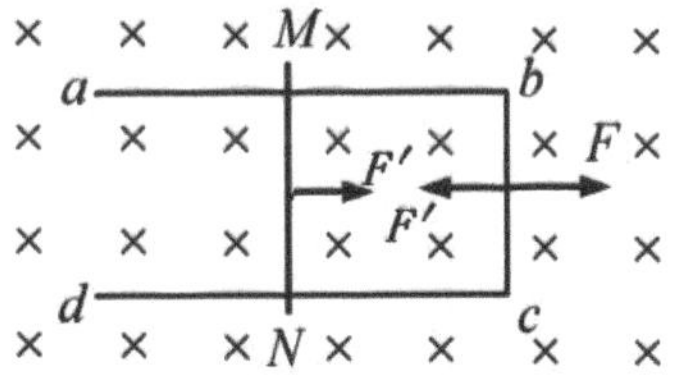

图4.5-19

【解析】由 bc 边切割磁感线产生电动势，形成电流，使得导体棒 MN 受到向右的安培力，做加速运动，bc 边受到向左的安培力，向右做加速运动。当 MN 运动时，金属框的 bc 边和导体棒 MN 一起切割磁感线，设导体棒 MN 和金属框的速度分别为 v_1、v_2，则

电路中的电动势 $E=BL(v_2-v_1)$

电路中的电流 $I=\frac{E}{R}=\frac{BL(v_2-v_1)}{R}$

金属框受到的安培力 $F'=\frac{B^2L^2(v_2-v_1)}{R}$，与运动方向相反，

导体棒 MN 受到的安培力 $F'=\frac{B^2L^2(v_2-v_1)}{R}$，与运动方向相同。

设导体棒 MN 和金属框的质量分别为 m_1、m_2 则

对导体棒 MN，$F=\frac{B^2L^2(v_2-v_1)}{R}=m_1a_1$

对金属框，$F-\dfrac{B^2L^2(v_2-v_1)}{R}=m_2a_2$

初始速度均为0，则a_1从0开始逐渐增加，a_2从F/m^2开始逐渐减小。当$a_1=a_2$时，相对速度$v_2-v_1=\dfrac{FRm_1}{2B^2L^2(m_1+m_2)}$，于是相对速度大小恒定。

综上可得，金属框的加速度趋于恒定值，安培力也趋于恒定值，B、C选项正确；金属框的速度会一直增大，导体棒到金属框bc边的距离也会一直增大，A、D选项错误。故选B、C。

【创新思维】双金属框在匀强磁场中相对运动的实例很多，可是该题设置通过拉动金属框使其bc边切割磁感应线产生感应电流导致导体棒MN运动，巧妙地考查双棒切割模型，鉴别考生构建（还原）物理模型的能力。

能否从实际案例中构建（还原）物理模型，发现物理规律，这是解题的核心关键。因此，首先需要弄清物理过程：开始阶段，棒和框的速度差增大，回路中产生的感应电动势增大，感应电流增大，棒和框所受的安培力都增大，棒的加速度增大，框的加速度减小，当两者的加速度相等时，速度之差不变，感应电流不变，安培力不变，棒和框做加速度相同的匀加速运动。开始运动时，框做加速度减小的加速度运动，棒做加速度增大的加速运动，最终做加速度相同的加速运动。

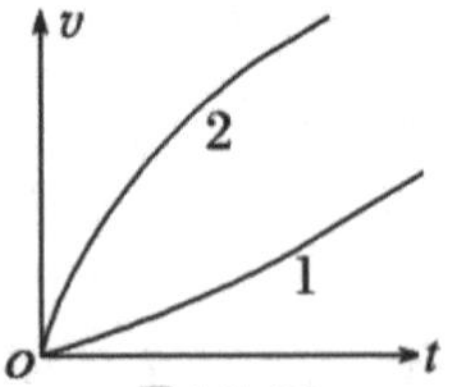

图4.5-20

导体棒和金属框整个运动过程用速度时间$v-t$图像描述，如图4.5-20所示。金属框的加速度大小趋于恒定值，导体棒所受安培力的大小趋于恒定值；金属框的速度会一直增大，导体棒到金属框bc边的距离也会一直增大。

6. 将双棒切割模型中的直线运动拓展到其他运动形式（如简谐运动的问题）

【例16】（2020年浙江高考选考卷）如图4.5-21所示，在xOy水平面内，固定放置着间距为l的两平行金属直导轨，其间连接有阻值为R的电阻，电阻两端连接示波器（内阻可视为无穷大），可动态显示电阻R两端的电压。两导轨间存在大小为B、方向垂直导轨平面的匀强磁场。$t=0$时一质量为m、长为l的导体棒在外力F作用下从$x=x_0$位置开始做简谐运动，观察到示波器显示的电压随时间变化的波形是如图4.5-22所示的正弦曲线。取$x_0=-\dfrac{U_mT}{2\pi Bl}$，则简谐运动的平衡位置在坐标原点$O$。不计摩擦阻力和其他电阻，导体棒始终垂直导轨运动。（提示：可以用$F-x$图像下的“面积”代表力F所做的功）

（1）求导体棒所受到的安培力F_A随时间t的变化规律；

(2)求在0至0.25 T时间内外力F的冲量；

(3)若t=0时外力F_0=1 N，l = 1 m，T=2π s，m=1 kg，R=1 Ω，U_m=0.5 V，B=0.5 T，求外力与安培力大小相等时棒的位置坐标和速度。

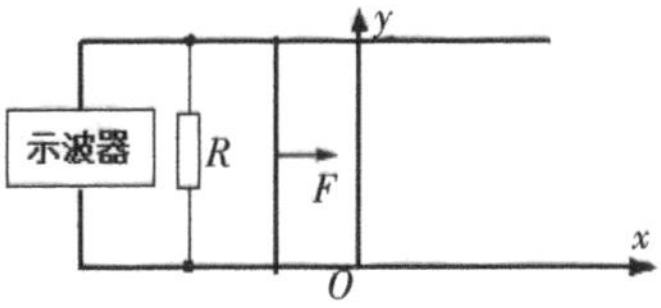

图4.5-21

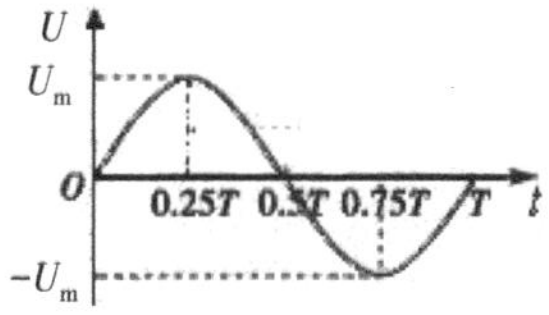

图4.5-22

【解析】(1)示波器相当于理想电压表，导体棒相当于正弦式交流电源。由示波器显示的波形可得

$U = U_m \sin \frac{2\pi}{T} t$ ①

$I = \frac{U_m}{R} \sin \frac{2\pi}{T} t$ ②

导体棒所受到的安培力

$F_A = -BIl = -\frac{BlU_m}{R} \sin \frac{2\pi}{T} t$ ③

(2)安培力的冲量$I_A = -\Delta qBl = -\frac{B^2 |x_0| l^2}{R}$④，速度$v = \frac{U_m}{Bl} \sin \frac{2\pi}{T} t$⑤

由动量定理，有$I_F + I_A = mv_m$⑥，解得$I_F = -\frac{BlU_m T}{2\pi R} + \frac{mU_m}{Bl}$⑦。

(3)导体棒做简谐运动，有$F_A + F = -kx$⑧

当满足$F_A = -F$时，$x = 0, v = \pm v_m = \pm 1$ m/s⑨

当满足$F_A = F$时，设$x = x', v = v', F_A = -\frac{1}{2} kx'$⑩，$F_0 = -kx_0$⑪

又$F_A = BIl = B \cdot \frac{Blv'}{R} \cdot l = \frac{B^2 l^2 v'}{R}$⑫，$k = \frac{4\pi^2 m}{T^2}$⑬

由⑩⑪⑫⑬代入数值得$2x' = v'$⑭

又由题意$x_0 = -\frac{U_m T}{2\pi Bl}$⑮

根据系统能量守恒定律、类比弹性势能，有

$\frac{1}{2} mv'^2 = \frac{1}{2} kx_o{}^2 - \frac{1}{2} kx'^2$ ⑯

综上⑬⑭⑮⑯各式并代入数值得$x' = \pm \frac{1}{\sqrt{5}}$ m和$v' = \pm \frac{2}{\sqrt{5}}$ m/s，于是外力与安培

力大小相等时棒的位置坐标和速度

$$x_1' = \frac{1}{\sqrt{5}}\text{ m}\text{和}v_1' = \frac{2}{\sqrt{5}}\text{ m/s}, x_2' = -\frac{1}{\sqrt{5}}\text{ m}\text{和}v_2' = -\frac{2}{\sqrt{5}}\text{ m/s}。$$

【创新思维】该题通过导体棒的运动考查电磁感应的基本原理与规律，并在此基础上渗透简谐运动的动力学特征，这正是该题的创新之处。

第一问，求导体棒所受到的安培力F_A随时间t的变化规律，实质是关于安培力的计算，比较简单；第二问，求在0至$0.25T$时间内外力F的冲量，实质是运用电磁感应中的动量定理解决动力学问题，涉及变力冲量的计算，安培力的冲量大小

$$I = I_1 + I_2 + \cdots + I_n = Bl(q_1 + q_2 + \cdots + q_n) = Bql$$

同理，在0至$0.25T$时间内，导体棒位移大小

$$vt = v_1t_1 + v_2t_2 + \cdots + v_nt_n = x_1 + x_2 + \cdots + x_nt_n = x_0$$

所以，安培力的冲量为$I = Ft = \frac{B^2l^2v}{R}t = \frac{B^2l^2}{R}vt = \frac{B^2l^2}{R}x_0$。

第三问，求外力与安培力大小相等时棒的位置坐标和速度，实质是动生电动势下安培力做功和含弹簧的系统能量守恒的问题，涉及变力做功的计算，难度较大。处理做简谐运动的导体棒能量问题时，运用与弹性势能的类比法，降低难度。

【问题3】导体棒不是在匀强磁场中，而是均匀变化磁场中运动的滑杆问题。

【例17】（2003年高考江苏卷）如图4.5-23所示，两根平行金属导轨固定在水平桌面上，每根导轨每米的电阻为r_0=0.10 Ω，导轨的右端P、Q点用电阻可忽略的导线相连，两导轨间的距离l=0.20 m。有随时间变化的匀强磁场垂直于桌面，已知磁感应强度B与时间t的关系为$B=kt$，比例系数k=0.020 T/s，一电阻不计的金属杆可在导轨上无摩擦地滑动，在滑动过程中保持与导轨垂直，在t=0时刻，金属杆紧靠P、Q端，在外力作用下，杆以恒定的加速度从静止开始向导轨的另一端滑动，求在t=6.0 s时金属杆所受的安培力大小。

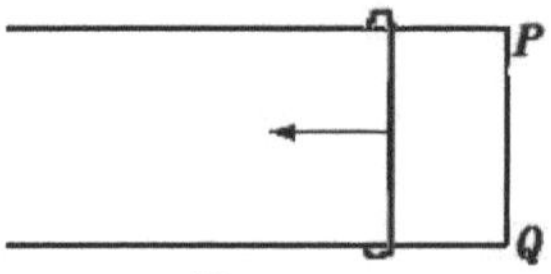

图4.5-23

【解析】以a表示金属杆运动的加速度，在t时刻，金属杆与初始位置的距离

$$L = \frac{1}{2}at^2$$

此时杆的速度$v = at$

这时杆与导轨构成的回路的面积$S = Ll$

闭合回路中的感应电动势$E = S \cdot \frac{\Delta B}{\Delta t} + Blv = Sk + Blv$

回路的总电阻$R = 2Lr_0$

回路中的感应电流$I = \frac{E}{R}$

作用于杆的安培力大小$F = BlI$

综上得$F = \frac{3}{2} \cdot \frac{k^2l^2}{r_0}t$

代入数据得$F = 1.44 \times 10^{-3}$ N。

(三)电磁感应规律的综合应用

【问题1】因导体在切割磁感应线运动或电路中磁通量的变化而产生感应电流,使导体受到安培力的作用,从而直接影响到导体或线圈的运动。

【例18】(2004年高考北京卷)如图4.5-24(1)所示,两根足够长的直金属导轨MN、PQ平行放置在倾角为θ的绝缘斜面上,两导轨间距为L,M、P两点间接有阻值R的电阻。一根质量为m的均匀直金属杆ab放在两导轨上,并与导轨垂直,整套装置处于磁感应强度为B的匀强磁场中,磁场方向垂直斜面向下。导轨和金属杆的电阻可略,让ab杆沿导轨由静止开始下滑,导轨和金属杆接触良好,不计它们之间的摩擦。

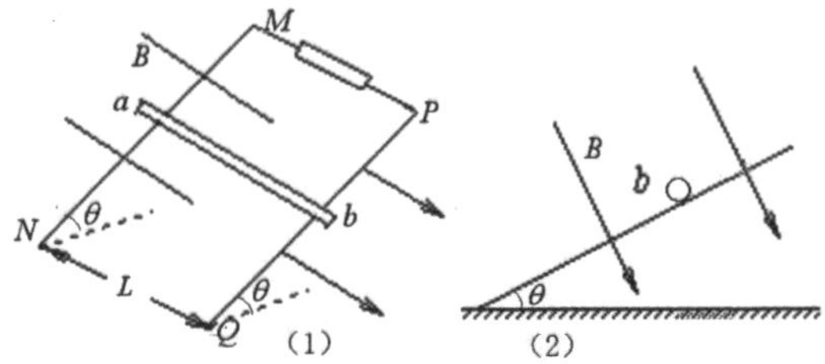

图4.5-24

(1)由b向a方向看到的装置如图4.5-24(2)所示,请在此图中画出ab杆下滑过程中某时刻的受力示意图;

(2)在加速下滑过程中,当ab杆的速度大小为v时,求此时ab杆中的电流及其加速度的大小;

(3)求在下滑过程中,ab杆可以达到的速度最大值。

【解析】(1)如图4.5-25所示,重力mg竖直向下,支持力N垂直斜面向上,安培力F沿斜面向上。

(2)当ab杆速度为v时,感应电动势$E = BLv$,此时电路中

电流$I = \frac{E}{R} = \frac{BLv}{R}$

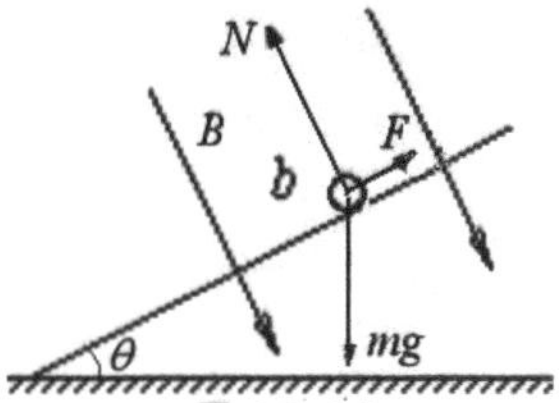

图4.5-25

ab 杆受到安培力 $F = BIL = \dfrac{B^2L^2v}{R}$

根据牛顿运动定律，有

$ma = mg\sin\theta - F = mg\sin\theta - \dfrac{B^2L^2v}{R}$

解得 $a = g\sin\theta - \dfrac{B^2L^2v}{mR}$。

(3)当 $\dfrac{B^2L^2v}{R} = mg\sin\theta$ 时，

ab 杆达到最大速度 $v_m = \dfrac{mgR\sin\theta}{B^2L^2}$。

【问题2】以电磁感应现象为核心，综合力学如机械能、动量、牛顿运动定律等内容形成的综合类问题。电学部分思路：将产生感应电动势的那部分电路等效为电源，分析内外电路，理顺电学量之间的关系。力学部分思路：分析通电导体的受力情况及力的效果，应用力学规律理顺力学量之间的关系。

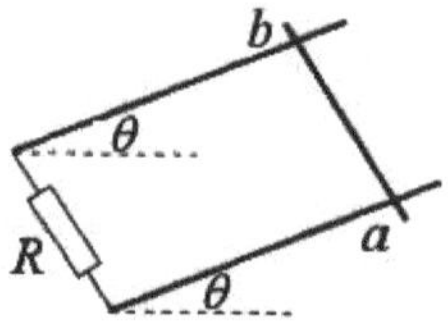

图4.5-26

【例19】(2005年高考上海卷)如图4.5-26所示，处于匀强磁场中的两根导轨足够长。电阻不计的平行金属导轨相距 l，导轨平面与水平面成 θ=37°，下端连接阻值为 R 的电阻。匀强磁场方向与导轨平面垂直。质量为0.2 kg，电阻不计的金属棒放在两导轨上，棒与导轨垂直并保持良好接触，它们之间的动摩擦因数为0.25。

(1)求金属棒沿导轨由静止开始下滑时的加速度大小；

(2)当金属棒下滑速度达到稳定时，电阻 R 消耗的功率为8 W，求该速度的大小；

(3)在上问中，若 R=2 Ω，金属棒中的电流方向由 a 到 b，求磁感应强度的大小与方向。(g=10 m/s², sin37°=0.6, cos37°=0.8)

【解析】(1)金属棒开始下滑的初速为零，由牛顿第二定律：

$mg\sin\theta-\mu mg\cos\theta=ma$　①

由①式解得 a=4 m/s²②。

(2)设金属棒运动达到稳定时，速度为 v，所受安培力为 F，棒在沿导轨方向受力平衡

$mg\sin\theta-\mu mg\cos\theta-F=0$　③

此时金属棒克服安培力做功的功率等于电路中电阻 R 消耗的电功率 $P=Fv$④

由③④两式解得 $v = \dfrac{P}{F} = 10$ m/s⑤。

(3)两导轨间金属棒的长l,磁场的磁感应强度B,电路中电流$I=\frac{vBl}{R}$⑥,$P=I^2R$⑦

由⑥⑦两式解得$B=\frac{\sqrt{PR}}{vl}=\frac{\sqrt{8\ \text{N}\times 2\ \Omega}}{10\ \text{m/s}\times 1\ \text{m}}=0.4\ \text{T}$,磁场方向垂直导轨平面向上。

【问题3】电磁感应中的能量转化问题。

电磁感应能量转化求解思路:

①利用克服安培力做功求解:电磁感应中产生的电能等于克服安培力所做的功;②应用能量守恒求解:开始的机械能总和与最后的机械能总和之差等于产生的电能;③利用电路特征来求解:通过电路中所产生的电能来计算。

【例20】(2006年高考上海卷)如图4.5-27所示,将边长为a、质量为m、电阻为R的正方形导线框竖直向上抛出,穿过宽度为b、磁感应强度为B的匀强磁场,磁场的方向垂直纸面向里。线框向上离开磁场时的速度刚好是进入磁场时速度的一半,线框离开磁场后继续上升一段高度,然后落下并匀速进入磁场,整个运动过程中始终存在着大小恒定的空气阻力f,且线框不发生转动。求:

(1)线框在下落阶段匀速进入磁场时的速度v_2;

(2)线框在上升阶段刚离开磁场时的速度v_1;

(3)线框在上升阶段通过磁场过程中产生的焦耳热Q。

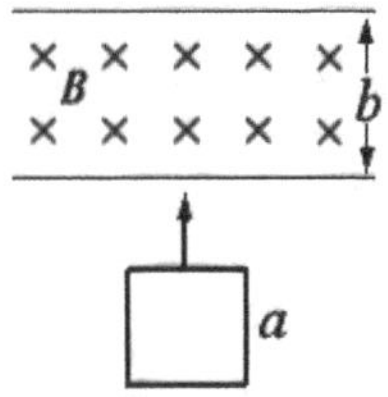

图4.5-27

【解析】(1)由于线框匀速进入磁场,则合力为零。有

$mg=f+\frac{B^2a^2v_2}{R}$,解得$v_2=\frac{(mg-f)R}{B^2a^2}$。

(2)设线框离开磁场能上升的最大高度为h,则从刚离开磁场到刚落回磁场的过程中有

$(mg+f)\cdot h=\frac{1}{2}mv_1{}^2$,$(mg-f)\cdot h=\frac{1}{2}mv_2{}^2$

解得$v_1=\sqrt{\frac{mg+f}{mg-f}}\cdot v_2=\sqrt{(mg)^2-f^2}\,\frac{R}{B^2a^2}$。

(3)在线框向上刚进入磁场到刚离开磁场的过程中,根据能量守恒定律可得

$\frac{1}{2}m(2v_1)^2=\frac{1}{2}mv_1{}^2+(mg+f)(b+a)+Q$

解得$Q=(mg+f)[\frac{3mR^2(mg-f)}{2B^4a^4}-a-b]$。

【创新思维】本题是一道常规题,可是存在空气阻力,上、下过程不对称,使题目难

度增大。受力分析、过程分析仍然是本题的最基本要素。题中第一问“匀速”两字是突破的“题眼”，抓住线框下落进入磁场后的受力平衡，即可得v_2。第二问则可抓住线框从离开磁场到上升到最高点和从最高点落回至磁场这两个过程，由动能定理得v_1。第三问在上升中通过磁场的过程，由功能关系得Q。

本题虽为常规题，但过程较多，受力相对复杂，当年高考得分率较低。线框在磁场中的运动是典型的非匀变速直线运动，动能定理、功能关系和能量守恒定律是解决该类问题的关键，二轮复习中一定要突出能量观点在磁场问题中的应用。

【问题4】电磁感应中的图像问题。

电磁感应中的图像问题分类：第一类，由给定的电磁感应过程选出或画出正确的图像；第二类，由给定的有关图像分析电磁感应过程，求解相应物理量。核心都是利用电磁感应规律分析解决问题。

【例21】（2007年高考全国Ⅱ卷）如图4.5-28所示，在PQ、QR区域中存在着磁感应强度大小相等、方向相反的匀强磁场，磁场方向均垂直于纸面。一导线框$abcdefa$位于纸面内，框的邻边都互相垂直，bc边与磁场的边界P重合。导线框与磁场区域的尺寸如图所示。从t=0时刻开始，线框匀速横穿很长两个磁场区域，以a→b→c→d→e→f为线框中的电动势E的正方向，以下四个E-t关系示意图（如图4.5-29）中正确的是（　　）

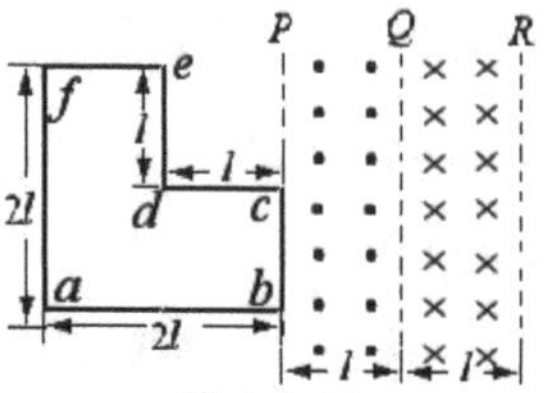

图4.5-28

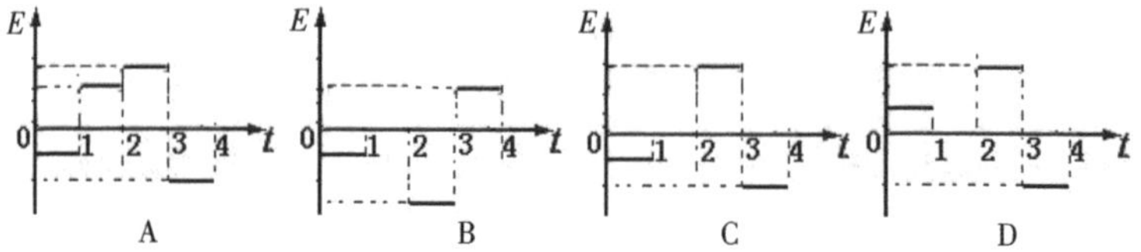

图4.5-29

【解析】如图4.5-30所示，线框切割磁感线四个阶段：

第一阶段（①→②），只有bc切割向外的磁感线，由右手定则知电动势为负，大小为Blv。

第二阶段（②→③），bc切割向里的磁感线，电动势为逆时针方向，同时de切割向外的磁感线，电动势为顺时针方向，等效电动势为零。

第三阶段（③→④），de切割向里的磁感线同时af切割向外的磁感线，两个电动势同为逆时针方向，等效电动势为正，大小为$3Blv$。

第四阶段（④→⑤），只有af切割向里的磁感应线，电动势为顺时针方向，等效电动势为负大小为$2Blv$，所以C正确。

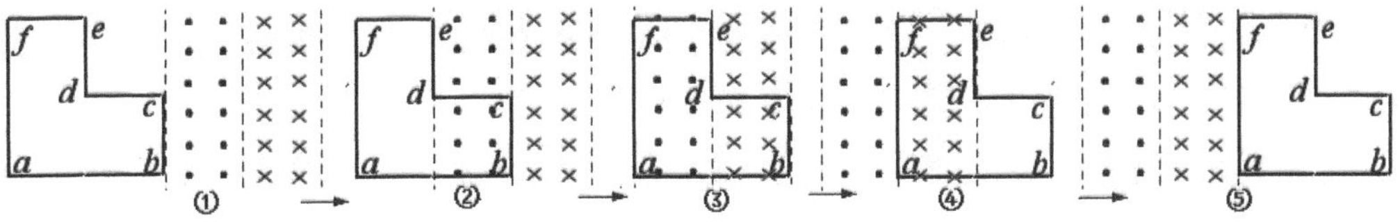

图4.5-30

(四)电磁感应在技术上的应用

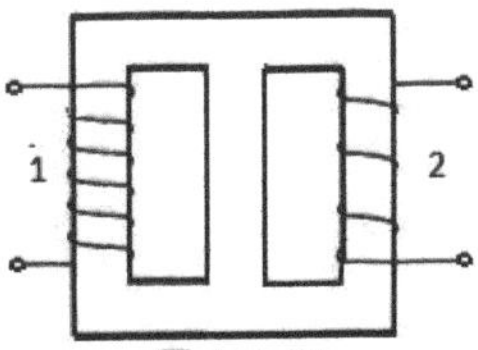

图4.5-31

【例22】(1996年高考上海卷)如图4.5-31所示，在绕制变压器时，某人误将两个线圈绕在图示变压器铁芯的左右两个臂上，当通交流电时，每个线圈产生的磁通量都只有一半通过另一个线圈，另一半通过中间的臂。已知线圈1、2的匝数比为$N_1:N_2=2:1$，在不接负载的情况下(　　)

A. 当线圈1输入电压220 V时，线圈2输出电压110 V

B. 当线圈1输入电压220 V时，线圈2输出电压55 V

C. 当线圈2输入电压110 V时，线圈1输出电压220 V

D. 当线圈2输入电压110 V时，线圈1输出电压110 V

【解析】解法1：计算法。

当线圈1输入时，输入电压与输出电压比$\frac{U_1}{U_2}=\frac{n_1\frac{\Delta\phi_1}{\Delta t}}{n_2\frac{\Delta\phi_2}{\Delta t}}=\frac{n_1\Delta\phi_1}{n_2\Delta\phi_2}=\frac{2}{1}\times\frac{2}{1}=\frac{4}{1}$，

则$U_2=\frac{1}{4}U_1=\frac{220}{4}=55$ V，所以选B；

当线圈2输入时，输入电压与输出电压比$\frac{U_1'}{U_2'}=\frac{n_1\Delta\phi_2'}{n_2\Delta\phi_1'}=\frac{1}{2}\times\frac{2}{1}=1$，

则$U_1'=U_2'=110$ V，所以选D。

解法2：分析法。

由图4.5-31可知，每个原线圈的磁通量只有一半通过另一副线圈，则每个副线圈的磁通量变化率是另一原线圈的磁通量变化率的1/2，又由$n_2=\frac{n_1}{2}$，所以，当线圈1作为原线圈接输入电压220 V时，线圈2为副线圈，线圈2(副)磁通量变化率只有线圈1(原)的1/2，而线圈2(副)的匝数又是线圈1(原)匝数的1/2，则副线圈2的输出电压为

输入电压的1/4,即55 V。故选B;

当线圈2作为原线圈接输入电压110 V时,线圈1为副线圈,线圈1(副)的磁通量变化率只有线圈2(原)的1/2,而线圈1(副)的匝数又是线圈2(原)匝数的2倍,则线圈1(副)输出电压与输入电压相同,即110 V。故选D。

【创新思维】课本中的变压器铁芯常为“口”字形,该题给出的变压器的铁芯为“日”字形,通过交变电流时,每个线圈产生的磁通量只有一半通过另一线圈,故电压比 $U_1/U_2 = n_1/n_2$ 不再成立。所以只能利用电磁感应定律,从变压器的原理入手,才能解出该题。从形式上看似乎超出课本,可是从涉及变压器的原理来看却在大纲要求范围之内,题型不落俗套。解答时,若不从变压器的原理入手,运用法拉第电磁感应定律剖析,而只死套公式,结果肯定错选无疑。高考题如此创新,命题导向不是十分清楚吗?

【例23】(2002年高考春招全国卷)磁铁在电器中有广泛的应用,如发电机,如图4.5-32(1)所示,已知一台单相发电机转子导线框共有 N 匝,线框长为 l_1,宽为 l_2,转子的转动角速度为 ω,磁极间的磁感应强度为 B,试导出发电机的瞬时电动势 E 的表达式。

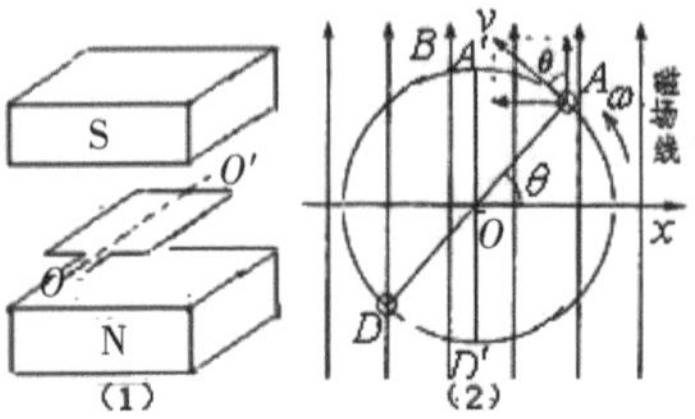

图4.5-32

现在知道有一种强永磁材料钕铁硼,用它制成发电机的磁极时,磁感应强度可增大到原来的 K 倍,如果保持发电机结构和尺寸,转子转动角速度,需产生的电动势都不变,那么这时转子上的导线框需要多少匝?

【解析】取轴 Ox 垂直于磁感强度,线框转角为 θ,如图4.5-32(2)所示,线框长边垂直于纸面,点 A、D 表示线框长边导线与纸面的交点,O 点表示转轴与纸面的交点。

线框长边的线速度为 $v = \dfrac{\omega l_2}{2}$

一根长边导线产生的电动势为 $B\sin\theta \cdot l_1 \cdot \dfrac{\omega l_2}{2}$

一匝导线框所产生的感应电动势为 $E_1 = l_1 l_2 \omega B\sin\theta$

N 匝线框产生的电动势应为 $E_N = NE_1 = Nl_1 l_2 \omega B\sin\omega t$

磁极换成钕铁硼永磁体时,设匝数为 N',则有 $E_{N'} = N'l_1 l_2 \omega KB\sin\omega t$

由 $E_N = E_{N'}$ 可得 $N' = \dfrac{N}{K}$。

跋

1985年9月，我有幸从绩溪县长安镇中学考入屯溪一中，成为高一(3)班的一名学生，绩溪当时还是归属徽州地区，屯溪一中是安徽省著名的重点高中，何国平老师便是我的物理老师，与何老师就此结缘。随后的时光中，我震撼于他对学问的认真钻研、感受到他对生活的挚诚热爱、温暖于他对学生的无私奉献！幸运的是，长大后我也成为一名教师，而他的这些优秀品质影响、感染我至今。

教学水平高，坚持教学研究

从高一的第一节物理课开始，他讲的课，总是那样丰富多彩，每个章节都像是一个斑斓的新世界，让我感受到好老师高水平驾驭课堂的能力。犹记得他的板书，总是那样整洁清晰、重点突出，仿佛有着解开世间所有难题的神奇力量。物理课上要经常画图，何老师用一支粉笔可以在黑板上随意画出直线、圆、振荡图，和教材完全一样，这让我佩服得五体投地。1987年何老师首批晋升高级教师，同年获“全国青少年优秀科技辅导员”称号，1992年被评为“市级有突出贡献的中青年专家”，1994年被评为安徽省中学物理特级教师。辅导学生学科竞赛、青少年科技创新大赛，多次获国家、省级奖项。何老师一直在省示范性高中任教39年，退休后仍先后被聘于三所学校执教高中物理10年。

不忘初心，坚持教研。八十年代初，何老师踏上创造教育试验之路，二十多年一直从事创新教育实践。曾被《物理教学探讨》《理科应试》和《中学物理》等杂志聘为编委。主要著作十余本(包括参编)，中央教科所主持编写的全国著名特级教师教学艺术与研究丛书中，《何国平物理创新教育艺术》一书被评为“全国中小学教师继续教育参考书”。发表论文50多篇，主要论文中5篇分别获全国优秀论文、全国一等奖。2002年6月，何老师退休后，仍继续完善物理创新教育实践，为高中物理难教、难学的“解难”课题做贡献。

何老师的钻研精神一直鼓舞激励着我用心教书、潜心科研。

热爱运动，热爱生活

自律，坚毅，充满正能量。每一个热爱运动的人，总能给人很多震撼和启迪。何老师十分热爱运动，我至今仍清晰记得和何老师一起打篮球的情景，他在篮球场上那跳投、擦板、空心入篮筐的飒爽英姿，那种在运动场上的无畏与执着、洒脱与快乐深深地感染着我，有种说不出的敬佩和羡慕。当时我就暗下决心，我也要成为他这样的人。

时光荏苒，在何老师的影响下，这么多年我都一直保持着运动的习惯，喜欢足球、篮球、羽毛球，在大学时还是校足球队队长。现在虽然已过半百，每天依然会踢足球、打篮球。在一次次的运动中，我慢慢体会到：运动健身，虽不能增加生命的次数，但能拓展生命的宽度，延续生命的长度。我坚信很多传奇人生的背后，都离不开强健的体魄与坚韧的毅力。热爱运动，就是热爱生活。

潜心育人，关爱学生

随风潜入夜，润物细无声。在他的影响下，高一(3)班同学情深，我读书时家境贫寒，高中时的同窗好友经常帮我，中午在校食堂一起吃中饭的时候，我一般买5分钱的菜，而其他同学常打2角钱的菜，里面有不少肉，他们常常把肉夹给我，还故意说肉肥了他不吃。1988年我们毕业30年班级聚会时我还给他们讲这些，特别感谢高一(3)班的同学。犹记得高一下学期那年，我突发急性肺炎，发热、咳嗽、胸闷后晕倒在路上，住进了医院。时任学校教导主任的何老师默默地替我向学校申请了一份资金补助，我清楚地记得一共是25元。我心里十分明白，在当时那个物资很匮乏的年代，学校的这样一份补助是多么的珍贵与不易！他在背后的付出又是多么的善良与无私！那25元不仅仅帮助我们家渡过难关，更让我感受到他对学生无言的关爱。

世界上最敏感的是孩子的心，一旦受伤，就很难愈合。进入教师队伍后，我深知教师职业的伟大不仅在于传道授业，更在于它的无私与爱，一些看似平常的细节却最能影响学生的心灵。如今，我会一直带着何老师给我的这份爱，赤诚地对待我的学生，将爱传递下去。

商永嘉

安徽师范大学化材学院教授、博士生导师